이상한 패배

1940년의 증언

마르크 블로크

김용자 옮김

L'étrange Défaite—Témoignage écrit en 1940

by Marc Bloch

역자 김용자(金龍子)
서울대학교 사학과를 졸업하고 벨기에 루뱅 대학교에서 박사학위를 취
득했다. 전 덕성여자대학교 사학과 명예교수이다.
저서로는 『서양현대사』(공저)가 있고 역서로는 『제1차 세계대전』, 『제2차
세계대전』 등이 있다.

이상한 패배 : 1940년의 증언

저자/마르크 블로크
역자/김용자
발행처/까치글방
발행인/박후영
주소/서울시 용산구 서빙고로 67, 파크타워 103동 1003호
전화/02 · 735 · 8998, 736 · 7768
팩시밀리/02 · 723 · 4591
홈페이지/www.kachibooks.co.kr
전자우편/kachibooks@gmail.com
등록번호/1-528
등록일/1977. 8. 5
초판 1쇄 발행일/2002. 8. 16
제2판 1쇄 발행일/2024. 9. 2

값/뒤표지에 쓰여 있음

ISBN 978-89-7291-846-2 03920

차례

제1부

이상한 패배

1

증인 소개

이 글이 언젠가는 출판될 수 있을까? 알 수 없는 일이다. 여하튼 내 주변 사람들 사이에서 비밀리에 읽히는 외에는 오랫동안 알려지지 않을 가능성이 크다. 그럼에도 불구하고 나는 이 글을 쓰기로 결정했다. 그 노력은 쉽지 않을 것이다. 차라리 피로와 절망에 굴복해 버린다면 얼마나 편안해질 것인가! 그러나 증언은 기억이 생생할 때 남겨져야 가치가 있고, 이 일 또한 필요 없는 일이라고는 생각되지 않는다. 나는 언젠가는 프랑스가 이미 많은 수확을 거둔 이 오래 된 땅에서 새로이 사상과 판단의 자유가 활짝 피는 것을 볼 날이 있을 것이라는 큰 희망을 품고 있다. 그때에는 숨겨졌던 문서들이 공개될 것이다. 그러면 우리 역사의 가장 참혹한 궤멸의 주위를 벌써부터 둘러싸기 시작한 무지와 악의의 안개가 조금씩 걷힐 것이다. 그리고 그 안개를 걷으려는 연구자들이 이 1940년의 보고서를 발견할 수 있다면 읽어볼 가치가 있다고 생각해줄지도 모른다.

나는 여기에서 내 개인의 추억을 기록하려는 것이 아니다. 수많은 병사들 중의 한 명이 겪은 작은 개인적 모험은 현재 별로 중요하지 않으며, 우리는 지금 색다른 일화나 유머에 관심을 가질 계제가 아니다. 그러나 증인에게는 신상명세가 요구된다. 내가 본 것을 기록하기 전에 내가 어떤 관점에서 그것을 보았는지를 말해야 할 것이다.

역사를 가르치고 글을 쓰는 것이 30년 동안의 내 직업이었다. 이 직업 덕분에 나는 여러 시대의 수많은 문서들을 검토하고 내 최선을 다하여 진실과 허위를 구별하려고 했다. 또한 많이 보고 관찰했다. 내 스승이신 피렌 교수님께서 말씀하신 대로 "삶"에 관심을 보이는 것이 역사가의 첫번째 의무라고 늘 생각해왔기 때문이다. 내가 특별히 관심을 가지고 있는 농촌 문제 연구를 통해서 나는 현재에 관심을 기울이지 않는 한 과거에 대한 이해는 불가능하다는 점을 확신하게 되었다. 농촌 연구사가에게 경작지 형태를 관찰하는 바른 눈은 판독하기 어려운 글씨를 읽어내는 능력만큼이나 중요하다. 나는 내 스스로가 작은 역할을 하는 행위자가 된 이 비극적 사건을 검토하는 데에도 이와 같은 역사가로서의 관찰하는 태도, 비판적 태도, 그리고 가능한 한 정직한 태도를 견지하려고 노력했다.

내가 선택한 직업은 보통은 별 풍파가 없는 직업이다. 그러나 나의 운명은, 이 면에서 내 세대의 거의 모든 사람들에게 공통된 것이지만, 21년의 간격을 두고 두 번씩이나 그 평화로운 길 바깥으로 나를 내던졌다. 그것은 나를 전쟁 중인 조국의 여러 다양한 면에 접하게 했을 뿐만 아니라, 상당히 특별한 경험도 하게 했다. 나는 두 차례 전쟁에 참전했다. 첫번째는 1914년 8월에 보병 상사로 시작했다. 다시 말해서 일반 부대에서 거의 제일 낮은 졸병으로였다. 그 후 소대장이 되었고, 연대 참모부 소속 정보장교를 거쳐 대위로 진급했고, 우리

부대장의 부관이 되었다. 두번째 전쟁은 대부분을 서열의 반대쪽 끝, 즉 총사령부와 밀접한 관계를 가지는 군 참모부에서 보냈다. 거쳤던 조직과 주변 인물들의 단면도가 상당히 다양했음을 볼 수 있다.

나는 유태인이다. 종교적인 면에서는 아니다. 유태교 회당에 나가지도 않고, 다른 종교도 가지고 있지 않다. 그러나 적어도 출생 면에서는 유태인이다. 그 점에 대해서는 자긍심도 수치심도 없다. 꽤 괜찮은(나는 그렇기를 바라는데) 역사가로서 나는 인종적 소질이라는 신화나 순수한 인종이라는 개념 자체가 터무니없다는 것, 특히 그것을 실제로 옛날 지중해 세계의 투르크계 하자르족과 슬라브족 중에 신자를 가졌던 종교집단에 적용하려고 할 때 그렇다는 것을 잘 알고 있기 때문이다. 나는 반유태주의에 대항하는 경우 이외에는 내 출신을 주장하는 일이 없다. 그러나 내 증언에 반대하고자 하는 사람들이 혹시 나를 "근동계 외국인"으로 취급하면서 그것의 가치를 깎아내리려고 할 수도 있을 것이다. 그들에게 나는 간단히 이렇게 대답하겠다. 내 증조 할아버지가 1793년에 병사셨고,[1] 내 아버지는 1870년에

---

[1] 1990년판 주에 의하면 1941년 10월 13일, 센 법정의 공식 번역심사원인 N. 차츠킨은 마르크 블로크의 증조 할아버지가 히브리-이디시어로 쓴 편지의 프랑스어 번역을 공증했다고 한다 :

"오-랭 도 콜마르 군 빈첸하임 시 출생 시민 볼프 블로크 전 상서
빈첸하임으로, 북부군 …… 사단 소인
마인츠에서, 5554년 타뮈즈의 달(1793년 6월) 5일 목요일에, 명예로운 볼프 성을 쓰시며 저의 사랑하는 주인이신 아버지와 그의 훌륭한 아내이며 제 사랑하는 어머니 사를레(사라)에게 인사 올립니다. 신께서 그들에게 장수를 허락하시기를.
제가 잘 있다는 것을 알려드리고자 합니다. 신께서 허락하시어 오랫동안 부모님들도 마찬가지이시기를 빕니다. [이후 두 줄 읽을 수 없음]……우리 지원병들은 맨 앞에 있었고 독일군이 그런 우리에게 총을 쏘았습니다. 얼마나 공포에 떨었는지……

포위된 스트라스부르에서 군인으로 싸우셨고 고향인 알자스가 독일 제2제국에 병합되자 삼촌 두 분과 함께 스스로 그곳을 떠나셨으며,

---

[두 단어 읽을 수 없음] 1만 명[?]이 희생되었습니다. 그리고 이번에는 단 하나가 아니라 [여러 단어 읽을 수 없음]. 저는 부모님과 조상들의 음덕으로 거기에서 살아남았다고 생각합니다. 우리가 어떤 상태에 있었는지는 짐작하실 수 있을 것입니다. [이후 여러 줄 읽을 수 없음]……두 마을에서 주민들이 우리에게 맥주와 **빵**을 주었음을 말씀드려야겠습니다. 우리는 급히 마인츠 고지를 공격했기 때문에 진군을 멈출 수가 없었습니다. 두 분께서 그곳에 계시지 않은 것을 정말이지 다행으로 생각합니다. 축복하올 신께서 저희를 바른 길로 인도하소서. 유태인을 모든 불행으로부터 보호해주소서.

우리는 마인츠 앞까지 왔습니다. 모든 사람이 그곳으로 들어가도록 허락받지는 못했는데 오늘 우리는 우리 대위님과 그곳으로 외출하여 얇은 비단 목도리를 샀습니다. 제가 제일 먼저 샀습니다.

만일 신이 소원을 들어주시어 집으로 돌아가도록 허락하시면 우리는 빈손으로 돌아가지 않기를 바랍니다. 물론 돈은 별로 없지만 이는 언제나 득실득실 하답니다. 그러나 하느님 덕분에 돈은 그다지 필요 없습니다. 두 분께서 우리 정원[두 단어 읽을 수 없음], 우리는 여기에 정원을 가지고 있습니다. 콜마르에는 그렇게 아름다운 것이 없다고 생각될 정돕니다. 우리는 그곳을 꽤 흐트러놓았습니다. 매일 완두콩을 따고 양파를 캐고 아름답고 푸른 아스파라거스[?]를 찾았습니다. 하지만 그것을 쓸 데가 없군요. 두 분께 그것을 드리면 얼마나 좋을까요. 여기에 육류가 부족한 유태인이 많다는 것을 말씀드려야겠습니다. 우리는 육류 없이도 지낼 수 있습니다만. 신이 원하신다면 우리는 곧 돌아갈 것이고 [세 줄 읽을 수 없음] 그러면 모든 것이 나아지겠죠.

집으로 돌아가면 자세히 말씀드리겠습니다. 곧 새 소식을 받으시게 될 겁니다. 기다리시는 동안, 너무 걱정하지 마십시오.

신이 원하신다면 곧 두 분의 답장을 받고 싶습니다. 저도 우편료를 아끼지 않겠사오니, 두 분도 우편료는 아끼지 말아주십시오. 주소는 제가 쓴 대로입니다.

볼프 블로크의 아들, 게첼 올림.

제 형제들 아브람, 아론, 에르즐레와 보겔에게도 다정한 인사를 보냅니다. 그들도 제게 편지를 써야 한다고 전해주십시오. 매형 마예 에르시와 누이 지텔 부인에게도 안부 전해주시구요. 신이 그들에게 장수를 허락하시기를. 제 좋은 친구들에게도 인사를 보냅니다."

번역자 주 : 원본 상태가 좋지 않아서 어떤 부분은 거의 또는 전혀 읽을 수 없었음.

또한 나는 알자스를 떠나온 유태인 사이에 특별히 강렬한 애국적 전통을 중시하는 분위기에서 성장했고, 끝으로 오늘 일부 사람들이 프랑스에서 나를 몰아내려고 하고 (또 누가 알겠는가?) 혹시 그 일에 성공할지도 모르지만, 어떤 일이 일어나더라도 프랑스는 나의 조국이며 그곳으로부터 내 마음이 떠날 수 없다는 점을 말할 것이다. 나는 그곳에서 태어났고, 그 문화의 샘물을 마셨으며, 그 과거를 내 것으로 받아들였고, 프랑스 하늘 아래에서만 편히 숨을 쉴 수 있으며, 나 스스로 최선을 다하여 나라를 지키려고 노력했다.

폭격당한 말로-레-뱅의 어느 집 문간에서 이 이야기 저 이야기를 하던 끝에 한 젊은 장교가 내게 이렇게 말했다. "이 전쟁에서 많은 것을 배웠습니다. 절대로 전사가 될 수 없는 직업군인이 있는 반면, 원래부터 전사인 민간인이 있다는 사실을 안 것도 그중의 하나일 겁니다." 그리고 덧붙여 말했다. "선생님은 전사이십니다. 5월 10일 이전에는 그것을 생각지도 못했다는 점을 고백합니다." 이 말이 좀 순진하게 들릴지도 모르나, 그것이 완전히 틀렸다고 생각지는 않는다. 전반적으로 보아도 그렇고, 내 개인적인 경험에서도 그렇다. 참모본부 제4국의 동료인 군의관은 나이 많은 교수인 내가 "다른 누구보다도 군대정신이 강하다"면서 믿지 않게 나를 놀리기 좋아했다. 생각건대 그것은 간단히 말해서 내가 언제나 사령부 안을 정돈하는 것을 좋아한다는 의미일 것이다. 나는 지난번 전쟁에서 네 번의 표창을 받았다. 독일군이 렌으로 갑자기 밀고 들어오는 바람에 제1군의 추천이 그대로 정지당하지 않았다면, 이 전쟁이 끝난 후 내 군복에 훈장 하나를 더 달고 집으로 돌아가지 않았을까 하는 생각은 크게 잘못된 것이 아닐 것이다.[2] 1915년 의병휴가 후 나는 내 차례가 오기 전에 지원하여 전선으로 다시 갔다. 1939년에는 이미 나이가 지나고 아이들이 여섯이나 있어서 오래 전에 예비군의 의무에서 벗어날 권리가 있었지만, 그대로 소집에 응했다. 내 자랑을 하려고 이 사실을 말하는 것이 아니다. 그러기에는 많은 선량하고 소박한 사람들이 훨씬 더 어려운 조건에서 떠들어대지 않고 자신들의 의무를 나보다 더 잘 해내는 것을 너무 많이 보아왔기 때문이다. 만일 독자가 이 지나치게 솔직한 언급을 읽고 편견이라고 말하고 싶다면, 나는 그에게 이 관찰자가 물러터진 관대함을 싫어하며, 자신의 의지에 반하여 봉사하지 않았고, 상관이나 동료들로부터 나쁜 병사라고 평가받은 적이 없음을 기억해달라고 하고 싶다.

이제 최근의 전쟁에서 내가 겪은 것과 본 것을 정확히 보고하겠다.

앞에서 말한 바와 같이, 나는 양차 세계대전 사이 기간 동안 군대의 의무를 면제해주는 법적 조항들을 이용하지 않았다. 그러나 1919년부터 참모부 소속으로 등록은 되어 있으면서 소위 "능력개선" 교육에는 한 번도 나가지 않았다. 원칙적으로 내가 잘못임을 인정한다. 바로 이 기간 동안 역사가로서의 내 주요 업적들이 그런 대로 나와서 시간이 없었다는 것으로 변명하고자 한다. 실제로 전투를 경험하고 보니 오히려 위안이 된다. 내가 참석하지 않았던 군사학교의 가르침이 나에게 어떤 좋은 생각을 불러일으킬 리가 없을 것이기 때문이다. 당시의 군대가 무엇보다도 착실한 학생을 좋게 평가했으므로 군대는

---

2) 나중에 군단 표창을 받았다(1942년 7월).

내 결석을 처벌했다. 그것도 이중으로. 나는 1918년에 대위였는데, 1938년 첫 동원령이 내렸을 때도 대위였다. 그리고 내가 일하는 것을 본 상관들이 진급 품신을 했음에도 1939년 8월에도 역시 대위였고, 1940년 7월 11일 군복을 벗을 때도 여전히 대위였다. 그것이 내가 받은 첫번째 처벌인데 그 점에 대해서 원망이나 슬픔은 없다. 두번째 벌은 동원되어 배속을 받을 때 떨어졌다.

처음에 서류상으로 나는 군단의 제2국에 소속되었다. 제2국이 정보업무를 담당하므로 역사가에게 그렇게 나쁜 자리는 아니었다. 그러나 곧 조금 낮은 보병사단의 참모부에 배속되었고 얼마 안 되어 관할 부대의 별볼일 없는 자리, 좀더 구체적으로 말하면 분관구 참모부로 보내졌다. 이 부대의 본부는 스트라스부르에 있었는데, 그곳은 독일 포탄에 제일 먼저 희생될 것이라고 모든 사람들이 생각하던 곳이었다. 그런 위치에 있는 자리를 회피하는 것은 점잖지 못한 짓으로 생각되었다. 그런 감정과 더불어 자신에 관한 일에 대해서는 늘 매우 게을렀기 때문에 나는 좀더 나은 자리로 갈 수 있는 이렇다 할 조치를 취하지 않았다. 그러다가 전쟁이 일어나기 직전 한 친구가 나를 총사령부의 제2국에 배속시키려고 노력했으나 전쟁 전까지 성공하지 못했다. 그래서 결국 두 차례에 걸쳐 단기간의 교육을 받은 후 1938년 9월 뮌헨 협정의 위기 때 처음으로 그리고 두번째로는 그 다음해 3월에 몇 시간 동안이지만 스트라스부르의 분관구로 소집되었다(두번째 소집장은 내가 케임브리지에 있는 동안 받게 되어 서둘러 돌아와야 했다). 그리고 숙명적인 1939년 8월 24일에 최종적으로 소집되었다.

따지고 보면 나는 이 배속에 대하여 그렇게 섭섭하게 생각하지는 않았다. 분관구 참모부의 일은 원래 매우 단조로운 것이다. 그러나 그곳은 전쟁의 시작을 잘 관찰할 수 있는 곳이기도 했다. 적어도 초기 2-3주 동안은 그러했다. 엄밀한 의미의 동원은 상당 부분 우리의 감독 아래 진행되었다. 그 후에 국내에서 활동하는 비슷한 형태의 참모부들에서 일이 어떻게 진행되었는가? 이 초기의 열기가 가라앉은 후에도, 사람들은 수많은 서류와 자잘한 사건으로 이루어지긴 했지만 어느 정도의 활동을 했던 것으로 생각된다. 우리 부대는 얼마 안 되어 스트라스부르를 떠나서 보주 산맥 기슭의 몰솀으로 후퇴했는데, 그곳 역시 군사지역이었다. 제4군이 아주 느린 속도이기는 하나 지휘본부를 설치하자, 이미 그동안 역할이 점차로 줄어들고 있던 우리는 거의 할 일이 없게 되었다. 그러자 무료하고 기나긴 날들이 계속되었다. 우리는 준장 한 명, 중령 한 명, 대위 두 명, 중위 한 명으로 다섯이었다. 당시 주둔했던 학교의 교실에 마주앉아서 모두들 뜻밖의 연락병이 서류를 가져와 또다른 서류를 꾸릴 수 있는 기회가 생기기를 다 같이 바라고 있던 모습을 지금도 생생하게 기억하고 있다. 두 대위 중 젊은 대위가 통행증 담당이라 가장 행복했다. 역사가는 쉽게 지루해하지 않는다. 언제나 기억을 떠올리거나 관찰하거나 글을 쓸 수 있기 때문이다. 그러나 나라가 전쟁 중인데 자신이 쓸모가 없다는 감정만은 견디기 어려운 것이었다.

　우리 장군은 예비역 장성이었다. 우리는 이 선량한 사람에게 자신의 연구를 하도록, 다시 말해서 주로 낚시질을 하도록 했다. 참모부의 나머지 사람들은 자베른의 분관구 참모부와 합쳐졌다. 그러나 나는 사람들이 몰려든 이 친절하고 작은 도시에 이틀밖에 머물지 않았다. 총사령부의 고위층 인사와 접촉할 수 있는 기회를 얻을 수 있었기 때문이다. "연줄"을 통해서 더 나은 자리를 얻는 것은 자랑할 일은 아니다. 그러나 내 선의를 더 유용하게 쓸 수 있는 다른 방법이 전혀 없었다는 것이 내 잘못인가? 그 힘있는 사람 덕분에 나는 10월 초에 전출 명령을 받게 되었다. 나는 제1군 참모부에 배속되어 곧 피카르디 지방의 보앵으로 갔다.

총사령부는 나에게 영국군 담당 연락장교 일을 맡도록 명령했다. 이 일은 제2국 소속이었다. 그러나 얼마 안 되어 다른 두 명의 대위가 나의 것과 글자 하나 다르지 않은 똑같은 명령서를 가지고 찾아왔다. 참모장은 사람이 너무 많으므로 군대의 주요 기구들이 영국 파견군과 직접 접촉하는 것이 낫겠다고 판단하여 우리를 여러 부서로 배속시켰다. 병력 수와 규율을 담당하는 제1국을 제외하면 어느 부서도 외부로 열려 있지 않았는데 나는 병력과 보급품의 수송을 담당하는 제4국에 소속되었다. 원칙적으로 나는 같은 일, 즉 정보와 연락을 겸한 일을 하도록 되어 있었다. 그러나 불행하게도 내 의지에 반하여 이번 배속에서의 임무는 시간이 지날수록 점점 더 의미 없는 일임이 밝혀졌다. 난생 처음으로 경험한 무료함에 다시 빠질 것인가? 유류보급 담당 장교가 다른 부서로 이동하자 나에게 그 일이 맡겨졌을 때, 이미 나는 씁쓸하게 생각했다.

이리하여 나는 어느 날 아침 깨어보니 프랑스 전선에서 가장 자동차가 많은 군의 연료담당 장교가 되어 있었다. 내가 처음 느낀 감정은 공포심이었다. 왜냐하면 전투가 진행될 경우 이 부서의 책임이 막중한데 나는 이 일에 대해서는 가장 기초적인 것조차 알지 못했기 때문이다. 나는 아내에게 보내는 편지에 "히틀러가 앞으로 몇 주 동안이라도 제발 얌전히 있어주었으면 좋겠소!"라고 썼다. 그러나 군대의 관리직 중 지적인 능력이 어느 정도 있는 사람이 열심히 일하여 제대로 할 수 없는 일은 없다고 생각한다. 나는 최선을 다하여 나의 새 일을 배웠다. 이 일을 하면서 나는 운이 매우 좋았다. 군대의 유류 저장소 지휘관 중 가장 신뢰할 만하고 사심이 없는 안내자를 만났던 것이다. 나는 우선 라샹 대위의 이름을 들겠다. 물론 그 이름이 마지막은 아니다. 잘못 이끌어지고 그보다 더 잘못 끝난 이 전쟁이 남긴 쓰디쓴 기억 때문에 몇 안 되는 아름다운 추억이 더욱 소중해진다. 정말로 사람다운 사람을 만나는 것은 언제나 기쁨이다. 완전히 같은 목표를 가지고 그와 함께 일하는 것, 그리고 그 협조가 점차로 깊은 우정으로 발전하는 것을 느끼는 것, 어떤 행동도 이보다 더 귀중한 보상을 받을 수는 없다.

사실 내 새로운 직책은 일을 배우는 동안 외에는 별로 할 일이 없었다. 그 후 나는 내 동료들과 마찬가지로 군대의 사무직으로서 단조로운 생활로 빠져들어갔다. 물론 내가 아무 일도 하지 않은 것은 아니지만 그렇다고 일이 많은 것도 아니었다. 내가 매일 해야 하는 일은 그다지 머리를 쓸 필요가 없는 일이었다. 다행히도 몇 주 동안은 자발적으로 몇 가지 일을 더 할 수 있었다. 나는 벨기에 쪽에 있는 유류 저장소에 관한 정보가 형편없이 부족하다는 것을 알게 되었다. 독일군이 국경을 침범할 경우 우리 모두가 알고 있듯이 즉시 벨기에로 진격하는 것이 주요 임무인 군에게는 놀라운 결함이었다. 몇몇 개인적으로 아는 사람을 통해서 나는 그 서류를 보충하고 정확하게 할 수 있었다. 그 일을 하기 위해서 여러 절차를 거쳐야 했는데 내가 참모부 사람들과 같이 일한 것이 크게 도움이 되었다. 그리고 특히 사무실 사람들 사이에서, 한마디로 "상관없는 일에 끼어든다"는 것을 점잖은 프랑스어로는 어떻게 말하는지도 알게 되었다. 의미심장하게 웃으면서 "열성적이시군요"라고 말하는 것이다. 왜냐하면 결국 내가 자발적으로 한 조사는 그 결과가 매우 유용할 수는 있으나 결코 내가 정상적으로 처리해야 할 일은 아니었기 때문이다.

그러나 이 일도 오래 걸리지 않았다. 그 후로 매일매일 휘발유 통을 세거나 휘발유 배급량을 계산하면서 나는 또다시, 아마 잘못된 생각일 수도 있으나, 내가 가지고 있는 지적인 능력이나 모험심이 제대로 발휘되지 못하고 있다는 생각을 하게 되었다. 1939년 겨울부터 1940년 봄까지의 긴 몇 개월 동안 수많은 사람들의 지성을 갉아먹는 지루함이 우중충한 도시 보앵을 무겁게 짓눌렀다. 나 자신도 이 은근한 독에 어느 정도 중독되었고, 진지하게 다른 일을 찾으려고 생각했던 점을 고백한다. 여름이 지나면 소르본 대학의 교수자리로 돌아갈 생각까지 심각하게 하고 있을 때 5월 10일의 날벼락이 떨어졌다.

그것이 얼마나 뜻밖의 사태였는지는 내 조그만 개인적 경험이 가장 잘 말해줄 것이다. 나는 5월 9일에 다음날 일찍 모(Meaux)에 가기 위해서 파리에 있었다. 모의 총참모부 연료담당 부서에서, 배급량을 규정대로 받는 데에 쓰도록 내가 각 부대에 나누어주고 있는 휘발유 배급장부를 받으러 가는 길이었다. 그곳에 도착할 때까지 나는 간밤에 일어난 일을 전연 모르고 있었다. 총사령부 사람들은 자연히 그런 시점에 벨기에 전선에 있는 군의 장교가 그렇게 전투와 관계없는 일로 일부러 찾아왔다는 사실에 매우 놀라했다. 잠깐 동안의 오해가 있은 후 나는 어색한 접대를 이해하고 곧 역으로 뛰어가 파리를 가로질러서 엄청나게 만원인 기차를 타고 서둘러 귀대했다.

다음 3주 동안에 일어난 일을 여기에서 세세하게 이야기하지는 않기로 하겠다. 그것으로부터 교훈을 끌어내는 일이 보다 필요해 보이기 때문이다. 내 수많은 기억 중에 몇몇 장면으로도 비극적인 북부 전투의 낮과 밤을 이야기하기에는 충분할 것이다.

우선 발랑시엔의 여자고등학교에 최초의 사령부가 설치되었다. 그곳은 우리 전투계획에 의하면 벨기에에 사령부를 설치하기 전에 있을 곳이었지만, 우리는 결국 벨기에에 소재 사령부를 설치하지 못했다. 우리는 첫 폭격으로 무너진 집을 아주 가까이에서 아직 신기한 눈으로 바라보았다. 나는 두 번에 걸쳐 벨기에에 쭉 돌아다닐 수 있었는데 그것은 내 방랑벽을 만족시켜주었으나 상관들은 그리 좋아하는 기색이 아니었다. 11일에는 몽스까지만 갔고 12일에는 훨씬 더 나아가 니벨, 플뢰리스, 샤를루아까지 갔다. 길가에는 성령강림절 휴일을 보내는 보리나주 광산의 광부들이 프랑스 차량들을 환영하고 있었다. 옛날 M. 네(Ney) 장군의 군대가 싸운 리니와 카트르-브라 주변의 약간 언덕진 농촌은 봄의 초록으로 단장되어 아름다웠다. 그러나 벌써 길가 쪽으로는 리에주에서 피난 나온 민간인들의 긴 행렬이 이어졌다. 그들은 보통 피난민이 흔히 그렇듯이 이것저것을 잔뜩 실은 유모차를 끌고 있었다. 그리고 불안한 징조로, 부대에서 이탈한 벨기에 병사들이 마을 쪽으로 숨어드는 모습을 볼 수 있었다. 얼마 후 초기의 희망이 사라지면서 첫 불안이 닥쳐왔다. 사람들이 뫼즈강의 전선이 뚫렸다고들 말하기 시작했다. 그곳은 전투에 투입되었다가 곧 흩어진 사단들에 대한 보급을 시도할 곳이었다. 드디어 서남쪽으로 밀린 군은 5월 18일에 참모부를 두에 쪽으로 후퇴시켰다.

그 도시 입구에 있는 학교에서 우리는 이틀도 채 머무르지 못했다. 이미 보앵에서도 여학교에 머물렀던 것을 보면, 우리는 교육장소와 인연이 있는 모양이었다. 주변의 역, 주요 도로, 비행장에는 폭탄이 비오듯이 쏟아졌다. 한편 나는 거의 매일, 우리가 남겨두고 온 유류 저장소가 독일군의 손에 점령되었다는 소식을 들었다. 전투부대 보급용으로 전선으로 보내기 위하여 소중하게 간직하고 있던 생-캉탱과 캉브레의 수많은 통들, 공원의 나무 밑이나 가동되지 않는 벽돌 공장의 지붕 아래 교묘히 숨겨놓은 "외딴 곳"의 저장소 모두가 그렇게 되었다. 군대는 더 이상 그것에 기대할 수가 없었다. 얼마 안 되어 또 짐을 싸야 했다. 나는 처음에는 두 동료와 함께 두에의 전진 사령부에 남아 있도록 결정되었으나 이 임무도 당시의 많은 명령과 마찬가지로 몇 시간밖에 유효하지 못했다. 그리고 이미 상당수가 폭탄으로 이상하게 움푹 패여 기하학적인 선의 선명함을 잃기 시작한 석탄더미가 있는 탄광지대를 지나서 나는 랑스에 있는 우리의 네번째이자 마지막 학교에 도착했다(5월 19일).

이번에는 유치원이었다. 책걸상들이 어린아이의 체격에 맞춘 것이라 우리는 두 가지 형태의 피곤함, 즉 계속 서 있든지 아니면 너무 좁은 자리에 앉느라고 가슴까지 올라온 무릎이 책상 모서리에 채이고 몸이 비꼬이든지 하는 중에 하나를 선택할 수밖에 없었다. 게다가 항상 선택이 가능한 것도 아니었다. 보고서 등을 쓰려면 앉을 수밖에 없지 않은가? 그 족쇄에서 벗어나려면 한참 동안 애를 먹어야 했다. 이 이상한 고문과 이 우울한 곳의 보기 싫은 풍경, 석탄가루의 더러움 등의 모든 것이 점점 커져가는 우리의 불안과 일치하는 것 같았다. 랑스 학교의 정말로 끔찍한 사령부를 보면 패배하는 것이 어쩌면 당연하게도 보였다. 5월 20일 저녁은 결코 잊을 수가 없다. 해질 무렵, 멀리서 불타고 있는 도시 아라스에서 연기가 올라오고 있을 때 우리 부서의 상관이 나에게 다가왔다. 그는 어린 학생들을 위해서 벽에 걸어놓은 지도에서 손가락으로 솜 강의 하구를 가리키면서 "독일군이 여기 있네!"라고 작은 소리로 말했다. 그리고는 돌아서서 "다른 사람들에게는 말하지 말게" 하고 속삭였다. 나는 막 총사령부에 전화를 걸고 난 참이었다. 여러 차례 문의한 끝에 나는 "포위된 군대"라는 비극적인 말이 내포하는 포기를 잘 이해할 수 있게 되었다.

조금 있다가 우리는 북쪽의 에스테르–쉬르–라–리로 이동했다(5월 22일). 그러나 이 교차로도 그리 안전하지는 못했다. 독일 비행사들이 개인적으로 참모부를 목표로 한 것은 아니었지만 그렇다고 그들에게 우리를 피해가라고 요구할 수도 없는 노릇이었다. 첫날 오후부터 폭탄 하나가, 우리가 머물고 있는 여관에 직접 떨어지지는 않았으나, 상당히 강하게 굴뚝과 벽을 뒤흔들어 우리의 옷이며 서류, 얼굴이 온통 먼지를 뒤집어쓰게 되었다. 이 경고가 받아들여져서 우리는 한밤중에 출발 명령을 받고 침대에서 일어나야 했다. 이번 전투가 시작된 후 여러 날 만에 처음으로 진짜 침대 시트를 깔고 달콤한 잠에 빠져 있던 중이었는데 말이다. 게다가 일어나서도 오랫동안을 기다리게 하더니 정작 아침이 되어서야 출발했다. 정말로 필요한, 휴식 시키는 기술을 우리 참모부는 알지 못했다. 아침 나절에 평소와 마찬가지로 휘발유 수송 차량을 불러모으기 위해서 상당한 거리를 우회한 후, 나는 동료들이 이미 모여 있는 릴 남쪽 아티슈 성(城)에 도착했다(5월 23일).

이 성은 아름다운 공원 안에 위치하고 있는 육중한 건물이었는데, 정면은 보기 흉한 타일로 장식되어 있었고, 내부의 가구는 어두운 색조에 화려한 양식의 것들로 지난 세기말의 상층 부르주아지가 제멋대로 중세 영주들의 생활환경이었을 것이라고 생각한 중세풍을 띠고 있었다. 우리는 식당에서 일을 했는데, 그 한쪽 구석에는 우리가 보기에는 성주가 지나치게 미리 생각하여 준비해놓은 듯한 무덤에 놓는 화환이 잔뜩 쌓여 있었다. 그곳에서 5월 23일 오후에 우리 제4국은 완전히 두 분과로 갈라졌다. 하나는 후방부대가 되어 바다를 통한 보급을 담당하기 위하여 즉시 해안으로 갔고 내가 소속된 다른 분과는 군 지휘부와 함께 그 자리에 남았다. 전선에서 멀리 떨어진 부대가 실상은 더 심한 폭격을 받게 되었는데 당시에는 아무도 생각지 못한 운명의 아이러니였다. 사실 폭탄이 우리 주변에 끊임없이 떨어지고 있었으므로 우리는 순진하게 우리가 전선 가까이에 있어서 폭격에 더 위협을 받고 있으며, 특히 포로가 될 위험도 크다고 생각했다. 후퇴하는 부대에 틀림없이 용기 있는 사람도 있었을 것이고, 후방의 위치를 다행으로 생각하는 사람도 있었을 것이다. 그러나 남게 된 우리는 전선 바로 가까이에 있는 만큼 소수정예를 구성하고 있다고 생각했고, 그만큼 서로 아끼고 돕는 분위기가 넘쳐 흘렀다. 그래서 우리 동료 중에, 계급은 낮은 예비역 중위이나 민간인일 때는 노르 도의 상공회의소장이었던 사람은 해안으로 가는 사람으로 지명을 받자 용감하게도 이에 복종하기를 거부했다. 군대에서 가장 잘 용납되는 관행과는 달리, 국장과 함께 후방으로 가게 된 우리 사무실의 부국장은 자신의 태도와는 완전히 반대되는 이 친구의 태도를 좋지 않게 생각했다. 화가 머리끝까지 오른 그가 이 반항자를 참모부의 고위층에 제소했는데 결과는 그에게는 놀랍게도 이 용감한 항명을 인정하는 것이었다.

다른 장면 하나가 아티슈 성 식당의 기억과 연결되어 남아 있다. 그것은 사실 인간이 벌이는 가장 고약한 광경 중의 하나로 내가 그때까지 한 번도 보지 못한 것이었다. 오전 내내 우리는 흐릿한 눈빛에 침울한 얼굴을 한 사람이 줄담배를 피워대며 문 앞 의자에 힘없이 앉아 있는 것을 볼 수 있었다. 그의 옷소매 계급장은 잘 보이지 않았고 지나다니는 사람들은 가장 낮은 사병까지도 그를 본 체도 하지 않았다. 그러나 그는 어제까지도 우리 군대의 가장 훌륭한 사단에 속하는 한 사단의 우두머리였던 육군 소장이었다. 그러나 이 장군은 몇 시간 전에 명령권을 박탈당했다. 사실인지는 모르나 사람들은 술 때문이라고들 수군거렸다. 그는 군 사령관과 최후의 면담을 하려고 오랫동안 기다리고 있는 중이었다. 결국 정오 때쯤 면담을 할 수 있었다. 그것은 단 몇 분밖에 걸리지 않았고 그 후 우리는 그 비참했던 날 아침의 손님을 다시 보지 못했다.

그리고 5월 26일 우리의 마지막 사령부가 설치되었다. 릴의 서북

쪽 스텐웨르크에 있는 밝고 품위 있고 아름다운 저택이었다. 그 이웃 집에는 프리우 장군이 머물고 있었다. 군단장으로 간 블랑샤르 장군 대신 그가 우리 군의 사령관을 맡게 되었다. 적의 포위가 점점 좁혀들어와, 릴에 있는 중요한 유류 저장소에 불을 놓아 파괴해야 하는가 하는 문제가 제기되기 시작했다.

27일 하루 종일과 그 다음날 새벽까지 나는 결정을 받으려고 애썼다. 네 번씩이나 계속해서 명령과 취소명령이 뒤를 이었고 모두 파괴하라는 마지막 명령은 목적지에 도달하지 못했다. 내가 파견한 오토바이 병이 그 밤으로 떠났으나 영영 도착하지 못한 것 같다. 그가 어떻게 되었는지에 대하여 가책할 권리는 나에게 없다. 서류를 보내는 것이 내 의무였고 내가 그것을 직접 가지고 가는 것은 의무를 저버리는 것이었다. 그러나 내 명령 한 마디로 한 선량한 소년이 죽게 되었을지도 모른다는 생각에 어떻게 마음이 아프지 않겠는가? 지난번 전쟁 때도 이미 이런 일을 몇 차례 겪은 기억이 있다. 지금까지도 가끔 잠이 안 올 때 그 기억으로 가슴이 아파 정신을 잃을 지경이 되기도 한다. 다행히도 나는 다시 명령을 보낼 수 있었고, 유류 저장소의 폭발은 제시간에 이루어졌다.

겨우 시간을 맞추었다. 왜냐하면 군은 이미 리스 강 뒤쪽으로 후퇴하여 거기에서 해안 쪽으로 가고 있었다. 그러나 전부가 간 것은 아니었다. 5월 28일 밤 프리우 장군이 예하의 최소한 두 사단이라도 제대로 후퇴시키기 위해서 자신이 스텐웨르크에 남아 적을 기다리기로 결정했음을 우리에게 알렸다. 그는 소수의 장교만 그와 함께 남고 나머지 장교들 대부분은 그 날 밤 안으로 해안 쪽으로 가서 배를 타도록 명령했다. 조금 후 나는 유류 수송 차량을 비우고 사용 불가능하게 만들어서 버리라는 명령을 확인하기 위하여 그를 찾아갔다. 당시의 다른 조치에 따르면 당연히 그렇게 해야 하겠지만, 그렇게 하면 군대에 기름이 한 방울도 남지 않게 되므로, 내가 그와 같이 중대한 결정을 내릴 수 있다고는 생각되지 않았다. 우리의 사령관은 우울하게 집 앞을 왔다갔다 하고 있었다. 사실 그는 명예롭게 지휘하던 기병 부대에서 전속되어 마지막 순간에 패주군의 지휘를 맡아 패배의 진짜 책임자를 대신하여 보람 없이 포로가 될 슬픈 운명을 안고 있었다.

나는 다시 우리가 쓰고 있는 저택으로 돌아왔다. 나는 이미 그 날 낮에 매일매일 내 부서의 일을 적은 노트를 포함한 모든 서류들을 명령에 따라서 태워버렸다. 오늘 그 초록색 노트를 다시 손에 넣을 수만 있다면 어떤 대가라도 지불하련만! 짐을 무겁게 하는 것이 금지되었으므로 나는 내 개인 편지들도 모두 부엌 화덕에 넣은 후 야전용 트렁크 속에서 가지고 갈 수 있는 가장 귀중하고 유용한 것을 추렸다. 그나마도 사 분의 삼 정도는 잊어버리고 미처 챙기지 못했다. 그래도 내 낡은 군복은 좀 나은 것으로 바꿀 수 있었는데 그 점에서는 포병부대 장군보다 나았다. 약간 지나친 명예심으로 프리우 장군과 같이 남아 있기로 한 이 점잖은 사람은 가방을 이미 됭케르크로 보낸 상태라서 아무것도 가진 것이 없었다. 입고 있는 군복이 전부였는데, 그나마도 팔꿈치가 뚫어져 있었다. "포로가 되는 것은 괜찮지만, 거지꼴로 포로가 되다니!" 하고 그는 크게 한탄했다. 그의 태도를 우습게 생각할 사람도 있겠지만, 나는 그런 감정에 어느 정도 고귀함이 있다고 생각한다.

결국 우리는 밤중에 긴 자동차 행렬을 이루어 천천히 벨기에 영토를 가로질렀다. 프랑스 도로는 이미 막혔기 때문이었다. 이른 새벽까지 우리는 겨우 10여 킬로미터 정도를 나아갔다. 우리가 어떻게 적의 기계화된 정찰부대를 피할 수 있었는지는 오늘까지도 설명하기 어렵다. 여하튼 자동차를 타기도 하고 걷기도 하면서 오전 늦게 혼트스코트에 도착했다. 이번에는 해안까지 가는 것이 문제였다. 나는 거기서 다시 만난 라샹 대위와 함께 우리보다 먼저 떠나 브레-레-된에서 집결하기로 한 유류 수송 본대에 합류하기로 마음 먹고 푸른 쪽 길로 차를 향했다. 그러나 다리들은 이미 끊겼고, 주요 도로에는 트럭들이 세 줄로 뒤엉켜 서 있었다. 뒤쪽에서 탱크에 탄 장교가 긴급한 임무라고 주장하면서 길을 열어달라고 소리 지르고 있었다. 우리는 한 시간 이상 어떻게든 통행할 수 있는 길을 만들어보려고 노력했다. 우연히 지나던 육군 소장이 나에게 무엇을 하고 있느냐고 물었다. 이야기를 듣고 그도 우리를 돕겠다고 나서서 열심히 협조했다. 우리의 노력이 결국 성공했으나 그 길을 계속 가기에는 너무 늦었고, 또 가다가 다시 장애를 만나지 않으리라고 누가 보장하겠는가? 그래서 성과도 없이 우리는 혼트스코트로 되돌아올 수밖에 없었다.

거기에서 밤이 되자 우리는 이번에는 도보로 가는 지름길을 택했다. 자동차가 갈 수 없는 길도 걸어서는 빠져나갈 수 있었기 때문이다. 점점 어두워져서 거의 보이지도 않는 가운데 트럭들이 엉망으로 엉켜 있는 곳을 빠져나가야 했다. 마지막 10킬로미터는 걷기가 매우 어려웠다. 본대는 브레에 있었다. 본대는 나에게 비어 있는 집을 쓰도록 하고 마실 것까지 주었다. 불행하게도, 그 근처 조이드코트 병원의 외과의사들이라면 절실히 깨닫고 있었겠지만, 뒤쪽으로 늪지와 소금기 있는 매립지로 둘러싸여 있는 이 해안지대는 수도관이 끊어져 물이라고는 한 방울도 없었다. 우리는 목마름을 가라앉히기 위하여 샴페인 한 잔씩을 마실 수밖에 없었다. 시원한 우물물 한 모금이 내 목에 얼마나 더 달콤했겠는가!

제대로 된 군이 존재하지 않았으므로, 내가 참모부에서 할 일은 더 이상 없었다. 이제 나는 유류 저장소나 유류 수송대를 맡고 있지 않았다. 그러나 오랫동안 함께 일해온 사람들의 안위, 즉 그들이 배를 타는 것을 보기 전에는 내 문제를 걱정할 수 없다고 생각했다. 왜냐하면 당시 모든 사람들이 그 생각만 하고 있었기 때문이다. 적이 마지막 저항을 강요하기 전에 이 저주받은 해안을 도망치는 것, 유일하게 남아 있는 길인 바다로 피해서 포로가 되지 않는 것, 도주의 열풍이 거의 무장을 해제하다시피 한 많은 사람들을 휩쓸었다. 그들은 바닷가에 모여 앉아서 영국군이 그들보다 먼저 배를 타는 것을 지켜보았다. 5월 30일 거의 대부분을 나는 내 부하들이 최종적으로 출발 명단에 들도록 하는 데에 바쳤다. 우선 오전 중에는, 무질서한 병사들과 트럭으로 가득 차 있는 브레-레-된에서 보냈다. 병사들은 각자의 부대를 찾아서 우왕좌왕 하고 있었고, 아무나 운전하는 트럭은 그들을 불과 몇백 미터도 못 가서 내려놓곤 했다. 다시 한번 나는 교통정리 일을 맡아, 네거리 가운데 몰려 있는 헌병들을 좀더 효율적으로 일하도록 만들어보려고 했으나 잘 되지는 않았다. 그 다음에는 단 몇 시간 동안이나마 임시 사령부가 세워진 벨기에 국경의 "앵무새"라는 캬바레로 갔다. 그리고 말로-레-뱅에서 제4국의 사람들을 만났다. 밤은 모래언덕 야영지에서 보냈는데 독일 포탄이 규칙적으로 우리의 휴식을 방해했다. 다행히도 포병은 조직적으로 말로−테르미뉘스 호텔 왼쪽의 같은 지점에 계속 포탄을 부어댔다. 첫번째 포탄은 상당수의 희생자를 냈다. 그 다음에는 아무도 그쪽으로 가지 않거나 지나가도 달려서 지나갔다. 만일 조준이 정확하지 않았더라면 모래언덕 잡초에 잠자리를 잡은 우리 같은 사람들이 얼마나 많이 희생되었겠는가?

그 다음날 아침 나는 부하들이 모두 배를 탈 수 있게 되었음을 알았다. 그러나 폭탄이 떨어져서 그 배가 침몰할 줄이야 어떻게 알았겠는가! 불행히도 전부 구하지는 못했지만, 그래도 대부분은 구출될 수 있었다. 그리하여 이제 비로소 나 자신의 일을 생각할 수 있게 되었다. 그때 우리를 지휘하던 참모부의 옛 차장은 그의 부관들을 자신보다 먼저 떠나보내는 데에 그다지 열의를 보이지 않았다. 그러나 그는 내가 알아서 길을 찾는 것을 허락했다. 그 말은 내 귀에는 좀 이상하게 들렸다. 그것은 다른 사람의 자리를 차지하라는 것인가? 다행히 오후로 접어들 무렵에 기병부대장의 주선으로 두 동료와 함께 정규임무를 받을 수 있었다. 우리는 타고 가기로 된 배를 찾기만 하면 되었다.

길을 잘못 안내받아서 두 동료와 나는 됭케르크를 동쪽에서 서쪽으로 그리고 다시 그 반대 방향으로 두 번이나 가로질러야 했다. 잔해만 남은 그 도시가 지금도 뚜렷이 떠오른다. 건물의 전면은 무너지고 거기에서 연기가 피어나고 있었고, 거리에는 시체라고 하기도 어려운 사람의 조각들이 여기저기 널려 있었다. 상상하기조차 어려운 폭발음이 아직도 귀에 생생하다. 그 소리는 마치 대작 오페라의 마지막 장면처럼 플랑드르 언덕에서의 우리의 마지막 순간을 채워주었다. 폭탄과 포탄의 폭발 소리, 소총의 탁탁거리는 소리, 고사포의 사격, 그리고 이 교향악의 박자를 맞추려는 듯 자동함포의 끈질긴 소리가 들려왔다. 그러나 내가 이 5월 31일을 떠올릴 때 가장 기억에 남는 것은 이 끔찍하고 위험한 광경이 아님을 고백한다. 나는 무엇보다도 우리가 부두를 떠날 때를 기억한다. 아름다운 여름 날의 저녁이 그 매력을 한껏 바다에 펼치고 있었다. 황금색의 하늘, 거울같이 조용한 물, 불타고 있는 정유소에서 나오는 검고 맹렬한 연기 —— 그것은 낮은 언덕 위로 너무나 아름다운 아라베스크를 그리고 있어, 그것이 생기게 된 비극적 상황을 잊게 할 정도였다 —— 그리고 우리 배의 고물에 써 있는 인도 동화에서 따온 배 이름(로열 대퍼딜 호, 곧 "왕의 수선화")까지 여행 첫 순간의 모든 것이 포로가 되는 것을 면한 병사의 이기적이고 저항할 수 없는 기쁨을 더욱 충만하게 하는 것 같았다.

그 다음에는 도버에 내려서 하루 종일 기차로 영국 남부를 가로질러 갔다. 그 날은 꿈속의 이야기가 의식 속으로 잠시 떠올랐다가 사라지는 것처럼, 연결이 안 되는 감각과 영상으로 잠시잠시 끊기는 긴 무의식 상태 같은 기억으로 남아 있다. 알록달록한 옷을 입은 소녀들이나 성체를 나누어주듯 위엄 있는 성직자들이 햄과 체스터 치즈를 넣은 샌드위치를 문틈으로 디밀어주어 맛있게 먹던 즐거움, 역시 풍성하게 제공된 담배의 약간 달콤한 냄새, 레몬 소다수의 신맛과 우유를 너무 많이 넣은 차의 덤덤한 맛, 잔디의 부드러움, 공원의 경치, 대성당의 첨탑, 데본 지방의 바위와 울타리, 건널목에 모여 있던 어린아이들의 환호성 등에 대한 기억들이 그것이다. 그런 모든 배려에 대하여 내 동료들은 "사람들이 정말 친절하지"라고 입을 모았다. 저녁 무렵 우리는 플리머스에서 다시 배를 타고 새벽에 셰르부르에 닻을 내렸다. 그곳에서는 오랜 시간을 정박지에서 기다려야 했다. 우리의 수송을 담당한 프랑스 선박의 장교들이 우리에게, "해군 담당관이 9시 전에는 사무실을 열지 않으니 이해해주십시오"라고 말했다. 아! 우리는 다시 전쟁 중인 프랑스 후방으로 오게 된 것이다. 환영도 샌드위치도 담배도 없었다. 그러나 일단 배에서 내리자 관료적이고 냉랭하고 약간은 꺼리는 대접을 받았다. 휴식장소는 불편하고 더러운 천막이었고, 적십자사에서 나온 부인들이 그나마 친절했다. 그리고 겨우 견딜 만한 기차에서 다시 흔들린 후 한밤중에 캉에 도착했다. 그곳에서는 우리를 기다리는 사람이 아무도 없는 것 같았으나 다행히도 좋은 호텔과 욕실이 있었다.

사람들이 남아 있는 군대의 잔해를 가지고 아직 싸울 수 있는 조직을 만들어보려고 어떻게 노력했고, 그리고 왜 거기에 성공하지 못했는가 하는 우울한 이야기에 대해서는 뒤에 다시 고찰할 것이다. 노르망디에서 꽤 오랫동안 머무른 후 우리는 6월 16일에 렌으로 오게 되었다. 제1군은 더 이상 존재하지 않았다. 그러나 그 참모부와 부대원 중에 남아 있는 사람들은 브르타뉴 지방을 방어하기 위해서 구성되었다는 부대를 지휘하는 장군의 휘하로 들어가게 되었다. 17일에 렌이 비행기의 공습을 받았다. 우리는 다행히 폭탄이 떨어지는 지역에서 멀리 떨어진 곳에 머물고 있었다. 그러나 멀리 떨어져 있는 화약

고의 폭발로 인한 엄청난 충격으로 우리 주변의 유리창이 모두 깨어져버려 나는 내 거리 기준이 잘못되었나 의심하기도 했으나, 곧 안심했다. "해안에 안전하게 있으면서 폭풍 소리를 듣는 것은 달콤하다"라고 로마 시대 시인이 말했던가. 평범한 인용이지만, 아마도 가증스런 고백일 것이다. 그러나 자신에게까지는 미치지 않을 것이 확실한 위험의 소리에 귀를 기울이면서 자신의 가장 깊은 곳에서 동물적인 안도감으로 마음이 흡족하지 않을 병사가 어디 있겠는가?

6월 18일 아침, 적이 가까이 오고 있다는 소문이 파다했다. 우리 부대의 사무실은 도시의 높은 지대 대로변에 있었다. 차도 건너편으로 나 있는 작은 길이 도시의 중심가로 내려가는 길이었는데 그곳에 내 당번병이 주둔하고 있었다. 아침 11시경 나는 그를 찾아가 서둘러 내 짐을 싸도록 했다. 그와 헤어져서 길을 걸어 올라오는데 길 저쪽 끝 대로에서 독일군이 줄을 맞춰 행진하는 것이 보였다. 그러니까 니와 내 사무실 사이였다. 총소리 한 번 없었다. 프랑스 병사와 장교들은 그저 바라보고 있었다. 나중에 들은 바로는 독일군이 무기를 가진 프랑스 병사를 만나면 그에게 총알을 꺼내고 총을 꺾어버리게 하는 것으로 만족했다고 한다. 나는 오래 전부터 어떻게든지 포로는 되지 않기로 단단히 결심하고 있었다. 만일 내 자신이 아직도 유용하다고 생각할 수 있었다면 나는 남아서 내 자리를 지킬 용기가 있었을 것이고, 그랬기를 바란다. 그러나 적에 대한 저항이 전혀 없었기 때문에 내가 유용하지 않다는 것은 명백했다. 오히려 내 조국과 가족에게 봉사하는 유일한 길은 올가미가 닫히기 전에 도망치는 방법밖에 없었다.

통행할 수 있는 길을 찾을 수 있다손 치더라도, 서쪽으로 도망친다면 조금 더 가서 브르타뉴 반도의 막다른 구석에 몰릴 것이 뻔했다. 마찬가지로 남쪽으로 가도 루아르 강을 건너지 못할 위험성이 컸다. 적어도 당시에 나는 그렇게 생각했다. 내 예상과는 달리 독일군이 낭트를 그 다음날에나 점령했다는 것은 나중에야 알게 되었다. 그러나 설사 그쪽을 택했더라도 내가 그 도시에 다다를 수 있었을까? 브레스트에서 어떻게든 영국으로 가는 방법을 찾을 수 있을지도 모른다는 생각도 났다. 그러나 나에게 과연 아이들을 버리고 기약 없는 망명을 떠날 권리가 있는 걸까? 여하튼 비탈길 보도 위에서 잠시 생각한 후 나는 가장 간단한 그리고 가장 확실해 보이는 길을 선택했다. 나는 내가 머물고 있던 집으로 돌아와서 군복 상의를 벗었다. 마직으로 된 바지는 특별히 군복이라고 할 것이 없었다. 집주인과 아들이 용감하게 행동해주어 윗도리와 넥타이를 쉽게 빌릴 수 있었다. 그리고 나서는 렌에서 교수직에 있는 친구와 연락을 취한 후 호텔 방을 빌리러 갔다. 나는 내 자신의 이름을 쓰는 것이 숨을 수 있는 가장 나은 방법이라고 판단하여, 숙박부에 내 진짜 이름과 직업을 적었다. 희끗희끗한 머리카락 때문에 교수직 뒤에 장교라는 직함이 숨어 있으리라고는 생각지 않을 것이라고 판단했다. 독일군 코만단투어(사령부)가 호텔 숙박부와 프랑스 군 장교 명단을 비교할 생각을 하지 않는 한 말이다. 그쪽에서는 그런 생각을 하지 않은 것 같다. 아마 우리의 지배자들은 이미 포로를 잡는 일에 싫증이 났을지도 모를 일이다.

이렇게 하여 나는 렌에서 10여 일을 보냈다. 길에서 식당에서 그리고 호텔에서도 나는 계속 독일 장교들과 마주쳤다. 나는 매번 내 조국의 도시들이 적에게 점령당한 것을 보는 찌르는 듯한 슬픔과 며칠 전만 해도 권총을 겨누고 만났을 사람들과 평화롭게 같이 사는 놀라움 그리고 그들이 의심하지 않는 사이에 근사하게 그들을 속이고 있다는 짓궂은 즐거움을 한꺼번에 느꼈다. 사실을 말하자면 마지막에 꼽은 만족감은 복합적이었다. 거짓으로 사는 데에 대한 어느 정도의 거북함이 줄곧 따라다녔다. 그런 거짓말은 가장 엄격한 결의론자라도 쉽게 용서했을 터인데도 나는 끈질기게 그 고통을 고집하고 있는 데에 가끔씩 놀랐다. 기차가 다시 운행을 시작하자 나는 친구들이 있는 앙제로 갔다. 그리고 그곳에서부터는 찻길을 따라서 게레로 와서 식구들을 만났다. 우리 옛말로 "재회"라고 하는 감미로운 순간에 대해서는 여기에서 말하지 않겠다. 그것을 말하려면 내 마음이 너무나 뛴다. 그에 대해서는 침묵하리라!

독자들은 이제 내 경험이 어떠했는지 알게 되었다. 나는 이번 전쟁만을 말하겠다. 왜냐하면 지난번 전쟁은 배경으로만 언급될 것이기 때문이다. 나는 참모부의 상당히 높은 위치의 일에 참여했다. 물론 거기에서 하고 있는 일의 전부를 안 것은 아니다. 때로는 나 자신의 업무에 필요한 정보조차도 알지 못했음을 독자들은 알게 될 것이다. 그러나 나는 그곳의 일하는 방식과 인간을 매일 관찰할 수 있었다. 반면에 직접 전투를 목격하지는 못했다. 군대와는 아주 가끔 관계를 가졌을 뿐이다. 그에 대해서는 내가 얻고 판단하기 용이한 증언들에 의지할 수밖에 없다. 보는 눈이 정확할 경우, 진실성과 인간적인 맛에서 직접경험에 필적할 것이 없으므로 증언이 이를 대신할 수는 없으나, 일부 견해를 정당화하기에는 충분할 것이다. 또 누구도 모두 보거나 안다고 할 수는 없을 것이다. 각자가 할 말을 솔직히 하자. 진실은 이 진지함이 모이는 곳에서 나올 것이다.

2

피정복자의 진술

　우리는 방금 도저히 믿을 수 없는 패배를 당했다. 누구에게 잘못이 있는가? 의회제도, 군대, 영국, 간첩의 탓이라고 우리 장군들은 대답한다. 결국 자신들을 제외한 모든 사람에게 있다는 것이다. 그러니까 조프르 장군이 훨씬 현명했던 셈이다! "마른 전투에서 이긴 사람이 나인지는 잘 모르겠다. 그러나 내가 확실히 아는 것은 그 전투가 패배로 끝났다면 그것이 내 탓이 될 것이라는 점이다"라고 그는 말한 바 있다. 물론 이 말을 하면서 그는 우두머리가 그의 명령에 의해서 이루어지는 모든 일에 대해서 책임이 있다는 점을 특히 강조하려고 했을 것이다. 그가 모든 결정을 내리는 데에서 주도적 역할을 하지 않았다는 것은 중요하지 않다. 그가 우두머리이고 그 역할을 받아들였으므로 결과가 좋든 나쁘든 그의 책임으로 받아들여야 하는 것이다. 그러나 이 소박한 사람이 그토록 소박하게 표현한 이 커다란 진실이 오늘 더욱 큰 의미를 띠게 되었다. 전투에서 돌아왔을 때, 내 주변의 장교들 사이에서 참패의 깊은 원인이 무엇이었건 간에 직접적인 원인은 사령부의 무능이었다는 점을 의심하는 사람은 없었다.[3]

적나라하게 들춰낸 이 주제는 많은 사람들에게 깊이 뿌리 내리고 있는 선입견에 충격을 줄 것이다. 우리 언론의 거의 전체 그리고 근본적으로 관습적인 우리 문학이 여론으로 하여금 상투적인 것을 숭배하도록 만들었다. 장군은 원래 위대하다는 것이다. 설사 그가 군대를 패배로 이끌더라도 사람들은 그에게 레지옹 도뇌르 훈장을 수여하여 보상한다. 이와 같이 사람들은 최악의 잘못에 점잖게 베일을 쳐 가림으로써 국민의 신뢰를 유지할 수 있다고 생각하는 모양이다. 사실 그것은 위험하게 전투원들의 신경을 자극할 뿐이다. 그러나 따지고 보면 그보다 더 심한 것이 있다.

이상한 역사적 법칙이 국가와 군대 지도자들 사이의 관계를 규정하는 것 같다. 승리한 지도자는 거의 대부분 권력으로부터 제외되었다. 패배를 하면 승리를 선사하지 못한 나라로부터 권력을 받게 된다. 마크-마옹 장군은 스당에서의 패배에도 불구하고, 그리고 힌덴부르크는 1918년의 참패 후에, 패배의 결과로 생긴 정치체의 운명을 맡았다. 이에 반해서 베르됭에서 승리한 페탱 장군이나 르통드에서 패전 독일과 조약을 체결한 베강 장군을 프랑스는 그 우두머리로 삼지 않았다. 물론 나는 그 성공들이 모두 자연스러운 것은 아님을 모르지 않는다. 그러나 그것은 집단정서의 일종의 강박과 걸맞는 면이 없지 않다. 패배한 국민의 눈에 별과 훈장으로 빛나는 제복은 전장에서 치른 희생과 함께 과거의 영광을 상징한다. 또한 미래의 영광을

---

3) 게다가 고등군사학교의 전임 교장이었고, 총사령관을 지낸 바 있는 베강 장군 또한 1940년 5월 25일 이렇게 말했다(『프랑스 총참모부 비밀문서(*Les Documents secrets de l'État-Major général français*)』, p. 140): "프랑스는 필요한 전비도 필요한 작전도 없이 전쟁을 하는 큰 잘못을 범했다."〔1942년 7월〕

상징할 수도 있다. 나는 진실에 대치되는 의견에 반대하는 것을 삼가서는 안 된다고 생각한다. 파스칼이 말한 바와 같이 열정이라는 것은 이상해서 "공적인 잘못을 범하는 사람들에 대해서가 아니라 그것을 비난하는 사람들에 대해서 화를 낸다"는 데에 의견을 같이한다. 파스칼은 다른 곳에서 "성인들은 결코 침묵하지 않는다"고도 썼다. 그것은 비판을 위한 좌우명은 아니다. 다만 비록 성성(聖性)까지는 아니더라도 정직한 사람의 평범한 도덕성을 지향하려고 노력하는 사람이라면 깊이 생각해보아야 할 점이다. 그러나 감정이 끓어오를 때 그것을 쳐부수는 것은 괴로운 일이다.

나는 방금 "사령부"라고 말했다. 그러나 그 말을 쓰자마자 내 안에 있는 역사가가 그 말을 썼다는 사실에 대해서 놀라고 있다. 왜냐하면 내 직업의 기본이 이런 거창하고 추상적인 명사를 피하고 그들 뒤에 있는 인간이라는 구체적인 현실을 재구성하는 것이기 때문이다. 사령부의 잘못은 근본적으로 인간집단의 잘못인 것이다.

계급이 낮고 직책이 평범하여 나는 높은 지위의 지휘관들을 만날 기회가 별로 없었다. 내가 가끔 개인적으로 비교적 가까이 볼 수 있었던 분은 블랑샤르 장군뿐이다. 나는 그를 매우 교육을 잘 받은 사람으로 특히 기억하고 있다. 그가 나에게 마지막으로 말을 건넨 것은 내가 플랑드르에서 돌아온 후 노르망디에서 마주쳤을 때였다. 그는 친절하게 "아! 자네도 이 모험에서 무사했군"이라고 말했다. 그의 말은 약간 어울리지 않게 들렸다. 『폴리왹트』의 마지막 장면에서 주인공 펠릭스도 역시 "우리의 행복한 모험을 축복하자!"고 외쳤는데 이 대목에 대해서 볼테르는 "사위의 목을 자른 후 하는 말로는 좀 웃긴다"고 평했다. 플랑드르의 모험에서 블랑샤르 장군은 병력의 반 이상을 잃었고, 자신의 참모장과 그가 후임자로 선택한 장교를 자원 포로로 뒤에 남겨놓은 상태였다. 그러나 나는 한 사람을 그가 우연히 던진 말 한마디로 판단해서는 안 된다는 것을 안다. 아티슈 성에서 어느 날 새벽에 영국군 총사령부로 전화를 해야 한다며 사람들이 나를 불러서, 나는 한 시간 이상을 장군이 있는 방에 머물렀던 적이 있다. 그는 한마디도 없이 거의 움직이지 않고 비극적인 부동자세로, 거기에서 어려운 결정을 찾아내려는 듯, 우리 사이의 테이블 위에 펼쳐 있는 지도를 응시하고 있었다. 역시 아티슈에서 나는 본의 아니게 그의 말을 몇 마디 들은 일이 있고, 그에 대해서는 뒤에 다시 말할 기회가 있을 것이다. 그러나 전체적으로 보아서 나는 그를 지휘행위를 통해서는 알지 못한다. 이 점에서 그의 개인적 행동과 그 측근들의 행동을 구분해내기가 어렵다.

나는 당연히 참모부의 장교들, 즉 대부분이 군사학교 출신이고 현역인 내 직속 상관들이나 동료들과는 훨씬 가까이 지냈다.

사실 매우 친밀하게 지냈기 때문에 나는 자연히 자의적이 될 참모부 장교들의 초상을 그리고 싶은 유혹에 미리 저항할 준비를 하고 있다. 눈을 감고 내 기억을 더듬으면 개별화된 인물들의 회랑이 내 의식을 스치고 지나간다. 어떤 사람은 영원히 웃음을 짓게 하고, 또 어떤 사람은 내가 살아 있는 한 내 기억 속에 아름답게 남아 있을 것이다.

제3국의 B 대위는 그의 텅 빈 머리를 하늘 높이 쳐들고 옛날 전술 강의시간에 얻은 책자적 지식을 성체(聖體)처럼 들어올려 사람들에게 영원히 조배하도록 하려는 것 같았다. X 대위는 우리 국 소속이 었는데, 행동에서 훌륭하다기보다는 말이 많은 사람으로, 몇 달 사이에 비서들의 증오의 대상이 되었다. 그는 그들에게 명령하는 것을 태어날 때부터의 소명으로 받은 듯이 그들을 "훈련"시키려고 들었다. 그가 눈이라도 붙이러 지하실로 내려가면 그의 등 뒤에 대고 얼마나 빈정거림을 쏟아냈는지! 이렇게 허세 부리는 사람들과 매력적이고 소시민적인 우리 부관을 어떻게 혼동할 수 있겠는가? 그는 친절하고 용감하면서 겸손했고 국장의 부관으로서 그리고 연락장교로서 티내지 않고 효율적으로 일을 했다. 내가 그를 비난할 수 있는 것은 단한 가지, 그의 정신적 절망감 또는 우울증이었다. 에피날 판화 같은 전사로서의 꿈이 무너지자, 그는 스텐웨르크의 무거운 분위기에서 어느 날 쓸데없이 스스로 포로가 되었다. 그렇게 되기까지는 고통이 많았을 것이다. 나중에 어느 독일 신문을 통해서 휴전 소식이라도 듣게 된다면 또 얼마나 큰 고통을 받을 것인가! 내가 언급한 사람들은 이미 보앵 시절부터 그 됨됨이를 평가할 수 있었다. 그러나 전투가 뜨겁게 달아오르자 여러 면에서 숨겨져 있던 것들이 노출되었다.

1914-18년 전쟁에 참전하여 훌륭한 표창을 받은 이 고위직 장교에 대하여 우리는 물론 상당히 매력적인 그의 자질과 그의 가공할 결점을 이미 알고 있었다. 현실감각이 있으나 산만하고, "융통성"이 있으나 준비하기를 싫어하는 고집, 친절하나 때로는 솔직하지 못한 점 등이다. 그러나 행동해야 할 때 그가 무너지리라고 누가 예견했겠는가? 오늘 생각해보면 솔직히 말해서 당시 우리가 그에 대해서 공정하지 못했다고 생각한다. 우리는 위험 앞에서 그가 보여준 거의 두려

움에 가까운 신경과민을 짓궂게 단순한 허약함이라고 판단했다. 사실 그것은 무엇보다도 점점 더 커지고 있는 참변에 대한 앞선 인식, 지나치게 무거운 책임에 대하여 느끼는 중압감, 그리고 과도한 감상이었다. 언젠가 그가 가장 위험하다고 판단되는 위치에 남아야 할 장교들을 지명할 힘이 자신에게는 없다고 아티슈 성에서 나에게 말하지 않았던가? 그러나 한 가지는 확실하다. 오랫동안 사무 일과 가르치는 일에 습관이 되어버린 이 직업군인은 우두머리가 되는 것을 완전히 잊은 것이다. 그 말이 의미하는 자제력과 냉혹함을 포함해서 말이다.

두 장 접이로 된 액자의 또다른 면에는 아티슈 성과 스텐웨르크의 어려운 시절에 전진부대에서 우리 국의 책임을 맡았던 포병 대위의 키 크고 금발인 실루엣을 떠올리지 않을 수 없다. 전에 보앵에서 그가 보급부서를 맡고 있었을 때, 우리는 그를 좀스럽고 때로는 기분 나쁜 인물로 생각했다. 그는 재기가 있는 사람은 아니었고 공공연히 지적인 일을 싫어한다고 과시했다. 자신이 옳다고 생각하는 견해는 그것이 상관의 것과 다르더라도 굽히지 않는 솔직함을 가지고 있어 존경심을 자아냈으나 반박하기 좋아하는 기질은 신경에 거슬렸다. 약간 일부러 하는 듯한 그의 지저분한 농담은 굳이 정숙한 체하지 않는 사람들에게까지도 피곤한 것이었다. 상층 부르주아지 출신으로서 그가 가진 정치적, 사회적 편견과 짐작컨대 가지고 있을 인종적 편견은 내 세계관과는 전혀 다른 것이었다. 우리는 서로간에 예의를 지키는 동료였으나 어느 쪽도 따뜻함은 없었다고 생각된다.

그리고 북부 전투가 시작되었다. 모든 것이 끝을 향해 치닫자, 프리우 장군은 자신과 함께 적을 맞을 장교 한 명씩을 각 국에서 뽑으라고 했다. 앞에서 말한 T가 당시 우리 지휘관이었다. 그는 자신이 지휘관이므로 이 희생적인 임무는 자기가 맡아야 한다고 생각했다. 그리고 그는 의미 없이 포로가 되기로 동의하는 것이 병사의 명예 중에 들어가지 않게 하리라고 단단히 결심하고, 독일군이 오면 잡히지 않기 위해서 권총을 움켜쥐고 달아날 담장의 구멍을 노려보며 그 날 밤을 보냈다고 후에 나에게 고백했다. 만일 마지막 순간에 예기치 않은 사건이 벌어져 그에게 행동의 자유가 주어지지 않았더라면 그는 그렇게 했을 것이다. 밤중에 제4군을 이끄는 장군이 사령부에 나타났다. 자신의 지휘 아래 있는 부대들이 리스 강을 건널 수 없게 되었으므로 그는 군 사령부와 운명을 같이하기로 결정했던 것이다. 그의 연락병 노릇을 하던 요리사가 그와 함께 있었다. 내가 앞에서 말한 것처럼 그 불쌍한 친구는 자신에게 부여된 해안으로 갈 수 있는 기회를 거절했다. 그의 자포자기적인 자기희생이 T를 구했다. 장군이 각 국에서 한 명씩만 남으라고 했기 때문이다. T는 출발허가를 얻었다. 그 이튿날 아침 우리의 첫번째 집결장소인 혼트스코트에서 얼마 떨어지지 않은 곳에서 약속시간보다 약간 늦게 그가 나타나는 것을 보고 우리는 놀라우면서도 기쁨을 감출 수 없었다. 그는 오는 도중 바이욀의 텅 빈 거리에서 주운 새 자전거를 타고 있었다. 그와 나는 지난 밤에 작별을 했으므로 둘 다 상당히 감격했다. 우리가 옛날에 서로 오해를 하고 있었고, 그 점에 대해서 유감으로 생각하고 있다는 점을 자세히 말로 표현하지는 않았는데, 사실 그런 것은 말로는 잘 하지 않는 것이기 때문이다. 서로 느끼는 것으로 충분하지 않은가. 삶이 오늘날 우리를 갈라놓았다. 내가 이 글을 쓰고 있는 현재 나는 그가 이 세상에 살아 있는지의 여부도 모른다. 다시 만난다면 우리는 또다시 서로 반대 입장에 서게 될지도 모른다. 그러나 그것은 이전과 같은 것은 아닐 것이다. 나로서는 스텐웨르크의 정원에서 나누었던 인간적 전기가 통하던 몇 분간을 내 기억에서 지워버릴 수 없을 것이다.

그 이전에 있었던 진실한 시간들도 잊을 수 없을 것이다. 진실로 행동하는 인간의 특징은 아마도 행동하는 가운데 그의 결점은 지워지고 반면 그때까지 잠자고 있던 덕성(德性)이 예기치 않은 빛을 발하면서 그에게서 나타나는 점일 것이다. 나의 동료의 변신도 그 탁월한 예의 하나이다. 그가 양심적이고 진실하다는 점은 언제나 그러했다. 그런 그가 작은 일에 더 이상 집착하지 않았고 반대 의견을 내는 취미도 사라졌다. 정보를 제공하거나 명령을 내릴 준비가 되어 있으면서도 그는 실무자에게 필요한 자유를 줄 줄 알았고 그러면서도 모든 것에 대한 책임을 졌다. 그는 가장 어려운 시간에도 참을성을 보이며 조용했고, 다른 사람의 피곤함은 배려하면서도 자신의 피곤함은 돌보지 않았다. 그러면서도 얼마나 쾌활했던지! 나는 한 인간을 발견한 것이다.

그러나 인간집단에서는 개인들이 전부는 아니다. 게다가 그들이 강력하게 조직된 공동체에 속하면 그들의 특성은 사라지는 경향이 있다. 각자 거의 비슷한 훈련과정을 거쳐서 같은 일을 하며 공동 규율을 지키는 것이 가장 강력한 결속력은 아닐 것이다. 거기에는 선배로부터 후배에게 또는 상급자로부터 하급자에게 전달되는 전통과 일종의 공동의 특권을 가진다는 감정이 필요한 것이다. 군대집단이라고 부를 수 있는 것이 가장 좋은 예일 것이다. 직업장교 집단은 국민 가운데 매우 특별한 성격을 띤 작은 사회를 구성하고 있다. 그것은 여러 유습에 의해서, 비교적 평준화된 현대문명에서 계급 개념이라기보다는 옛날 프랑스의 "신분" 개념이 가지는 이미지를 가장 적절하게 보여주고 있는 사회이다. 과거 귀족사회에서는 엄청난 지위의 차가 있었음에도 불구하고 원칙적으로 동등하다는 의식이 지배하고 있었다. 따라서 국왕 자신도 이 원칙에 의하면 "왕국의 제1귀족"에 불과했던 것이다. 마찬가지로 오늘날 가장 많은 별을 단 장군도 별볼일 없는 소위가 일하고 있는 방에 들어갔을 때 그에게 악수를 청하지 않으면 기본적인 예의를 벗어나는 것이 된다. 그러나 하사관에게 손을 내미는 것은 매우 특별한 경우에 한하고 일반 병사들에게는 더 말할 것도 없다. 한편 군대 내에서도 참모부의 장교들은 매우 동질적인 집단이다.

가장 확실한 일반적인 특징 중에 그들에게 가장 명예로운 것은 직업의식이 투철하다는 점일 것이다. 내가 생각하기에 이러한 경향은 모든 지위의 장교 대부분에게 공통적이다. 어디에서나 마찬가지로, 군사학교 출신 중에도 게으른 사람, 비양심적인 사람이 있으리라고 생각된다. 거의 한 예외를 제외하면 —— 그것도 이미 동료들의 판단에 따라서 중요하지 않은 참모부 자리로 밀려난 한 사람의 경우를 제외하면 —— 나는 그런 사람을 만나지 못했다. 그것은 매우 큰 덕성으로, 오늘날 다른 관료집단 중 이 정도의 수준에 이른 집단은 없을 것이다.

사람들은 흔히 참모부 장교들이 일반 부대의 지휘관들을 무시한다고 말한다. 나는 물론 전체로 보아 극소수이겠으나 허영심 있는 사람들 중에 군사학교 특유의 거슬리는 오만한 태도가 있다는 것을 부인하지는 않는다. 그러나 내가 알게 된 대부분의 장교들은 일반 부대로 돌아가고 싶다고 말했다. 그것도 일종의 유행인 것 같기는 하다. 실제로 결단을 내려야 하는 경우 그들의 열성은 많이 줄어들 것이다. 그러나 적어도 젊은 장교들 사이에서 이 말은 대부분이 매우 진실한 감정의 표현으로 보인다. 따라서 부대 근무를 높이 평가하는 것이 예의바른 태도라는 점도 특징적이라고 할 수 있다.

어느 나라에서나 모든 군대의 전투원과 지휘관 사이에 가끔 일어나는 오해에 관해서 말하자면, 후자에게만 책임이 있는 것은 아니다. 왜냐하면 여러 단계에서 나타나는 어려움이 같은 모양으로 나타나는 것이 아니고, 다른 사람의 입장에서 생각하는 일이 지위가 낮거나 높거나 간에 매우 어려운 정신적 운동이기 때문이다. 그러나 이 점에서 참모부가 크게 잘못했다는 점은 부인할 수 없을 것이다. 다만 나는 그것이 멸시에서 나온 것이라기보다는 상상력과 현실감각의 부족에서 나온 것이라고 생각한다.

전투가 시작되기 전 우리는 자주 지도상에서 부대를 이동시키는 일을 했다. 우리 중 누구라도 물질적인 곤란에 대하여 충분히 생각해보았는가? 또 한겨울에 병사들이 능숙하게 이미 마련해놓은 숙영지를 버리고 흔히 변변치 못하거나 적절치 않은 시설밖에 없는 다른 곳으로 부대를 옮겨야 할 때 나타나는 사기의 저하에 대해서는 충분히 생각해보았는가? 그러나 그것보다 더 한심한 것이 있다. 지난번 전쟁 중에 나는 어떤 명령이 참모부에서 나와 여러 단계를 거쳐 그것이 실행되어야 하는 곳에 도달할 때까지 걸리는 시간을 사령부가 정확히 계산하지 못하는 것을 여러 차례 볼 수 있었다. 아무리 최고의 작전 수첩이 있어도, 올바른 판단력이 없는 사람은 연락병이 진흙탕 길에서 얼마나 시간이 걸릴지 또는 그가 다른 길로 가버리는 잘못을 저지를 수도 있다는 점을 알지 못할 것이다. 1918년 7월 22일 내가 망쟁 주둔군 —— 이 점에서 방법이 특히 좋지 않은 부대였는데 —— 에 있을 때 부대에서 공격 명령이 떨어졌다. 후방부대에 있던 나로서는 그것이 이동 중에 있는 당사자에게 전달되기까지 매우 초조했다. 그 명령은 결국 매우 늦게 목적지에 전달되었고, 작전수행을 맡은 대대는 날이 밝기 전에 미리 그 지역을 정찰할 시간도 없이 허둥지둥 공격을 개시하여 거의 전부가 보람 없이 죽었다. 이번 전쟁에서도 그와 같은 잘못이 아주 없었다고는 할 수 없을 것이다. 이 점에서는 지적인 교육 전체가 비난의 대상이 될 것이다. 거기에 대해서는 다시 언급하겠다.

사실 간단하고 잘 알려진 치유책이 있기는 하다. 부문별로 두 집단의 장교를 서로 교대하게 하면 충분하다. 그러나 고위 지휘관들은 부하들을 바꾸기 싫어한다. 1915년과 1916년에 그들이 양보하기를 꺼려했기 때문에 전투부대와 참모부 사이가 완전한 괴리상태에 이르렀음을 우리는 알고 있다. 결국 교대가 불가피해졌을 때에는, 그것을 너무 오랫동안 미루어왔기 때문에 너무 많은 사람을 바꾸어야 했다. 또한 전투부대의 사람들이 많이 전사하여 필요한 사람을 충분히 보내줄 수가 없었다. 왜냐하면 중대나 대대의 지휘관으로서 적임자인 사람이 반드시 참모부에서도 좋은 장교가 되는 것은 아니기 때문이다. 1939년에서 1940년으로 넘어가는 겨울 동안 나는 군대 간부의 경직화 현상이 다시 나타나는 것을 불안하게 생각하고 있었다. 그래서 이 위험을 고위층에 보고하려고 했으나, 5월과 6월에 밀어닥친 위기가 너무 갑작스러워 그것을 보고할 시간이 없었다.

참모부의 장교들은 전체로 보아 훌륭한 집단이다. 그들은 정직하고, 매우 모범적이며, 깊은 애국심을 가지고 있고, 그들의 동창인 다른 폴리테크닉 출신이나 생–시르 육군사관학교 출신들보다 정신적으로 유연하며, 때로는 진정 우수한 사람들도 있었다. 그러나 그들이, 또는 그들로부터 나온 지휘관이 우리를 패배로 이끈 것도 부인할 수 없는 사실이다. 왜 그런가? 그 이유를 설명하기 전에 어떻게 그리 되었는가를 설명하는 편이 나을 것 같다.

나는 여기에서 비판적인 전쟁사나 북부 전투사를 쓰려는 것이 결코 아니다. 그러기에는 나에게 자료가 없다. 그리고 기술적인 능력도 부족하다. 그러나 더 이상 기다리거나 그것을 언급하는 것을 주저하기에는 너무나도 명백히 증명된 사실들이 이미 현재에도 많이 있다.

다양한 오류의 결과가 상승작용을 하면서 우리 군대를 참패로 몰아넣었다. 그러나 그중에서도 커다란 결함 하나가 모든 것을 지배한다. 우리 지도자들 또는 그들의 이름으로 행동하는 사람들이 이번 전쟁을 잘못 생각한 것이다. 다시 말하면 독일군의 승리는 본질적으로 지적인 승리이며 아마도 그것이 가장 심각한 일일 것이다.

우리는 좀더 명확히 말할 수 있겠다. 결정적인 특징이 현대문명과 그 이전의 문명을 대립시키고 있다. 20세기 초부터 거리의 개념이 근본적으로 가치관을 바꾸었다. 그 변화는 대략 한 세대 정도의 기간에 일어났다. 매우 빠르게 진행된 셈이나 그것은 우리의 관습에 점진적으로 포함됨으로써 습관이 그 혁명적인 성격을 어느 정도 감추어버렸다. 그러나 현재의 사태가 우리의 눈을 열어주고 있다. 왜냐하면 전쟁이나 패배로 인한 궁핍한 생활이 마치 타임머신처럼 유럽에 작용하여 어제까지만 해도 영원히 사라졌다고 생각한 과거의 생활양태를 갑자기 우리에게 가져다주었다. 나는 이 글을 내 시골집에서 쓰고 있다. 작년에 주유소에서 석유를 살 수 있었을 때는, 우리 시골의 경제 중심지인 캉통(canton : 프랑스 지방행정 단위의 최하 단계/역주)의 면청 소재지를 마치 현관문 드나들 듯했다. 올해 들어서는 다리가 건강한 사람은 자전거로 만족해야 하고 무거운 물건은 나귀가 끄는 수레를 이용하게 되자, 매번 읍으로 갈 때마다 마치 무슨 원정을 떠나는 분위기이다. 마치 30-40년 전과 같다! 독일군은 속도 개념에 입각하여 현대전을 벌였다. 우리는 어제 또는 그저께의 전쟁을 하려고 한 것만이 아니라 독일군의 전쟁 수행을 보고 새로운 시대의 가속화된 진동과 연결된 리듬을 이해할 줄 모르거나 이해하기를 원하지 않았다. 그래서 실제로 우리의 전장에서 충돌한 두 적대세력은 인류사의 서로 다른 시대에 속해 있었다. 결국 우리는 식민지사에서 익숙한 투창 대 총의 전쟁을 다시 한번 벌인 것이고 이번에는 우리가 원시인 역할을 했다.[4]

---

4) 현재의 변화가 사상에 미치는 리듬의 가속화에 대해서는 별로 관련 내용이 있음직하지 않은 찰스워스의 『로마 제국의 도로와 상업(Les Routes et le Trafic commercial dans l' Empire romain)』이라는 작은 책에서 적절한 언급을 찾아볼 수 있을 것이다. 특히 "오늘날 인간은 우리 조상을 경악하게 할 만한 속도로 결정을 내린다"라는 225페이지의 설명을 볼 것[1942년 7월].

북부 전투에서 제1군의 사령부 주둔지 목록을 다시 읽어보자 : 발랑시엔, 두에, 랑스, 에스테르, 아티슈, 스텐웨르크. 적이 압력을 가할 때마다 후퇴한 셈이다. 그보다 더 자연스러운 것은 없다. 그러나 얼마나 후퇴했는가? 매번 20–35킬로미터 정도였다. 더 이상은 아니었다. 다시 말하면 —— 이미 비달 드 라 블라슈가 가르친 바와 같이 오늘날은 거리–시간으로 생각해야 하므로 —— 그것은 자동차로 최대한 반 시간 거리였다. 따라서 저항선의 이동도 그에 비례했다. 적어도 참모부가 적에게 강요할 수 있다고 생각한 계획은 그러했다. 우리가 주둔하던 랑스의 학교에서 우리는 전투 중에 나는 소총소리를 명확히 들을 수 있었다. 이 소리는 1914년의 전쟁을 경험한 늙은 병사들에게 매우 많은 것을 생각하게 할 수 있었다. 어느 정도 잊고 있던 이 소리를 다시 듣게 된 것이 우리 지휘관들이 참모부에게 일부러 들려주려는 의도에서 그런 것이라고는 생각지 않는다. 간단히 말해서 독일군이 예상보다 훨씬 빠르게 전진한 것이다. 거의 항상 그랬다. 내 동료는 우리의 방법에 대하여 "임시방편적 작전계획"이라고 말했다. 그는 자신의 시대에 맞출 줄 아는 젊은이 중의 하나로 상관들이 고집스럽게 시대를 외면하는 것을 보고 유감으로 생각했다. 그러나 너무나 명백한 사실을 이해하기 위하여 사관학교나 "고등군사문제연구소(C.H.E.M.)"에서 많은 시간을 보낼 필요는 없을 것이다. 적군이 우리 국경에서 매일같이 공격을 강화하는 가운데 일단 전선이 무너지자, 뫼즈 강의 군대가 살아날 길은 하나뿐이라는 것이 명백해졌다. 적의 공격범위에서 "벗어나서", 자리를 잡기도 전에 다시 밀려나지 않도록 후방으로 상당히 후퇴하여 새로운 방어선을 치는 것이다. 그러나 그렇게 하지 않고 여기저기 무너진 전선에, 투입되자마자 궤멸될 소규모 부대를 보내어 전선을 메우는 일만 했다. 그리고 다른 한편으로는 해안 쪽으로 퇴각하기로 결정이 될 때까지 발랑시엔과 드냉 쪽에 전진부를 유지하려고 했다. 그렇게 되자 그곳에 남겨져 있던 부대는 시간 내에 합류할 수가 없게 되었다. 만일 조프르 장군이 샤를루아와 모랑주에서 그와 같이 했다면 그는 마른 전투에서 승리하지 못했을 것이다. 그는 기즈 쪽에서 패배했을 것이다. 그러나 당시만 해도 적군은 도보로 이동하고 있었다.

이 잘못된 작전에서 나는 예를 들면 제1군 총사령부나 중간 단계인 제1군단과 같은 지휘부 각 단계들의 잘못이 어느 정도씩인지는 모른다. 제1군단장은 처음에는 비요트 장군이다가 5월 25일부터는 블랑샤르 장군이 맡았다. 21일에 자동차 사고로 사망하여 비요트는 자신을 위해서 변명할 수가 없다. 때맞추어 사라졌기 때문에 그는 자연히 속죄양이 되었다. 말로-레-뱅의 초라하고 작은 식당에서 있었던 대화로 미루어보건대 그는 계속 속죄양이 될 것이다.

그렇게 하는 것이 완전히 틀린 것은 아닌 듯싶다. 독일군이 벨기에를 침공할 경우 영불군은 어떤 형태의 반격을 해야 할까? 이 문제는 겨울 내내 참모부 "작전국들"의 관심사였다. 두 가지 해결책이 제시되었다. 첫째는 벨기에의 에스코 강에서 동쪽으로 거의 우리 국경선과 나란히 있는 보루와 대 전차용 참호가 설치된 거점 —— 안타깝게도 이 방어선은 완성되지 못했다 —— 에서 굳게 버티며 적을 기다리는 것이다. 물론 때로는 정찰대를 파견하거나 지구전을 벌인다. 다른 하나는 그와 반대로 우리 국토 밖에서 즉시 전쟁을 하는 것이다.

그러려면 우리는 딜 강의 좌안과 벨기에 쪽에 있는 뫼즈 강의 좌안 그리고 이 두 강 사이에 자연 방어물이 전혀 없는 에스베 고원을 가로질러 와브르에서 나뮈르에 이르는 대각선을 단번에 점령해야 한다. 두번째 해결책이 최종적으로 채택되었다는 것은 모두 알고 있는 일이다. 그리고 이 결정에서 비요트 장군의 영향이 매우 컸던 것 같다.

그 선택 자체가 다소 경솔했다. 실제로 리에주 근처에 있는 벨기에 저항선이 약화되자 그것은 매우 경솔한 선택이 되었다. 애초에는 벨기에의 저항이 우리에게 새로운 전선을 조직하고 정비하는 데에 필요한 며칠간의 여유를 줄 것이라고 기대되었다. 그런데 리에주와 마스트리히트 사이의 다리들이 원하는 시점에 끊기지 않았기 때문에 그곳은 독일의 공격 시초부터 포위되었고, 우리 정보원의 보고에 따르면 곧 함락될 수밖에 없었다. 동시에, 첫번째 대결은 또다른 놀라움을 불러일으켰다. 적의 전차의 수가 우리 정보부가 추정한 것보다 훨씬 많았을 뿐만 아니라, 일부 전차들은 예상치 못한 강력한 화력을 가지고 있었다. 독일 비행기는 우리 것보다 끔찍하게 우월했다. 딜 강의 상류와 와브르-나뮈르의 거점을 연결하는 임무는 기병부대라는 전통적인 명칭을 쓰고는 있으나 완전히 기계화되어 있는 부대에 맡겨졌다. 이 부대는 군대의 수의사가 "나와 전혀 관계가 없는 유일한 부대"라고 말한 적이 있는 부대이다. 이 대부대를 지휘하던 프리우 장군은 5월 11일부터 예정된 작전을 포기할 것을 제안했다. 우리의 방어선은 에스코 강과 국경을 잇는 선으로 곧 후퇴했다. 여기에서도 다시 한번 비요트 장군이 일을 방해했다. 매우 높은 지위에 있는 지휘관이 개인적인 압력을 사용하면 효과를 보지 못하는 경우가 드물다. 프리우 장군이 군단장과 면담한 후 자신의 보고서 내용을 상당히 완화시켰다고 나는 생각한다. 여하튼 그 보고서는 채택되지 않았던 것이 확실하다.

그러나 만약에 오른쪽으로 뫼즈 강에서 커다란 틈새가 벌어지지 않았더라면 제1군과 그 왼쪽에 위치한 영국군과 프랑스 군의 운명은 어떻게 되었을까? 물론 나는 거기에 대하여 나중에라도 예언을 할 만한 능력이 없다. 5월 14일, 우리가 맡은 전선이 무너졌다. 그것은 모로코 사단이 지키고 있었는데, 그들 식민지인들이 적어도 초기에 특히 공습과 전차에 의한 공격을 견디지 못했던 것 같다. 그러나 곧 전선은 복구되었다.

확실히 뫼즈 강과 스당 쪽 군대의 와해는 벨기에서 싸우고 있는 부대의 후방을 갑자기 노출시키면서 작전을 돌이킬 수 없는 실패로 몰아넣었다. 많은 사람들이 방어하기에 매우 쉬우리라고 생각한 넓은 강가의 가파른 계곡이 그렇게도 잘못 방어된 이유는 무엇일까? 이 전쟁의 가장 중요하고 아마도 가장 놀라운 이 사실에 대하여 나는 지금까지는 사람들이 잘 알지 못하면서 하는 말만 들었을 뿐이다. 내가 확실히 아는 것은 우리가 그로부터 필요한 결론을 끌어내는 데에 너무 많은 시간을 들였다는 것이다.

5월 13일, 우리는 뫼즈 강 쪽 전선의 붕괴에 대하여 들었다. 같은 날, 가믈랭 장군이 서명한 명령은 아직도 와브르-나뮈르 전선에서 저항하라는 지시였다. 후퇴는 5월 15일에야 결정되었고, 나는 그것이 아주 조금씩 진행되었다는 것을 앞에서 말한 바 있다. 5월 20일, 가믈랭이 베강으로 교체된 후에도 그리고 다음날 신임 총사령관이

고트 경과 비요트 장군을 방문한 후에도 이 방법은 바뀌지 않았다.[5] 그 여행은 이미 해안지역까지 가는 육상교통이 끊어진 상태였기 때문에 비행기로 해야 하는 극적인 것이었다. 이 면담을 마친 후 돌아오는 길에, 항상 맹렬한 속도로 차를 몰게 한다고 소문이 난 군단장의 차가 트럭과 정면 충돌했다. 13일 이후에 진행된 사건에서 그가 개인적으로 한 역할은 무엇인가? 이 문제에 대하여 나는 특별히 아는 바가 없다. 한 가지 확실한 것은 당시 범한 오류의 결과가 훨씬 결정적이었고, 그것이 매우 경솔해 보이는 첫번째 작전계획보다 더 용서할 수 없다는 점이다. 요컨대 어떤 위대한 지휘관이라도 처음에는 잘못을 범할 수 있다. 그러나 지휘관이 그 잘못을 고치지 못하면 비극이 시작된다. 비요트가 사라진 후에도 사령부에 새로운 정신이 들어온 것 같지는 않았다. 아마도 서의 부인할 수 없는 그의 잘못이 모든 사람이 공통으로 가지고 있는 것이었을 것이다. 북부 전투가 쓰라린 교훈을 주면서 우리 지휘관들에게 전쟁의 리듬이 바뀌었다는 점을 인식하게 했는가? 그 대답은 플랑드르에서의 참패를 모면한 남은 부대들이 싸우게 될 마지막 전투들의 역사가 말해줄 것이다. 우리를 포로가 되지 않도록 해준 배들이 후퇴하는 사람, 배를 타는 사람, 때로는 난파당한 사람 등 완전히 무장 해제된 잡다한 군대를 프랑스 해안에 쏟아놓았다. 부대를 다시 만들고, 장교를 다시 배치하고, 머리부터 발끝까지 새로 장비를 갖추어주어야 했다. 그런데 이 어렵고

---

5) 나는 여기에 당시에 들은 이야기를 그대로 적는다. 내가 본 프랑스-영국 전쟁위원회의 5월 22일 보고서에 의하면(『프랑스 총참모부 비밀문서』, p. 130), 베강 장군은 고트 경을 만나지 못한 것으로 되어 있다(1942년 7월).

도 필연적으로 매우 느린 재구성을 위해서 총참모부는 대략 에브뢰 부터 캉에 이르는 지역을 선택했다. 당시 솜 강으로부터 이동 중이던 전선은 그곳으로부터 평균 150킬로미터 이내에 있었다. 나폴레옹 시대였다면 그것은 너무 멀었을 것이고, 1915년이었다면 아마 충분했을 것이다. 그러나 1940년에는 그것은 아무것도 아니라고 할 수 있다. 독일군이 그것을 우리에게 잘 증명해주었다. 군대는 곧 이어 남쪽으로 후퇴하게 되었는데, 처음에는 평소대로 짧은 거리씩 후퇴하다가 다음에는 훨씬 멀리 후퇴했다. 그러나 실상은 이미 대규모 궤주가 시작되었다. 사실 가론이 아니면 샤랑트에 집결하는 것이 적절했을 것이다. 그곳에서라면 어떤 방향으로도 갈 수 있으므로, 우리 스스로가 좀더 쓸모 있게 준비를 할 시간이 있었을 것이다. 거기에 대해서 생각하면 전에 노르망디의 성에서 그랬던 것처럼 가슴 속에 분노가 치밀어오른다. 경험이 주는 가장 명백한 가르침에 놀라울 정도로 마이동풍이어서 생긴 희생자가 우리뿐만은 아니었고, 그리고 아마 가장 형편없는 상태의 희생자도 아닐 것이다. 독일군이 손 강 평야, 쥐라 산맥, 라인 강으로 진격하면서 프랑스 동부군과 거의 알프스 군까지 포위할 수 있지 않았던가? 전쟁 내내 참모부의 메트로놈은 계속 몇 박자씩 늦었다.[6]

실질적인 결과는 없었으나 의미심장한 한 에피소드가 당시의 이 이상한 정신적 경화증이, 우리에게 전선 바로 뒤에 피난처를 지정해 준 책임이 있는 상급 지휘부에만 있었던 것이 아니라는 것을 다시 한

---

6) 달라디에는 1937년 2월 2일, 의회에서 "생-도미니크가(街)에서 오면서 내가 4년 전에 만든 경기갑사단을 한 부대도 만나지 못한 것을 유감으로 생각한다"고 말했다.

번 나에게 확인시켜주었다. 제16군단의 사령관이 여러 우여곡절 끝에 재조직을 지휘할 임무를 맡게 된 후, 별볼일 없이 한가하게 된 제1군 참모부는 캉 남쪽에 서로 떨어져 있는 두 저택으로 밀려났다. 드디어 6월 15일 우리는 렌으로 오라는 명령을 받았다. 우리가 보유한 차량 대수가 그리 많지 않아서 차들은 우선 기차를 탈 선발대를 기차역까지 수송하는 데에 사용하기로 했다. 이 수송이 저녁때쯤 끝나자 내 동료 한 명과 나는 우리 중 가장 직위가 높은 장교인 중령을 만나러 갔다. 우리는 그에게 더 늦추지 말고 떠날 것을 제안하기로 했다. 사실 독일군 전차부대가 노르망디로 침투하여 특히 남쪽과의 소통을 위협하고 있다는 사실은 모두 알고 있었다. 무기라고는 몇 자루의 권총밖에 없는 장교들의 차가 장갑차와 갑자기 맞닥뜨리면 참으로 한심한 사태가 빚어질 것이다. 우리는 할 일 없이 곧 포로가 될 것이고 이런 전망은 우리를 매우 기분 나쁘게 했다. 중령은 평소 하던 대로 망설이기 시작했다. 그러나 그는 밤중에 렌에 도착하는 것이 불편할 것이라고 생각하고, 편안함에 대한 고려에서 결국 새벽이 되면 떠나기로 결정했다. 우리가 적과 맞닥뜨리지는 않았다는 사실을 밝힌다. 그러나 그렇다고 신중하지 못한 점이 경감되는 것은 아니다. 이로 미루어보면 어느 훨씬 높은 계급의 지휘관이 우아즈 강 근처 그의 식당에서 갑자기 펠트그라우(독일 군인)에게 포위되는 불상사를 당했다는 이야기가 순전히 떠도는 이야기만은 아니라고 생각된다.

또한 전투과정 내내 우리가 적이 어디 있는가를 안 일이 있던가? 우리의 지휘관들이 언제나 적의 진정한 의도를 제대로 알지 못했고 그들의 물질적 역량은 아마도 더욱 알지 못했다는 점은 우리 정보부서의 조직이 잘못되었다는 점으로 충분히 설명될 것이다. 그러나 당시 우리가 그들의 이동을 줄곧 알지 못했던 이유는 무엇보다도 거리 개념의 차이 때문이었다. 우리 자신의 전진이 너무 느렸고, 기민성이 결핍된 우리의 정신상태 또한 적이 그렇게 빨리 움직일 수 있다는 사실을 받아들일 수가 없었던 것이다. 5월 22일 랑스를 출발하면서 사령부를 두 그룹으로 나누어, 이동 사령부는 에스테르에, "중추" 부대는 전선에서 좀더 떨어져 있다고 생각되는 메르빌에 설치하기로 했다. 그러나 "후방"에 있어야 할 부대가 "전진" 부대라고 하는 부대보다 실제로는 전투지역에 더 가까이 있게 되자 놀라움이 이만저만이 아니었다. 이미 뫼즈 강에 틈새가 열리자 이동 도중에 서둘러서 전선의 돌출지대를 메운다는 구실로 늑대의 벌린 아가리 안으로 던져넣으려던 한 사단의 하차 지점을 바꾸어야 했다.

플랑드르 지방에 도착한 후에도 이런 식의 잘못된 계산은 반복되었다. 어떤 사단의 장군이 사령부로 쓸 지점에 도착해보니 적이 이미 그보다 먼저 와 있는 경우도 있었다. 내가 주인공이 될 뻔했던 비극을 상기하면 지금도 등에 식은땀이 흐른다. 나는 감히 죄 없는 주인공이라고 말하겠다. 왜냐하면 내게 정보를 더 잘 얻을 수 있는 방법이 달리 없었고, 참모부의 다른 부서들이 그들이 가지고 있는 정보를 항상 적절한 시간에 전달해주지 않는 것이 내 잘못은 아니기 때문이다. 나는 한 유류 수송차량 부대에 숙영지를 바꾸라는 명령을 내리도록 했다. 이전의 숙영지가 군대의 동쪽 전선에 너무 가까이 있다고 판단되어 나온 안전을 위한 조치였다. 일단 명령이 나간 후, 나는 독일군이 남서쪽으로 오면서 지정된 마을을 이미 점령했다는 사실을 알게 되었다. 그 부대는 교통 체증에 막혀 다행히 목적지에 도달하지 못한 상태였다. 그러나 다른 수송부대의 일부는 운이 나빴다. 본부가 그들에게 지정해준 주둔지 근처에서는 소총사격이 그들을 기다리고 있었고 결국 전체가 죽거나 포로가 되었다.

끝으로 우리가 프랑스 영토에서 바다로 가는 길이 끊긴 것을 어떻게 알게 되었는지를 잊을 수 있겠는가? 이미 며칠 전부터 라샹과 나는 해안 근처의 숙영지에 대부분의 휘발유 수송대를 돌려 보내고 있었다. 우리의 고정 저장소가 릴에만 남아 있게 된 후에 우연히 철로에서 석유통을 실은 기차를 보게 되면, 부대들이 거의 원하는 대로 가져가도록 하는 것이 제일 간단한 해결책이었고, 운영인원은 거의 전부 필요 없게 되었다. 우리 곁에는 소규모의 병사 분견대와 군단과 연락을 담당할 여러 명의 장교만 남겨두었다. 그러나 사방에서 후퇴하는 군대가 점점 좁은 지역 내로 몰려왔다. 그래서 결국 각 군단의 사령부가 서로 인접하게 되어 한두 번 돌면 모두 방문할 수 있게 되었다. 그러므로 우리는 실제로 필요한 수보다 많은 장교들을 포로가 될 위험 아래 계속 남겨두는 것이 현명하지 못하다고 생각했다. 우리는 5월 26일 저녁, 그들 중 한 명에게 수송대의 본대로 돌아가도록 명령을 내리기로 했다. 그런데 28일 아침 나절에 나는 그가 스텐웨르크로 돌아오는 것을 보았다. 스텐웨르크와 카셀 사이에 그가 가야하는 길에서 독일 탱크를 만났다는 것이다. 이 소식은 심각한 것이었다. 나는 즉시 상급자들에게 보고하려고 했다. "그것이 프랑스 탱크가 아니라는 것이 확실한가?"라고 우리의 보고를 들은 제3국의 동료가 물었다. F는 우리 군대와 탱크가 서로 총격전을 벌이는 것을 직접 보았으므로 프랑스 탱크가 아닌 것이 확실하다고 대답했다. 그 다음에 보고를 들은 프리우 장군은 덜 의심했다. 그는 잠자코 충격을 받아들였다. 그러나 만일 우리 부대의 중위가 우연히 그곳을 지나지 않았더라면 그 정보가 오기까지 얼마나 시간이 걸렸을지 모른다.

앞에서 지적한 사실을 지휘부에만 적용하는 것은 확실히 공평하지 못할 것이다. 명령 집행자들도 독일군의 속도를 예상하고 거기에 맞추어 행동하는 데에는 일반적으로 지휘부보다 낮지 않았다. 이 양측의 결함은 사실 밀접하게 연결되어 있었다. 정보가 위에서 아래로, 아래에서 위로 잘 전달이 되지 않았을 뿐 아니라, 야전부대의 장교들도 원칙 면에서는 덜 민감하나 대부분은 참모부의 동료들과 거의 같은 방식으로 교육을 받은 사람들이었다. 전투 중 내내 독일은 전혀 기대하지 않은 곳에서 나타나는 좋지 않은 버릇을 가졌다. 초봄에 우리는 랑드르시에 "반(半)고정된" 유류 저장소를 설치하기 시작했다. 그것은 총사령부가 계획한 것으로 그런 규모의 전쟁은 결국 서류상 태로만 남게 되었다. 5월 어느 날, 설비담당 장교가 길에서 탱크 부대를 만났다. 그는 탱크의 색깔이 좀 이상하다고 생각했다. 그러나 그가 프랑스 군대에서 사용하는 탱크의 모델을 다 아는 것은 아니지 않는가? 그는 특히 대열이 이상한 방향으로 향하고 있다고 생각했다. "전선"의 방향은 분명히 반대쪽에 있는데, 그것은 캉브레를 향하고 있었다. 작은 도시의 꼬불꼬불한 길에서 선두가 길을 잘못 든 것이 아닐까? 우리 친구가 그 부대장에게 가서 바른 길을 알려주려고 하는데 사태를 파악한 어떤 사람이 그를 불러 세웠다. "조심해! 독일군이야."

이번 전쟁은 이렇게 놀라움의 연속이었다. 그 결과 정신적인 면에서 매우 중대한 결과를 가져왔다. 여기에서 나로서는 멀리서 확실하지 않은 인상〔또는 정보〕밖에 가질 수 없는 미묘한 주제에 대하여 언급하겠다. 그러나 어떤 사안은 필요한 경우에는 단도직입적으로 말하는 것이 중요하다. 인간은 예상했던 곳에서 예상하고 있던 위험을 대응하기로 결심하면, 평화롭다고 생각하는 길목에서 갑자기 나타난 죽음의 위협을 견디는 것보다 훨씬 쉽게 견딜 수 있도록 만들어져 있다. 나는 전에 마른 전투 후에 전날 밤에는 끔찍한 폭격 아래에서 용감하게 전열에 참가한 부대가 물을 길어 오려고 모여 있던 길가에 폭탄 세 개가 떨어지자 아무도 다친 사람이 없는데도 공포에 사로잡히는 것을 본 일이 있다. "독일군이 거기 있어서 떠나왔다"는 말을 지난 5월과 6월에 여러 차례 들었다. 이 말은 다시 말하면 우리가 그들을 전혀 기대하지 않았던 곳 또는 그래야 할 이유가 전혀 없었던 곳이라는 의미이다. 그러므로 부인할 수 없는 결함은 우리의 머리가 너무 천천히 움직인다는 데에 그 주요 원인이 있었다. 우리 병사들은 정복당했다. 그들은 어느 면에서 너무 쉽게 정복당했다. 무엇보다도 너무 느리게 생각했기 때문이다.

적과의 만남은 흔히 생각지도 않았던 시간과 장소에서 이루어진 것만이 아니다. 그것은 대부분의 경우, 그리고 점점 더 빈번하게 지휘관이나 부대원이 준비되지 않은 상태에서 이루어졌다. 사람들은 옛날 아르곤에서 했던 것처럼 불과 몇 미터의 거리를 두고 떨어져 있는 참호에서 하루 종일 숨어서 서로 총을 쏘는 것은 할 수 있다. 때때로 작은 거점을 뺏는 것은 자연스러운 일로 생각했다. "박격포탄"

으로 상당히 무너져버린 철조망 뒤에 굳게 버티고서 적의 공격을 막아내거나, 또는 포병대가 계속 포격을 가한 —— 그것이 비록 불완전할 수도 있지만 —— 적진을 향하여 영웅적인 공격을 가할 자신이 있었다. 양 진영 모두에서 모든 것이 오랫동안 면밀하게 검토된 작전계획에 따라서 참모부가 조정한 것이다. 넓은 들판에서 갑자기 몇 대의 탱크를 만나는 것은 훨씬 두려운 일이었다. 독일군은 길을 따라서 어디로든 돌아다녔다. 상황을 보면서 그들은 저항이 지나치게 강하다싶은 곳에서는 멈추었고 반대로 저항이 약한 곳은 강타했다. 자신들이 얻은 것을 이용하면서 가장 적절하다고 생각되는 작전을 펴거나, 또는 히틀러 정신의 특징인 계획적인 기회파악 방법에 따라서 미리 수립해놓은 것으로 보이는 다양한 작전계획들 중 하나를 골라 시행하는 듯했다. 독일군은 행동을 신뢰하고 예상 밖의 일에 대해서도 생각했다. 우리는 정지상태와 이미 이루어진 일을 믿었다.

이 면에서 내가 참가한 마지막 전투의 에피소드보다 더 의미심장한 일은 없을 것이다. 바로 그때가 경험이 주는 교훈을 유익하게 이용할 수 있는 시점이었을 것이다. 우리는 브르타뉴를 방어하고, 파리 서쪽으로 침투한 적 때문에 루아르 강으로 후퇴한 군대와 단절된 노르망디 퇴각군을 수용하기로 결정했다. 그래서 무엇을 하기로 했는가? 우리는 즉시 양쪽 바다의 "거점"을 알아보기 위하여 점잖은 공병 장군을 파견했다. 미리 지도에 선을 긋고 땅 위에 방어용 교통로, 최전선, 저항선 등등과 함께 연속된 근사한 "거점"을 말뚝으로 표시해놓지 않으면 버틸 수 없기 때문이 아니겠는가! 그러나 사실 우리는 전장을 정비할 시간도, 앞으로 세울 진지에 설치할 충분한 대포도, 그리고 설령 대포가 있다고 해도 거기에 사용할 탄환도 없었다. 결과는 푸제르에서 약간의 소총 난사가 있은 후 독일군은 전투 없이 렌("거점"이 보호하기로 되어 있는)으로 들어와 브르타뉴 반도의 모든 곳으로 퍼져나가 수많은 사람을 포로로 잡았다고 한다.

이것은 페탱 장군이 휴전을 요구한다고 발표한 바로 그 시점부터 모든 저항이 불가능해졌다는 의미인가? 오히려 반대라고 생각하는 장교들이 많았다. 특히 젊은 장교들이 그랬다. 왜냐하면 사태가 급박하게 진행되면서 세대간의 분리가 더욱 뚜렷해졌기 때문이다. 그러나 불행하게도 우두머리들은 뇌동맥이 유연한 사람들이 아니었다. 나는 오늘도 1918년에 이름 붙여진 "결사항전파"가 틀리지 않았다고 생각한다. 그들은 탱크와 기계화된 부대에 대항하여 게릴라전을 벌이는 근대화된 전쟁을 생각했다. 내 짐작으로는 그들 중 일부는, 지금은 서류들 속에서 잠자고 있겠지만, 구체적인 계획까지 세웠을 것이다. 적이 자주 유용하게 이용한 오토바이는 비교적 괜찮은 길에서만 신속하게 그리고 사고 없이 달릴 수 있다. 장갑차도 들판에서보다 아스팔트 길에서 더 빨리 달린다. 대포나 견인차는 다른 길로는 갈 수가 없다.

그들의 속도전에 따라서 독일군은 연락부대를 점점 더 거의 전적으로 도로로 보냈다. 그러므로 설비를 갖추기도 어렵고 발견되기도 쉬운 거점을 수백 킬로미터에 벌여놓을 필요가 없었던 것이다. 반대로 주요 도로 옆에 있으면서 눈에 띄지 않고 충분히 기동성이 있으며, 몇 점의 소총과 대(大)전차포 그리고 조그만 75밀리 포를 갖추고 있는 저항거점이 있다면 그것이 침략자들을 얼마나 곤란하게 했겠는가! 렌에서 대부분이 오토바이 병으로 구성된 독일군 대열이 세비네가(街)를 평화롭게 행진할 때 나는 나 자신에게서 보병의 반응이 나오는 것을 느꼈다. 그러나 소용없는 일이었다. 우리는 서류 가방밖에는 가진 것이 없었고, 유류담당병들은 모두 전쟁 초부터 무기가 하나도 없었다. 그러나 중화기 부대의 간단한 무기라도 있다면 매복할 곳이 많은 브르타뉴의 작은 숲 모퉁이에서 이 저주받은 대열을 기다리고 싶은 유혹이 컸다. 그리고 일단 적을 혼란시킨 후에는 즉시 "벽촌"으로 들어가서 다른 곳에서 다시 시작한다. 우리 병사 중 4분의 3 정도가 이 일에 즉시 열성을 보일 것이라는 점을 나는 확신한다. 그러나 수뇌부의 규정에는 그런 것을 하나도 예상하고 있지 않았다.

이 가속화된 전쟁에는 물론 그에 맞는 물자가 필요했다. 독일군은 그것을 갖추고 있었고 프랑스는 그렇지 못했다. 아니 적어도 충분히 갖추지는 못했다. 우리가 전차도 비행기도 트럭도 충분히 갖추고 있지 못했고, 따라서 원칙적으로 그렇게 하기로 한 작전을 수행할 수가 없었다는 점을 여러 차례 반복하여 언급했다. 그것은 이론의 여지가 없는 사실이다. 그러나 이 한심하고 결정적인 부족의 원인이 특별히 군사적인 차원의 문제만은 아니라는 주장도 확실히 옳은 말이다.[7]

---

7) 현재 나는 이와 같은 물자가 확실히, 충분하지는 않았으나, 사람들이 말하는 것처럼 그렇게 부족하지는 않았다는 점을 알게 되었다. 전선에서는 분명히 물자가 부족했으나 후방의 창고에는 움직이지 않는 전차와 날아본 일이 없는 비행기들이 있었던 것이다. 양자 모두 때로는 분해된 상태로 있었다. 독일군이 파리로 입성할 때 빌라쿠블레에서는 무슨 일이 있었는가? 사람들이 나에게 말해준 것처럼 조종할 비행사가 없어 여러 대의 비행기를 그 자리에서 파괴했어야 했다는 것이 정확한 것인가? 이 마지막 이야기는 사실인 것 같다. 나는 정식으로 군에 동원된 민간 비행사가 전쟁 중 군 비행기를 조종할 허가를 한 번도 얻지 못했다는 사실을 알고 있다.

이 문제에 대하여도 때가 되면 모두 말할 것이다. 그러나 일부의 잘못이 인정된다고 하여 다른 사람의 잘못이 용서되지는 않는다. 그리고 최고사령부가 자신들은 죄가 없다고 변명할 수는 없을 것이다.

북부군단이 기계화된 3개 사단의 장비, 3개 경기갑사단과 자동차로 견인하는 여러 포병연대의 장비 그리고 군단의 모든 전차대대의 장비를 직접 적의 손에 넘겨주거나 또는 플랑드르 지방 해안지대에 버리게 한 전술상의 범죄에 대한 비난은 그냥 넘어가자. 사실 이 좋은 장비들은 솜 강 전투와 엔 강 전투에서 매우 유용했고, 확실히 전쟁 중인 나라가 가지고 있는 가장 훌륭한 장비였다. 그러나 여기에서는 전쟁의 준비만 말하고자 한다. 우리가 전차, 비행기, 견인차를 충분히 보유하지 못한 것은 무엇보다도, 무한정 있는 것이 아닌 돈과 인력을 시멘트에 들어부었기 때문이다. 그러면서도 동부 국경과 마찬가지로 노출되어 있는 북부 국경선에 충분한 방어선을 구축할 만큼 현명하지 못했다. 왜냐하면 첫째, 사람들이 우리에게 마지노 선을 믿도록 가르쳤기 때문이다. 이 방어선은 많은 비용을 들이고 요란한 선전을 하면서 건설되었으나 좌측에서 너무 짧게 끝나는 바람에 결국 라인 강에서 돌아 나아가 시작만 하고 중단했기 때문이다(내가 이 라인 강을 건너는 통로에 관하여 아는 것은 언론을 통해서이다. 따라서 아는 것이 하나도 없는 셈이다). 둘째로, 마지막 순간에 노르도에 서둘러서 시멘트 보루를 건설하는 쪽으로 결정을 보았기 때문이다. 그것은 단지 전면의 방어에만 적합하도록 건설되어서 정작 뒤쪽으로부터 점령당했다. 우리 병사들은 캉브레와 생-캉탱을 방어하기 위하여 거대한 대 전차 참호를 건설하는 데에 힘을 쏟았는데, 독일군이 화창한 어느 날 그런 캉브레와 생-캉탱에서 출발하여 그곳에 들이닥쳤던 것이다. 셋째, 공론가들 사이에서 널리 퍼진 주장에 의하면, 방어막이 대포의 힘을 능가하는 전략사(戰略史)의 시점에 도달했다는 것이다 —— 다시 말하면 요새화된 거점은 실질적으로 난공불락이라는 것이다. 그러면서도 사령부는 결정적인 순간에 이론에 충실하게 남아 있을 용기가 없었고, 그러므로 적어도 벨기에에서의 모험은 미리부터 실패하게 되어 있었다. 넷째, 많은 학식 있는 전략학 교수들이 이동하는 데에 둔하다고 생각되는 기계화 부대를 신뢰하지 않았기 때문이다[8](계산에 의하면, 그들의 이동속도는 매우 느렸다. 왜냐하면 안전을 위해서 밤에만 움직일 것으로 생각했기 때문이다. 그러나 속도전은 거의 전부 한낮에만 수행되었다). 다섯째, 군사학교의 기병대 강의에서 전차는 방어용으로는 어느 정도 쓸 수 있으나 공격전에는 거의 쓸모가 없다고 가르쳤기 때문이다. 여섯째, 기술자 또는 소위 기술자라는 사람들이 비행기는 날아가서 무기를 다시 실을 수 있는 데에 비하여 대포는 포탄을 멀리서 가져와야 한다는 점을 생각지 않고 포병의 포격이 비행기의 폭격보다 효과적이라고 생각했기 때문이다. 한마디로 말해서 무엇보다도 우리 지휘관들이 수많은 모순 중에서도 1940년에 1915-18년의 전쟁을 다시 하려고 생각했기 때문이다. 독일군은 1940년에 걸맞는 전쟁을 하고 있었다.[9]

---

8) "매우 계서화된 특성 때문에 군사학교에는 순응주의가 성하다."(폴 레노, 『프랑스의 군사 문제(Le problème militaire français)』, 1937)
9) 기계는 새로움이다. 아마도 그렇기 때문에 전략학 교수들이 그것을 썩 좋아하지 않았을 것이다. 적어도 우리 나라에서 J. 드 피에르푀는 전에 이렇게 말했다. 프랑스가 비행기의 기적을 체험한 유명한 동부고속도로(파리와 스트라스부르를 연결/역주)에서의

히틀러는 전투계획을 수립하기 전에 심리 전문가들의 도움을 받았다고 한다. 나는 이 말이 사실인지는 잘 모른다. 믿을 수 없는 일은 아닌 것 같다. 확실히 독일군이 그렇게 효과적으로 행하고 있는 공습을 보면, 신경의 감수성과 그것을 흔들 수 있는 수단에 대하여 매우 잘 알고 있었음을 알 수 있다. 폭탄을 떨어뜨리려고 땅으로 "내꽂히는" 비행기의 날카로운 소리를 한 번 들은 사람은 결코 그 소리를 잊어버릴 수 없을 것이다. 그 찢는 듯한 긴 소리는 그것이 연상케 하는 죽음과 파괴 때문에만 공포심을 일으키는 것이 아니다. 그 소리 자체가 인간 존재 전체를 옥죄어 공포 속으로 몰아넣는다고 말할 수 있다. 그런데 그 소리는 특수한 증폭기를 이용하여 의도적으로 더욱 강렬하게 만든 것 같다. 사실 독일군은 비행기 폭격을 단지 파괴와 살육을 위해서만 고안해낸 것은 아닌 것 같다. 사람들은 폭탄의 낙하지점이 매우 조밀하다고 생각하나 그것은 사실 비교적 적은 수의 사람 위에 떨어진다. 반면 신경에 미치는 충격은 매우 널리 퍼져 넓은 지역의 군대의 저항을 약화시킬 수 있다. 아마도 이것이 우리에게 비행기를 연속적으로 내보내면서 적의 지휘부가 생각한 주요 목적이었을 것이다. 그 결과는 그들이 바라던 것 이상이었다.

여기에서 다시 한번 나는 적어도 이번 전쟁과 관련하여 접근하는

작전훈련 때 『르 마탱』지의 특파원이었던 로베르 드 보플랑은 시범을 성공적으로 마친 후 10군단장이었던 포슈 장군과 놀라운 대화를 나누었고 그것을 나에게 이야기해 주었다. 말제빌 고원에서 참석자들이 줄을 지어 자동차로 돌아갈 때 장군은 친근하게 그의 팔을 잡으며 말했다 : "아시겠소, 이 모든 것이 스포츠입니다. 그러나 군대에게 비행기는 아무것도 아니죠."(『플루타코스가 속였다(*Plutarque a menti*)』, p. 300) 이 대화를 페탱 원수가 기계화의 위험에 대하여 쓴 유명한 서문과 비교해보자. 그런데 1914년부터 1918년 사이에는 전략가들도 이해할 수 있는 시간이 있었다[1942년 7월].

것조차 주저하게 되는 문제를 다루지 않을 수 없다. 진정한 전투원만이 위험과 용기와 용기의 부족을 말할 수 있다. 그러나 나는 솔직하게 간단한 경험을 이야기하고자 한다. 1940년 내가 처음으로 적의 포화를 경험한 것은 5월 22일 플랑드르 지방의 길 위에서였다(1914년에는 마른에서였다). 랑스 근처와 두에에서 경험한 비교적 먼 곳에서 있었던 폭격은 치지 않겠다. 그 날 아침 내 자동차가 소속된 수송대가 비행기의 기총 사격에 뒤이어 폭탄 공격을 받았다. 나에게서 그리 멀리 떨어지지 않은 곳에서 한 사람이 기관총탄에 맞아 죽었으나 그렇게 큰 충격을 받지는 않았다. 물론 죽음의 곁을 스치는 것이 결코 유쾌한 일은 아니고, 폭탄세례가 끝나자 나는 당연히 안도감을 느꼈다. 그러나 본능적이라고만 할 수 없는 훨씬 합리적인 불안은 계속 남았다. 그것은 사람을 얼어붙게 하는 두려움이었다. 이 세상에 그보다 더 진정한 두려움에 가까운 것은 없을 것이다. 내가 알기로는 비행기 폭격이 내 주변에서는 희생자를 내지 않았다. 그러나 나는 얼이 빠졌었고, 폭탄이 쏟아질 동안 엎드려 있던 구덩이에서 나올 때 추하게 떨고 있었음을 고백한다. 전투가 끝날 때쯤 나는 포병대의 꽤 심한 포격을 받았으나 별 어려움 없이, 침착함을 잃지 않고 견뎌냈다. 이미 전에 다른 포격을 경험한 일이 있으므로 내가 그 정도를 과장할 사람은 아니다. 그러나 비행기 폭격의 경우는 대단한 노력을 기울이지 않으면 마찬가지 태도를 유지하기 어려웠다.

내 경우에는 아마도 반사작용이 몸에 밴 탓도 있을 것이다. 1914년에 있었던 아르곤 전투 이후 탄환이 나르는 소리는 손잡이를 당기자마자 노래를 들려주는 축음기판처럼 반응하도록 내 대뇌에 각인되어 있었다. 그리고 내 귀는 비교적 좋아서 소리를 듣고 포탄의 궤도와 낙하지점을 짐작하는 기술을 21년이 지난 후에도 잊지는 않았다. 공중폭격은 경험한 일이 드물어 그 위험 앞에서 나는 거의 신병들이나 마찬가지로 풋내기였다. 그러나 내가 앞에서 언급한 세 가지 경험의 차이는 매우 일반적이어서 그 원인이 개인적이라기보다는 좀더 근본적인 데에 있음을 인정하지 않을 수 없다. 적국의 하늘에 우리 전투기가 없으므로 적의 폭격기가 전혀 피해를 입지 않았다는 점이 군대의 사기 저하에 큰 영향을 미쳤으나 그것이 모든 것을 설명해주지는 않는다.

공중폭격은 아마도 그 자체로는 군대가 당면한 수많은 위험들 중에 정말로 위험한 것은 아닐 것이다. 적어도 넓은 들에서는 그렇다. 집 안에서는 벽이 무너지거나 극히 제한된 공간에서 진동의 충격으로 많은 사람이 죽을 수 있다. 반면 노천에서 포병의 포격은 조밀하지 않더라도 적어도 같은 정도의 희생자를 낸다고 생각된다. 그리고 기관총의 일제사격은 누구도 피할 수 없다. 전투 초부터 우리는 전선에서 오는 보고에서 활동이 매우 활발한 적의 비행기에 의한 인명 상실이 비교적 적은 데에 놀랐다. 그러나 이 하늘로부터의 폭격은 사람을 공포로 몰아넣는 독특한 힘을 가지고 있었다.

폭탄은 매우 높은 곳에서 떨어지고, 곧바로 떨어지는 것 같은 착각을 준다. 무게와 고도가 결합하여 그것은 대단한 힘을 가지게 되고 가장 튼튼한 장애물도 견디지 못할 것으로 보인다. 힘을 실은 그 방향으로부터의 공격에는 비인간적인 면이 있다. 자연재난 앞에서와 마찬가지로 병사들은 그 격앙된 힘 앞에 머리를 숙이고 스스로 전혀 방어할 힘이 없다고 생각하게 된다(실제로는 땅을 판 구멍에 숨거나 재빠르게 "배를 깔고 엎드린 자세"만 취해도 파편의 피해를 피할 수 있다. 일반적으로 비행기 폭탄의 파편은 포탄의 그것보다 적다. 물론 직접 폭탄에 맞는 경우는 예외이다. 그러나 비행기이거나 포이거나 간에 늙은 병사들이 말하는 것처럼 "옆에는 언제나 넓은 자리가 있다"). 소음은 지긋지긋하고 거칠고 극도로 신경을 자극한다. 앞에서 말한 바와 같이 공기를 가르는 날카로운 소리는 일부러 크게 하여 그 포성이 온몸을 골수까지 흔들어놓는다. 그 폭발 자체는 주변의 공기를 엄청나게 뒤흔들면서 격렬한 고통의 이미지를 불러일으킨다. 그것은 흉칙하게 찢어지고 폭발 시 나온 가스에 의해서 무서울 정도로 추하게 된 시체의 모습에서 너무나 잘 확인된다. 게다가 인간은 죽는 것을 언제나 두려워하며, 죽으면서 육체가 심하게 망가질 위험이 있을 때 더욱 견디기 어려워한다. 이보다 더 비논리적인 형태의 보전 본능은 없을 것이다. 그러나 이보다 더 깊숙하게 박혀 있는 것도 없다. 만일 전쟁다운 전쟁이 더 오래 계속되었다면 우리 군대는 비행기의 끔찍한 폭격에 결국 습관이 들었을지도 모른다. 그것은 위험에 저항하는 데에 필수적인 요소이다. 확실히 끔찍한 추리이지만, 물질적 효과 외에도 다른 효과가 있었다. 속도전에서 독일의 심리적 계산은 정확히 맞았음에 틀림없다. 그러나 만일 누가 전략을 의논하기 위하여 실험실에서 이상하게도 감각을 재는 일에 몰두하고 있는 학자들을 불러오자는 가정을 했다면 우리 참모부는 얼마나 비웃었을까!

참모부의 무질서에 대하여 어느 정도까지 말해야 할까? 물론 그룹이나 지휘관에 따라서 습관이 상당히 다르다는 점 때문이기도 하지만 그외에도 이 말은 사용하기가 조심스럽다. 왜냐하면 질서에는 여러 종류가 있고 무질서도 마찬가지이다. 내가 아는 참모부에는 모두 깨끗한 "서류"에 대한 맹신이 있고 때로는 그것이 신경에 거슬릴 정도였다. 글씨는 깨끗하고 규칙적이어야 했다. 서류의 형식은 엄격한 전통적 법칙에 따라야 했다. 표에는 숫자들이 행진할 때처럼 줄을 맞추어 쓰여져야 했다. 서류들은 정성스럽게 분류되었다. 각각의 서류는 출입이 반드시 기록되어야 했다. 이것을 한마디로 사무적인 질서라고 부를 수 있을 것이다. 삶 자체가 매우 사무적인 형태를 띠도록 훈련을 받은 사람들에게 이것이 잘 실시되는 것은 매우 당연한 일이다. 나는 절대로 그것을 무시하는 것이 아니다. 그것은 정신을 명확하게 한다. 시간을 절약해준다. 단지 글씨를 청결하게 쓰려는 노력이 장소를 깨끗이 하려는 노력으로 연장되지 않는 것이 문제이다. 나는 요새화된 구역의 참모부 사무실보다 더 더럽고 악취 나는 곳을 보지 못했다. 보앵에서 우리의 책상과 옷장을 덮는 먼지의 반 정도가 사무실에 쌓이도록 놓아둔다면 그 부대의 상사는 그 지위에 오래 남아 있지 못했을 것이다. 사실 민간정부 부서의 대기실도 경우에 따라서는 더 나은 상태가 아니라는 점을 나는 알고 있다. 그러나 그것으로 변명이 되지는 않는다. 내가 사소한 일에 집착한다고 비난을 받아야 하나? 내가 일을 되는 대로 하는 것을 좋아하지 않는 점을 인정한다. 그것은 쉽게 정신에 영향을 미친다. 이 점이 프랑스 "규율"에서 해야 할 유익한 개혁일 것이다.

참모부의 문서나 표를 그와 같이 정연하게 하기 위해서는 그 이면의 대가가 있게 마련이다. 그것은 더 유용하게 쓰여질 수 있는 인력을 낭비하게 한다. 내 예비군 친구들 중에 고위 관료나 대기업의 사장이 있다. 그들은 민간사회에서는 낮은 직급의 부하직원에게 맡길 서류 일을 직접 해야 한다는 사실에 대하여 모두 나처럼 놀라고 있었다. 한 군의 휘발유 보급을 맡아 나는 수개월 동안 매일 저녁 그 날의 재고상태를 직접 계산했다. 사실 그 일을 하는 데에 많은 시간을 들인 것은 아니다. 그리고 그 일을 하면서 어느 정도 녹이 슬어 있었음을 고백하지 않을 수 없는 숫자 계산력을 향상시킬 수 있었다. 그러나 일단 계산의 원칙이 세워지고 나면 어떤 서기라도 나만큼은 잘 할 수 있었을 것이다. 나와 같은 경우가 특별한 것은 아니었다. "비밀준수" 원칙을 거론하지는 말자. 왜냐하면 내 일계장이 작성된 후에는 사병이 그것을 복사하기 때문이다. 따라서 만일 우리 직원 중에 간첩이 있었다면 군대의 무기창고, 유류 저장소, 보급지점이 표시된 지도가 벽을 가득 메운 우리 사무실을 몇 분만 돌아보면 매우 귀중한 정보를 손에 넣을 수 있었을 것이다. 사실을 말하자면 참모부는 위로는 각 부서의 부장들이 있고 —— 여기에서는 장교들이다 —— 밑으로는 타이피스트들이 있으나 중간을 맡을 직원들이 전혀 없는 기업체와 같았다. 그러나 예비역 하사관들 중에 이런 일을 할 사람을 뽑는 일은 매우 쉬운 일일 것이다. 중요한 책임을 맡고 강한 자발성을 유지해야 하는 사람이 순전히 기계적인 일에 묶여 있는 것은 바람직하지 않다. 다른 한편으로 만일 참모부에 하사관이 더 있었더라면 전장이 너무 가깝지 않은 곳에서는 장교 수를 줄일 수 있고, 이들은 자연히 다른 곳에서 일할 수 있었을 것이다.

그러나 일부의 말에 따라서 판단하건대, 일단 전투가 시작되자 지휘부가 우리 실무자들 눈에 무질서하게 보인 것은 어찌된 일일까? 그것은 사무실의 정적인 질서가 여러 면에서 이동에 필요한 활동적이고 언제나 독창적인 질서와는 정반대이기 때문이라고 나는 생각한다. 한편으로는 일상적인 훈련의 문제이고 다른 한편으로는 구체적인 상상력, 지성의 유연성의 문제, 특히 성격의 문제이다. 양자가 서로 배타적인 것은 아니다. 그러나 전자가 후자를 지배하는 것은 아니며 때로는 우리가 주의하지 않으면 잘못 준비하게 할 위험도 있다. 긴 기다림의 기간이 계속되는 동안, 프랑스 군에게는 매우 불리하게, 우리가 그렇게도 자부심을 느끼는 평화 시의 습관인 질서는 시간을 많이 들여야 얻을 수 있었다. 일을 빠르게 처리해야 될 때가 되자 우리 지도자들은 매우 자주 신속함과 서두름을 혼동했다.

　사실 매일매일 서류를 잘 정리하는 것은 대단한 노력이 필요한 일은 아니다. 언제 실시될지도 모르는 전투계획을 오래 전에 미리 세워놓고 또 그것이 불확실한 시기의 새로운 요구에 적응할 수 있도록 세심하면서도 유연하게 작성하는 일은 상당히 다른 자기통제를 필요로 한다. 1939년의 동원을 처음 보고 나는 매우 놀랐다. 여기에서 나는 본래 부대에 의한 동원 대신 지난번 전쟁이 끝난 후 수립된 동원 센터 제도에 대하여 논의하지는 않겠다. 나는 이 제도에 대하여 최고사령부 내에서조차 많은 반대자가 있었음을 안다. 내가 보기에 그것은 필연적으로 많은 지연과 어려움을 야기하도록 되어 있었다. 대부분의 군복과 장비가 본래 부대에 의해서 공급되므로 그것을 본부까지 가져오기 위하여 수송체계를 조직해야 하는데, 그것은 불편하고 매우 느릴 수밖에 없었다. 게다가 마흔이 다 된 예비군들에게 어린 신병의 옷을 입히려고 한다든지 또는 징발된 무거운 차에 아무도 원하지 않아 버려진 기병대의 말을 매려고 한다든지 하여 그 불행한 본부는, 그것이 "주요" 본부이거나 "이차" 본부이거나를 막론하고, 도저히 풀 수 없는 문제에 직면했다. 그곳에서의 일이 슬플 정도로 세세한 것들이었던 데다가 그들의 지휘관 또한 언제나 적절하게 선택된 것은 아니었다. 그들 중 매우 유능한 사람도 있었다. 그러나 제대할 때가 거의 다 된 대위나 대대장 출신으로서, 일반적으로 늙은 상사가 보이는 모든 결함을 가진 사람 역시 있었다. 일단 제도가 결정되었으면 매우 어려운 일은 장교들 중에서 군대생활 경력 중 이 특별한 진급을 할 만한 사람을 엄선하여 맡기는 것이다. 군대는 어떤 업무의 중요성이나 가치가 그것이 가지는 외적인 화려함에 의해서 결정된다는 생각을 잘 버리지 못하고 있다.

그러나 좋거나 나쁘거나 간에 중앙집중제도 —— 나는 거기에도 나름대로의 이점이 있다고 생각은 하지만 —— 는 그 원칙과 관련이 없는 잘못을 변명해주지 않는다. 연대나 그 관할지역에 근무했던 장교라면 누구나 총동원 이전의 소위 "긴장" 기간 동안 번호를 붙여서 준비된 "조치들"이 이루 말할 수 없이 복잡하다는 점을 떠올리며 쓴웃음을 짓지 않을 수 없을 것이다. 예를 들면 '81번 조치를 적용하라'고 명령하는 전보를 받고 한밤중에 일어나 잠이 덜 깬 상태에서, 항상 옆에 준비해두고 있던 표를 참조한다. 거기에는 81번 조치가 93번 조치의 적용에 의해서 이미 실시된 결정을 제외하고는 49번 조치의 규정을 실시해야 하며, 93번 조치가 혹시 시간적으로 그 번호가

할당한 위치보다 앞선다면 그때에는 57번 조치의 처음 두 조항을 첨가해야 한다고 되어 있는 것이다. 나는 이 번호들을 되는 대로 적은 것이다. 문자 그대로 정확하게 기억해낼 수는 없다. 내 동료들은 근본적으로 오히려 내가 단순화하고 있다고 할 것이다. 이런 상황에서 잘못이 있었다는 점에 놀라겠는가. 1939년 9월 알자스-로렌 헌병이 너무 일찍 세 도의 통신 비둘기를 모두 죽여버린 것은 우리의 공통 안내서를 다소 급하게 읽었기 때문이다. 그곳 생-도미니크가(街)의 통풍이 잘 안 되는 사무실에서 숫자에 숫자를 더하다가 이 골칫거리를 범한 장교들은 확실히 그들 나름으로 상상력을 발휘했을 것이다. 그것은 명령을 실시했을 경우의 결과를 미리 마음속에 그려본 것은 아니었다.

그것보다도 더 심각한 것이 있다. 우리의 그 유명한 센터들 중, 나는 스트라스부르의 라인 강에 상당히 가까운 구역에 있는 어떤 곳을 아는데, 그곳은 적의 경포화기와 경우에 따라서는 소총의 사정거리 내에 있었다. 또다른 센터는 그 근처의 요새 안에 있었는데 역시 강 가까이 있었다. 그곳은 해자 위에 놓인 유일한 다리를 통해야 들어갈 수 있다. 폭탄이나 포탄 한 방만 정확히 떨어뜨리면 그곳은 완전히 빠져나올 수 없는 함정이 될 것이다. 결과적으로 그런 일이 일어나지는 않았다고 아마 사람들은 말할 것이다. 그것은 사실이다. 그러나 독일군이 스트라스부르에 폭격을 하지 않으리라고 미리 예견한 것인가? 사실 이런 배치는 킬(Kiel)의 교두보가 비무장 상태일 때는 별 문제가 없었다. 그 후 최고사령부가 그것을 변경하는 것을 잊었거나 또는 불충분하게 변경했던 것이다.

끝으로 내가 가까이에서 참석할 기회가 있었던 유일한 동원의 끔찍한 무질서에 대하여 어떻게 말하지 않고 넘어갈 수 있겠는가? 그것은 여단 직속부대인 육군부대들에서였다. 우리 부대의 장군이 지휘를 시작했을 때 우리는 놀랍게도 그의 명령을 받아야 하는 부대들의 명단이 없음을 알게 되었다. 뒤죽박죽으로 정리되지 않은 문서보관소를 뒤져서 겨우겨우 표를 급조할 수밖에 없었다. 그리고 이 부대들은 얼마나 혼란스러웠던가! 한 부대에서 다른 부대로 얼마나 많이 왔다갔다 했던가! 한 곳에서는 우리 소속의 두 소대의 지휘권이 다른 여단 사령부에 속해 있었다. 다른 곳의 몇몇 중대에는 관할 연대장이 아예 없었다. 우리의 선량한 선로보수원들은 나이가 많은 사람들이었다. 그들은 선량하고 임기응변력 역시 뛰어났다. 그들 중에 제대로 구두를 신은 사람이 거의 없었고, 아무도 굶어 죽지 않은 것은 기적이었다. 그러나 내가 생-디에 선(線) 상에서 하루 종일 헛되이 찾아 헤맨 그 부대가 어떻게 살아왔는지는 결코 알 수 없을 것이다. 물론 개별 부대를 보고 전체를 결론짓는 것은 부당하다. 내가 우리 지역에서 동원이 제대로 준비되지 않았다고 생각하는 데에는 여러 가지 이유가 있다. 이 일이 원칙적으로는 참모부의 교육을 통해서 약간 거침이 없는 태도를 지닌 고위 장교에 의해서 지휘되도록 되어 있으나 실제로는 대부분이 하급자에게 맡겨져 있었다. 이 예는 여하튼 염려스러운 것이었다. 1940년에는 많은 오류가 고쳐졌다. 그러나 전부 고쳐지지는 않았다. 특히 그 센터들이 이전되지 않았다! 그리고 선로보수원들은 개인적으로 튼튼한 구두를 준비해두지 않는 한 오랫동안 샌들이나 얇은 단화를 신고 철로의 자갈길을 다녀야 했다.

제1군에서는 특별히 예민한 관찰력을 가지지 않은 사람도 5월 이전부터 그 자체로 대단치는 않으나 폭풍우가 몰아치면 커다란 수로로 변할 수 있는 몇 가지 균열을 발견하고 우려를 하지 않을 수 없었다.

이 문제에 대하여 나 개인적으로는 불평할 것이 없다. 전투기간 내내 나는 여러 유류저장 부대와 어려움 없이 통신할 수 있었고, 보급해야 할 부대와도 심각한 어려움이 없었다. 라샹 대위의 현명한 자기희생이 우리를 많이 도와주었다. 물론 나는 가능한 한 지휘관으로서 그가 행사해야 하는 권한을 방해하지 않도록 조심했다. 그는 대단한 권위를 가지고 능력 있게 자신의 권한을 행사했으므로 사람들로부터 존경받지 않을 수 없었다. 그러나 내가 정보와 더 직접 접하고 있으며 그보다 덜 움직이므로 정말 위급한 경우가 오면 내가 직접 군대의 명령을 그의 부하들에게 전달하기로 우리 사이에 합의했다. 이와 같이 단계를 뛰어넘으므로 우리는 가끔 시간을 절약하기도 했다.[10] 제1차 세계대전의 경험에서 우리 둘 모두는 잘못된 연락체계로 인한 술래잡기의 끔찍함에 대하여 강박관념에 가까운 두려움을 가지고 있었다. 사령부와 저장소의 잦은 왕래에도 불구하고 우리는 우리가 어디

10) 사실 우리는 여러 차례 단계를 뛰어넘었다. 정상적으로는 유류 저장소는 총사령관 휘하의 포병 사령관 아래에 있었다. 이 아래에는 군수품 및 유류부서의 우두머리인 병참 중령이 있었다. 그러므로 계서제에 따르면 사령부에서 저장소로 내려오는 명령은 그 목적지에 도달하기 전에 중간의 두 단계를 거쳐야 했다. 보앵에서의 공식 서류들이 모두 그런 과정을 밟았다. 돌아가므로 생기는 지연에 대하여 라샹과 나는 별로 우려하지 않았으나 그때 우리는 좀더 활동적인 시기의 필요성에 대하여 논의했다. 다행히 그때가 오자 우리는 마찰 없이 단계를 뛰어넘을 수 있었다. 그것은 관련 장교들의 남을 배려하는 선의 덕분이었다.

로 가야 하는지를 언제나 정확히 알고 있었다. 또한 우리는 규정 외에 비공식적으로 부서 내부의 전달체계를 만들 수 있었다.

나는 내 사무실에 두 곳의 유류 저장차 부대에서 보낸 오토바이 병두 명을 항상 데리고 있었다. 각자는 자신의 부대와 저장소 지휘부의 위치를 미리 파악하고 있어야 했다. 게다가 라샹은 자기 부대의 장교한 명을 항상 나에게 파견해놓고 있었다. 유류 저장소의 다른 장교네 명이 군단들과의 연락을 맡았다. 각자는 매일 그리고 때로는 하루에도 여러 차례 군 사령부와 그가 맡고 있는 부대를 방문했다. 나이가 그리 젊지 않은 이 선량한 사람들은 안전하지 않은 길을 열심히왕래했다. 나는 그들 중 하나가 벨기에 침공 이후 우리가 처음 후퇴할 때 자신의 부대를 찾아 24시간 동안 헤매었음을 알고 있다. 결국그들은 언제나 도착했고, 우리에게 매우 유익했다. 5월 11일부터 31일 사이에 명령을 보내거나 보급 신청을 받기 위하여 나는 원칙적으로는 참모부와 그 예하 부대 사이의 통신을 맡는 "소식" 부대를 여러번 이용해야 했다. 명령이나 신청이 목적지에 도달했음은 사실이 증명했다. 왜냐하면 전투 중인 군대는 전선에서 적어도 수백 미터 떨어진 지점이나, 때로는 격전지점에까지 "미키"("미키"는 유류저장 부대의 차량 명칭이었다. 날렵한 작은 미키마우스가 상징물이었기 때문이다)가 용감하게 수송해주는 휘발유를 받았기 때문이다. 우리는 저장소를 적이 사용할 수 있는 상태로 남겨놓은 일이 결코 없었다. 몽스에서 릴까지 후퇴하면서 라샹과 그의 장교들은 모든 드럼 통의 마지막 한 방울까지 태워 아틸라의 방화보다도 더 큰 화재를 일으켰다. 그러나 생-캉탱의 석유는 예외이다. 우리는 너무 갑자기 완전히 단절되었고, 나는 지금도 그것이 어떤 상태에 있는지 모른다. 우리 지휘관들은 경험에 의해서 모든 것이 잘 되어간다고 판단하고 일찍부터 거의 완전한 자유를 우리에게 주었다. 그 점에 대해서는 적어도 나는 그들에게 감사하게 생각한다.

반면 나는 이 자율성 또는 합의가 잘 이루어지지 못한 곳에서는, 사령부의 여러 단계 사이 또는 동급의 부대들 사이의 접촉이 항상 만족할 만하게 작동하지 않았다고 생각한다. 나는 전투부대의 장교들이 너무 오랫동안 명령을 받지 못했다고 불평하는 것을 여러 번 들었다. 그리고 확실한 것은 내가 앞에서 예로 든 것처럼 참모부가 전선의 상황을 너무나 늦게 그것도 불완전하게 파악한다는 것이다. 우리 도로가 일찍부터 특히 피난민으로 복잡해졌으므로 어디에나 뚫고 갈 방법은 단 하나, 오토바이밖에 없었다. 군대 우체국에는, 내가 틀리지 않다면, 그것이 한 대도 없었다. 우리가 가지고 있는 자동차 수도 부족했고, 그것도 잘못 배분되어 있었다. 무엇보다도 조직과 감독의 결함으로부터 생긴 이런 상태에 대하여 우리 중 여러 사람이 겨울부터 우려하고 있었으나 아무도 그것을 개선하지 않았다. 그 결과는 전투 중에 너무나 뚜렷하게 나타났다.

전투가 시작되자 곧 군 사령부를 보앵에서 발랑시엔으로 옮겼다는 것을 앞에서 말했다. 그것은 물론 우리 군대가 침투할 벨기에까지의 거리를 줄이려는 의도에서였다. 11일 오후 일찍 발랑시엔에 도착했을 때, 나는 즉시 연료 저장소 징발 문제를 벨기에 참모부와 의논하기 위하여 몽스로 가려고 했다. 이 임무가 중요하다는 점은 모든 사람이 인정했다. 그런데 우리 자동차가 이사 때문에 구 사령부와 신사령부 사이를 왕래하는 일에 사용되고 있어서 움직일 방도가 없었다. 앞으로 가는 길이 이렇게 막혀버린다면 보앵을 떠난 것이 무슨 소용이 있는가? 다행히 그 날 수송부대 지휘관의 부관인 친절한 릴의 공증인이 나를 만나러 왔다. 나에게 휘발유를 얻으러 왔다는 것이다. 냉소적으로 나는 그에게 대답했다. "교환조건입니다. 자동차 한 대를 구해주지 않으면 휘발유도 없습니다." 거래가 이루어져서 나는 드디어 몽스로 떠났다. 이 일로 교훈을 얻은 나는 앞에서 말한 것처럼 내 개인적으로 연락체계를 만들었다.

또한 군이 소속 부대의 소재를 모르는데, 어떤 기적이 일어나서 명령이 제시간에 도달하겠는가? 어느 날 기병부대가 이동하자 유류 저장소 장교가 평소처럼 선량한 고객을 만나러 갔다. 그가 부대로 돌아오자 나는 그를 제3국으로 데리고 갔다. 우리의 고위 전략가들이 새 사령부의 위치를 정확히 아는지를 확인해두는 것이 현명할 듯싶어서였다. 대조를 해본 결과 실제 위치와 지도 위에 목탄으로 이미 표시해놓은 지점 사이에는 약 30킬로미터의 차이가 있었다. 우리의 지적에 대해서 그들이 입 끝으로 내뱉듯이 하던 "고맙소"라는 말을 아직도 생생히 기억한다. 횡적인 연락도 역시 불확실했다. 나는 얼마 후에 라샹을 영국군 참모부로 파견할 일이 있었다. 사안은 중요한 것이었다. 그것은 릴의 저장소 파괴에 관한 것이었다. 고트 경의 사령부를 어디 가서 찾을 것인가? 나는 한 번 더 그 두려운 제3국의 문을 넘어 들어가 문의하려고 했다. B씨는 눈 하나 깜짝하지 않고 아무것도 모른다고 대답했다. 다행히도 주변에 있는 서류를 볼 수 있었고, 거기에는 다른 사항과 함께 그것에 관한 사항이 들어 있었다. 우리 동료들은 그들 스스로 생각하는 것보다는 많이 알고 있었다. 그러나 작전을 맡고 있는 장교가 기본적인 지형에 대한 정보가 없어서 우리 군의 바로 왼쪽에서 싸우기로 되어 있는 연합군의 사령부와 통신이 단절될 수 있다고 한순간이라도 생각하고, 비록 사실은 아니지만, 모른다고 냉정하게 말하기를 주저하지 않았다는 사실이 우리가 일하고 있는 작업조건을 잘 말해주고 있는 것이다.

게다가 우리는 "영국군"과의 협조체제를 제대로 조직했는가? 우리 연락체계의 비극적인 결함이 문자 그대로 이보다 더 잔인하게 표출된 것은 없을 것이다.

그러나 실패한 동맹의 문제는 너무나 복잡하고 너무나 열정적이기도 하고 비열하기도 한 논쟁을 벌인 것이라서 피상적으로만 언급할 수는 없다. 언젠가 한 번은 적어도 내가 경험한 것이라도 직접 다룰 용기를 가져야 할 것이다.

나는 영국에 친한 친구들이 있다. 그들은 내가 그들 문명에 접근할 수 있도록 도와주었다. 이 문명은 나에게 호의적이었고, 그에 대해서 나는 오래 전부터 매우 강한 호기심을 가졌다. 이 친구들은 내가 목숨을 바쳐 지키고자 하는 대의를 위해서 그들 국민이 생명을 걸고 있는 오늘, 다른 어느 때보다 더 내 마음속에 가까이 있다. 나는 어느 날쯤 그들이 이 글을 읽게 되려는지 알 수 없다. 그들이 이것을 읽으면 아마 놀랄 것이다. 그러나 그들은 진지하므로, 나의 솔직성을 용서해주기를 기대한다.

프랑스 사람들 사이의 영국혐오주의는 오늘날 치사스럽게 이용되고 있다. 그 자체로 이 혐오주의는 부인할 수 없으며, 그 기원은 다양하다. 그 일부는 역사적 기억으로 거슬러올라가는 것으로, 생각보다 끈질긴 것이다. 잔 다르크의 그림자나 심지어 피트나 파머스턴 귀신의 그림자가 무엇을 잘 잊어버리지 않는 집단여론의 밑바닥에 여전히 들어 있다. 오래 된 민족에게는 쉽게 잊어버리는 편이 나을 것이다. 왜냐하면 기억은 때로는 현재의 상을 흐리게 하는데, 인간은 무엇보다도 새로움에 적응해야 하기 때문이다. 다른 일부는 일부러 만들어낸 것으로 훨씬 순수하지 못하다. 전에 이탈리아가 에티오피아에서 전쟁을 하고 있을 당시, 군대에서 널리 읽히던 주간지 독자들은 우리의 임무가 영국을 "파괴하는" 것이라고 배웠다. 그것은 저자가 서명을 한 기사였다. 그 서명이 진정한 발상자의 것인가? 그가 우리 나라 사람이 아니라는 것을 모두 알고 있다. 그러나 그보다 더한 것이 있다. 매우 다른 우리 두 국민은 우리를 움직이게 하는 이상이 같음에도 불구하고 서로 인정하고 이해하고 나아가서 사랑하는 일이 어렵다는 점을 어쩔 수 없이 받아들여야 한다. 이것은 도버 해협을 사이에 둔 두 나라 모두에서 사실이다. 나는 보통 영국인, 그중 특히 소(小)부르주아지가 가지고 있는 "골 놈들"에 대한 고전적 편견이 오래 된 싸늘함을 잃지 않고 있다고 생각한다. 그리고 최근의 매우 짧은 기간의 군사동맹 관계에서 일어난 사건들도 그런 오해를 불식시키는 데에 기여하지 못한 점을 부인할 수 없다.

전투가 없던 몇 개월 동안 플랑드르 지방에서 우리 근처에 주둔하고 있으면서 우리 마을들을 점령하고 우리 도로의 교통질서를 담당하던 영국군 가운데 징병제에 의해서 모집된 군대의 수는 많지 않았다. 적어도 병사들은 거의 모두 직업군인이었다. 그들은 물론 직업군인으로서의 모든 장점을 가지고 있었다. 동시에 그 결점 또한 가지고 있었다. 키플링(1865-1936, 영국의 작가, 『정글 북』의 저자. 그의 시와 소설은 남성적 씩씩함과 영국의 제국주의를 찬양했다. 1907년 노벨 문학상을 수상했다/역주) 류의 병사들은 복종도 잘하고 싸우기도 잘한다. 그들은 벨기에 전투에서 목숨을 바쳐 그 사실을 다시 한번 증명했다. 그러나 그들은 약탈자이고 호색한이다. 이런 악이 이웃 사람이나 친척에게 행해졌을 때 우리 농민은 용서하기 어려울 것이다. 게다가 영국인은 대륙에서 별로 호감을 얻도록 행동하지 못한다. 그들은 특별히 세련된 사회구성에 소속되지 않아도 적어도 자기들 국내에서는 거의 항상 매우 친절하다. 그러나 일단 해협을 넘으면 유럽 사람을 "원주민" —— 다시 말하면 그 정의 자체가 열등한 사람인 식민지 원주민이라는 의미 —— 으로 혼동하는 경향이 있고, 그가 가지고 있는 수줍음은 그를 더욱 경직되게 한다. 이 모든 것이 깊은 저변의 감정과 국민의 중대한 이해관계에 비하면 아주 작은 일임에 틀림없다. 그러나 그것이 본능적으로 외국인을 경원시하고 약간 폐쇄적인 우리 나라 마을의 여론에 미치는 영향을 부인할 수는 없을 것이다.

끔찍한 몇 주의 전투 후에 퇴각하는 배를 타야 할 시점이 되었다. 나는 영국인들이 자국 군대가 모두 해안을 떠나기 전에는 거의 예외 없이 우리 중 누구도 배에 타지 못하게 하고 노골적으로 먼저 가려고 했다는 점에 대하여 그들을 비난할 생각은 없다. 바다 쪽 전선을 지키는 우리 군대를 제외하면 그들 군대가 해안선에 가장 가까이 있었다. 게다가 그렇게 된 데에 대하여 스스로 책임이 없다고 생각하는 재난에 대하여 생명과 재산을 바치려고 하지 않는 것은 당연하다. 영국 해군은 자국 국민의 안전을 확보한 후에 우리를 구하는 일을 했다. 우리를 위해서 위험 앞에서 그들이 발휘한 희생정신과 또한 친절한 봉사정신은 그들의 첫 승객을 대하던 때와 다름이 없었다.

그러나 여기에서도 불가피한 감정의 반응을 이해하도록 해야 할 것이다. 우리 병사들은 상관들 때문에 모든 전투능력을 박탈당하고 플랑드르의 긴 해안이나 모래언덕에서 제3제국의 감옥을 벗어날 순간만을 절망적으로 기다리고 있었다. 이들은 매일같이 더욱 심해지는 폭격에 노출되어 적이 하루하루 다가오는 것을 느끼며, 그들이 모두 떠날 수는 없다는 것을 알고 있었고 실제로 모두가 떠나지는 못했다. 그때 배가 한척씩 한척씩 외국군과 아군을 태우고 자유를 향해 떠나는 것을 보며 씁쓸한 마음을 가지지 않으려면 얼마나 초인적인 마음을 가져야 했겠는가? 그들을 영웅이라고 할 수는 있으나 그들이 성인(聖人)은 아니었다. 그와 같은 열기 속에서 방지하기는 어려웠겠으나, 이미 날카로운 상태의 감정을 자극하는 성질의 마찰들이 곳곳에서 일어났다. 예를 들면 영국군 부대와 연락을 맡아온 한 프랑스군 연락병은 수개월 동안 근처에 주둔하며 전투도 함께하고 친밀하게 지냈던 어제의 친구들이 선교를 넘어 배를 타고 있는데, 자신은 그리로 가는 길이 차단된 채 모래밭에 남아 있어야 했다. 이 이야기가 사실임은 내가 보증한다. 우리 군대의 상당수가 일단 영국 땅에 발을 들여놓은 후 받은 감동적인 친절이 이 상처를 치유하는 데에 크게 도움이 되었다. 그러나 때로는 치유약이 없는 경우도 있었다. 주민들의 접대는 어디에서나 따뜻했다. 반면 당국은 모두 지나치게 의

심하는 듯한 경직성을 벗어나지 못했다. 여기저기에서 군부대는 감옥과 같았다. 기진맥진한 군대를 다루기는 쉽지 않다. 무엇보다 질서를 중시하는 당국이 어려운 임무를 맡아 몇 가지 일을 능숙하지 못하게 처리한 것은 당연한 일이다. 이 잘못이 일어난 곳에 깊은 골이 패이고 기억에 남게 된다면 그것은 당연하지 못한 일일 것이다.

사람들은 영국이 우리를 충분히 도와주지 않았다고 많이 이야기했다. 우리 자신의 실패를 변명하기 위해서 사람들은 날조된 수치까지 들먹였다. 플랑드르 지방에 주둔한 그들의 사단 수가 3개 사단이 넘는다는 사실을 나는 잘 알고 있다. 그러나 이 잘못된 선전의 모든 내용이 조작된 것은 아니다.

우리와 상당히 다른 정치적, 사회적 전통을 어느 정도 이해하는 사람에게 징병제의 도입은 언제나 용기를 필요로 하는 일로 이해가 된다. 그러나 이 용기가 너무 늦게 발휘되었음을 부인할 수는 없을 것이다. 그리고 전선에 나간 삼사십 대의 프랑스인들이 때로는 같은 나이 또래의 영국인들은 왜 가정에 그대로 있는가를 생각하는 것은 당연한 일일 것이다. 그 이후 영국은 그 늦음을 희생으로 잘 뒤따라잡았다. 당시 누가 장래를 예견할 수 있었던가?

제1군이 솜 강 쪽에서 반대 방향으로 움직이는 프랑스 군과 협동하여 북쪽으로부터 남쪽 아라스 쪽으로 돌파하려고 했을 때 영국 사령부가 일단 약속했던 도움을 마지막 순간에 취소한 것이 사실이다. 그 태도는 물론 오래 지속되는 원한을 남겼다. 또한 그것으로 이익을 얻은 쪽도 있었다. 얼마 후에 있었던 벨기에의 항복도 마찬가지이다. 그에 대하여 우리 제3국 안에 있는 회의주의자까지도 그 소식을 듣자 "블랑샤르 장군에게 큰 기회가 왔군"이라고 말했다. 레오폴드 3세가 항복하기 전부터 우리는 포위되어 있었다. 영국군이 계획된 공격 약속을 어겼을 때 이미 반은 포위되어 있었다. 우리의 잘못을 변명하기에 다른 사람의 잘못보다 더 좋은 방어막이 있겠는가?

결국 북쪽에서는 "독일군의 돌출지대"를 깨뜨리려는 진지한 노력을 포기해야 했다. 확실히 영국군의 거부가 미리 그 일에서 실패하도록 만들었다. 유감스럽게도 그것은 절차상으로도 온당하지 못했다고 생각된다. 최악의 경우 전략적 상황의 변화로 약속한 대로 실시하는 것이 불가능해졌다면 파견군 참모부는 프랑스 사령부에게 그렇게 오랫동안 환상을 가지게 하거나 불확실성 속에 놓아두지 않는 것이 나았을 것이다(그러나 그 점에 대하여 물론 나는 한쪽 편, 즉 우리 편 이야기만 들었다). 근본적으로 고트 경의 결정에도 정당한 이유가 있었을 것이다.[11] 여하튼 역사가는 판단하기보다는 이해하려고 노력하는 사람이므로 설명하기가 어렵지는 않을 것이다. 여기에서 그림의 이면을 보기 시작해야 할 것이다.

남쪽으로 향한 우리의 공격은 서서히 추진되었다. 정찰, 배치, 포(砲)의 준비 등 한마디로 전술교의가 필수적이라고 생각하는 준비작업에는 많은 시간이 들었다. 처음에는 그것들 때문에 작전 개시가 늦어졌다. 계획상으로 그것은 말메종에서 소규모로 벌이는 전투였다. 우리가 더 신속하게 할 수 있었을는지는 모르겠다. 에스코 강까지 길

---

11) 나는 점차로 그것이 가장 현명한 결정이었다고 생각하게 되었다. 만일 1940년 5-6월에 영국군의 힘이 대륙에서 모두 소진되었다면 전쟁의 앞날은 어떠했을까? 그러나 그것은 가혹한 현명함으로, 당시 프랑스의 한 전투원이 제기하기에는 어려운 것이었다(1942년 7월).

게 뻗어 있는 군대의 배치가 이미 그것을 불가능하게 했을 것이다. 내가 아는 것은 그와 같은 속도로 가다가는 적으로부터 추월당할 것이라는 점이다. 그리하여 우리 군과 남쪽의 군 사이에서 처음에는 소규모 전위부대였던 적에게 강화할 기회를 주어 우리의 다른 쪽 전선을 압박하게 하지 않았는가? 그 사이 우리의 동맹군도 아마 강력한 공격을 받고 위험을 느꼈을 것이다. 그들은 예상된 패배로 말려들지 않기 위하여 몸을 뺐다.

이 시점부터 그들은 주저 없이 우리의 작전을 비판적으로 보기 시작했고 그 평가 역시 조금도 너그럽지 않았다. 이 신뢰의 상실이 플랑드르 전투의 마지막 2주 동안 그들이 보여준 행동의 가장 큰 심리적 동기였다고 나는 생각한다. 우리는 며칠 사이에 동맹의 온도가 수십 도 내려가는 것을 볼 수 있었다. 우리가 아는 바와 같이 영국군은 전쟁 초부터 단일 사령부를 받아들였다. 사실 그것은 약간 불완전한 형태였고 그 적용은 이상한 결과로 나타났다. 영국군 총사령부는 우리 나라 총사령관의 명령 아래 놓여 있었다. 그러나 그 사이에 연결 단계가 없었다. 그래서 아르덴 지방에서 대서양까지 프랑스 군의 작전을 지휘하던 우리 제1군단장은 자신이 책임을 맡은 군대의 중간에 그가 직접 움직일 수 없는 상당수의 부대가 끼여 있는 상황에 놓이게 되었다. 런던 정부가 우리에게 허용한 양보는 틀림없이 그 자체로 매우 민감한 국민적 자존심과 발끈하는 경향이 있는 군대의 직업적인 자존심을 크게 건드렸을 것이다. 물론 그것은 우리 육군이 압도적으로 다수라는 점으로 정당화될 수 있다. 또한 우리의 전략 입안력에 대한 평가의 측면에서도 그렇다. 포슈 장군은 둘렌스(Doullens) 회담

(이 회담에서 포슈 장군이 연합군 총사령관으로 임명되었다/역주) 후 연합군을 승리로 이끌었다. 사람들은 그의 뒤를 이은 사람 역시 그를 본받을 것으로 기대했다. 우리 참모부의 능력이 우월하다는 주장에 대하여 여하튼 우리 장교들은 확신을 가지고 있었다. 나는 그들이 때로는 그것을 지나치게 과시했다고 생각한다.[12] 그러다가 뫼즈 강변에서 우리 군대가 며칠 만에 믿기 어려울 정도로 무너져 북부 전투병력 전체가 포위될 위험에 처하게 되었다. 자신들이 파견한 군대 전체를 상실할 가능성이 있는 이 참패에서 영국군은 아무 책임이 없다고 생각하게 되었다. 그들의 신뢰는 이미 흔들렸다. 게다가 우리의 대응책은 느리고 실수가 잦았다. 우리의 위신은 땅에 떨어졌고 사람들은 그 사실을 우리에게 감추지 않았다. 그것이 우리 동맹국의 잘못인가?

아라스에서 전개하기로 계획된 공동작전이 실패한 후 양쪽 모두에서 일종의 상호 불신이 생겨서 참모부는 거의 완전히 협력을 포기했다. 영국군이 자신들의 후퇴를 지원하기 위하여 얼마나 많은 교량을 폭파했던가! 그것이 우리의 퇴로를 끊는지의 여부는 생각하지 않았다. 마찬가지로 그들은 기술자의 항의에도 불구하고 릴 시내의 전화국을 미리 파괴해버렸다. 그렇게 함으로써 제1군이 가지고 있던 거의 모든 통신수단을 제거해버렸다. 우리는 그들이 무례하다고 생각

---

12) 1940년 4월 26일자 전쟁위원회의 보고서에서(『프랑스 총참모부 비밀문서』, p. 98) 나는 우리 참모부의 받아들이기 어려운 허영심을 잘 보여주는 구절을 발견했다. 그 발언은 가믈랭 장군이 한 것이다 : "[노르웨이에서] 주력은 영국군이 제공해야 한다.……최대한으로 해서 그들을 도덕적으로 지원하고 사령부를 조직하도록 도와주고 그들에게 방법론과 용기를 주어야 한다." 세상에! [1942년 7월]

했다. 사실 그들이 우리 사령부의 무능함에 실망한 것이 비록 당연하더라도, 그 때문에 그들 중 일부가 용기에 전혀 문제가 없는 전투원에 대한 예의를 잊기도 한 것 같다.

각 군대에 지정된 지역을 좀더 잘 한정했다면 아마도 이와 같이 좋지 않은 마찰은 피할 수 있었을 것이다. 그러나 그 경계를 지정할 권한을 지닌 기구가 존재하지 않았다. 전에는 그것이 유일한 공동권위의 근원이었던 프랑스 총사령부에 속해 있었다. 그런데 우리가 포위된 후 총사령부가 우리를 지휘하지 못하는 상태가 되었다. 그러나 협의가 불가능했을까? 나는 사람들이 그것을 시도했었는지 여부를 모른다. 만일 시도했어도 그것은 성공하지 못했다. 특히 릴에서는 과연 누가 지휘를 맡았는가? 아무도 그것을 알 수 없었다. 5월 10일 이전 그 도시는 틀림없이 영국군 지역에 속해 있었다. 그러나 제1군이 최종적으로 집결한 곳이 그 도시 주변이었다. 특히 우리는 며칠 동안 그곳에서 휘발유를 가져왔다. 저장소를 파괴해야 했을 때 우리는 그 일을 우리 동맹군에 맡기지 않기로 했다. 휘발유에 타르나 설탕을 섞는 그들의 파괴방법이 불을 놓는 우리 방법만 못한 것으로 생각되었다. 프리우 장군은 이 문제에 대한 설명을 듣고 편지와 명령서를 작성하도록 했다. 고트 경에게 보내는 편지에는 결정을 정중하게 그에게 맡기는 것 같았으나 우리가 받은 명령서에는 프리우 장군이 그것을 전적으로 맡고 있는 것으로 되어 있었다. 각자의 권리가 무엇인지가 확실하지 않음을 적나라하게 노출시킨 미묘한 외교였다. 혼란은 끝까지 계속되었다. 불을 놓지 않은 저장소는 한 곳뿐이었다. 그것은 영국군이 이미 다리를 끊어버린 운하 건너 쪽에 있었는데, 나는 왜 그들이 우리 병사가 배를 타고 건너는 것을 못하게 막는지 알지 못했다. 누가 그런 혼란의 책임을 져야 하나? 아마 영국군에게도 책임의 일부가 있을 것이다. 그러나 우리도 상황에 너무 쉽게 순응했고, 전혀 책임이 없다고 할 수는 없다.

그러나 우리 동맹군과의 관계가 미리부터 좀더 강하게 연결되어 있었더라면 도덕적 단절은 덜 심각하고 그 결과도 덜 중대했을 것이다. 상황이 복잡했음을 인정해야 할 것이다. 고트 경의 참모부는 영국군의 총사령부인 동시에 군 사령부 역할을 하고 있었다. 첫째, 그는 우리 총사령부와 직접 의사소통을 하고 있었다. 그리고 보뤼즈 장군이 지휘하고 있는 프랑스 파견단이 그 부대에서 가믈랭 장군을 대변하고 있었다. 둘째로, 그는 우리 군대의 두 군과 항상 관계를 맺고 있었거나 또는 맺고 있어야 했다. 하나는 해안 끝쪽 그의 왼쪽에 있는 제7군이고 다른 하나는 그의 오른쪽에 있는 제1군이었다. 여기에서 파견단은 별로 한 일이 없었다. 그들의 차원에서 관계를 조직하는 일은 군들 자체의 일이었다. 사실 이 중간의 관계는 전투가 시작되기 전 기다리는 동안은 경계를 확정하는 사소한 문제에 국한되었다. 그러나 일단 전투가 시작되자 여러 다른 문제가 제기되고, 그것의 원만한 해결이 상당 부분 협조를 준비하고 동시에 상호 정보를 교환하던 관행에 크게 의존하게 되리라는 것을 상상이나 했겠는가? 이 점에서 사태는 모든 예상을 넘어서는 것이었다. 독일군의 침공으로 총사령부가 사라지자 영국군과 우리 군 사이에는 실질적으로 군 차원의 연결만이 가능하게 되었다.

내가 원래 영국군과의 연락장교로 임명되었다는 점을 앞에서 말한 바 있다. 보앵에 있던 초기 몇 주 동안 나는 이 일을 하기 위해서 최선을 다했다. 사람들은 별로 도와주지는 않았으나 내가 그 일을 하도록 내버려두었다. 유류담당이 된 후에도 나는 그 일을 계속했다. 안전을 고려하여 아라스 근처의 초라한 마을들 여기저기에 분산되어 있는 영국군 사령부 중 나는 특히 우리의 제4국에 해당하는 "Q"(큐라고 발음할 것)[13]를 방문하곤 했다. 두에의 군단 참모부도 찾아갔고 프랑스 파견단과도 접촉했다. 오래지 않아서 나는 이 단속적인 여행이 필요에 따라 사소한 어려움을 해결할 수는 있으나 진정한 관계를 조성할 수는 없다는 점을 깨닫게 되었다.

행동의 측면에서 어느 정도의 동지애가 없이는 효과적인 관계가 있을 수 없고 어느 정도 함께 지내는 일이 없이는 동지애가 있을 수 없다. 아마도 이것은 모든 인간에게 해당되는 것이리라. 그것은 영국군 최고위층에게도 마찬가지이다. 그들은 친절하고 사람을 잘 믿으며, 그들이 친밀하게 받아들인 사람에게는 순진할 정도로 그렇다. 반면 지나가는 손님에게는 매우 정중하나 일반적으로 거리감을 둔다. 우리가 그들의 사무실을 방문하면 그들은 정확히 우리가 요구하는 정보를 준다. 그것이 전부이다. 그리고 우리도 그 이상은 하지 않을 것이다. 그것으로 충분한가? 우리와는 상당히 다른 전쟁기구이지만, 그들과 조화를 이루어야 하므로 그 힘을 조종하는 것을 배우는 것을 목표로 해야 할 것이다. 그들에게 약점이 있다면 그곳을 파고들어가고(그런데 약점 없는 군대가 있는가?), 우리 참모부와 필연적으

---

13) "병참감 지부(Quarter-Master General's Branch)"의 약자.

로 항상 일치하기는 어려운 견해를 그들에게 이해시키기 위해서 그들을 이해하고 특히 직접적인 인간관계를 맺어야 한다. 그래야만 양측의 자존심에 상처를 주지 않으면서 건설적인 제안을 할 수 있고, 위기가 올 때 각자가 알아서 한다는 치명적인 유혹을 피할 수 있다. 가끔 하는 방문으로는 충분하지 않을 것이다. 5시에 차도 함께 마시고, 위스키와 소다수도 마시며, 클럽의 분위기가 작업 테이블까지 호의를 가진 협동으로 연장되어야 할 것이다. 한마디로 동맹군 사령부에 제1군의 장교를 상근시키는 일이 확실히 필요했다. 프랑스 파견단의 참모장 생각도 내 생각과 같았다. 제7군도 실제로 그렇게 하고 있었다. 그러나 불행하게도 이런 노력은 사태의 진전 때문에 아무런 효과도 거두지 못하고 말았다. 왜냐하면 됭케르크의 방어를 맡은 제16부대를 제외하면 그들은 5월 15일 또는 16일부터 앙베르 전선에서 빠져 나와 뫼즈 강과 우아즈 강 사이의 틈새를 메우는 데에 투입되었고 거기에서 거의 전멸했기 때문이다.

제1군에서는 영국군 사령부의 파견을 제3국에서 맞아들이는 것으로 만족하고 있었다. 내가 알게 된 첫번째 사람은 전에 직업장교이다가 더 시티(런던 금융가)에서 은행가가 된 사람이었다. 친절하면서도 동시에 성급한 태도, 낙천가적 행동, 그의 나라에서보다는 아마도 우리 나라에서 더 독특하게 보일 유머 등이 그를 인기 있는 사람으로 만들었다. 직업상 매우 능력이 있는 그는 자신의 임무에 따라오는 권위를 중시하는 사람이라고 한다. 아마도 우리 쪽에서 우리 동료 중 몇 명이 지나친 열정을 보임으로써, 그가 빠져들지 말아야겠다고 마음먹은 권리의 침해 위협을 받았을는지도 모른다. 개인적으로 나는 그와 매우 좋은 관계를 유지했다. 그러나 확실히 그는 모든 관계의 끈을 자기가 장악하려고 했다. 나는 이 점에서 그가 우리 지도자들에게 미치는 영향에 언제나 위험이 없지 않다는 점을 우려했다. 게다가 그는 대단히 능란한 사람이었다. 또한 영국의 부유한 부르주아지가 거의 모두 그런 것처럼, 깊은 사회적 선입견을 가지고 있었다. 그것을 드러내기에는 그가 너무나 요령이 있는 사람이라고 생각되지만, 타고난 국민적 편견과 또한 오래 된 "토리" 전통에서도 벗어나지 못하고 있었다.

영국군이 장비나 전술 면에서 부족함이 있을 경우 그가 그것을 우리에게 알려주리라고 기대했다면 매우 순진한 생각일 것이다. 5월 10일이 되기 직전 그는 런던의 전시정부의 직책을 맡아서 우리를 떠났다. 너무 일찍 떠나간 탓에 그가 있었다면 분명히 우리에게 도움을 줄 역할을 전투가 활발해진 시기에 해주지 못했다. 나는 그의 후임자와는 그렇게 친밀하지 않았다. 이 후임자 역시 매우 예의 바른 사람이었으나 그리 사교적이지는 않아 보였다. 업무상으로 나는 그와 랭스에서 한 번 마주한 일밖에는 없는데 내가 보기에 그는 특히 모든 책임을 회피하려는 것 같았다. 그러나 동맹군 파견원의 개인적 특성이 어떻든 간에 그들 중 최상의 인물도 잘 생각해보면 외교적 대표성을 절반만 띠고 있을 뿐이다. 우호국과의 관계를 유지하고 그곳에서 일어나는 일을 알고 나아가 상호 이해의 굳은 기초 위에 우정을 맺기 위해서 외국의 대사를 받아들이는 것만으로 만족할 정부가 어디 있겠는가? 이 전권대사에 대하여 만족하기만 하면 된다는 이유로 상대방 국가에 자국 대표의 파견을 포기하는 정부가 어디 있겠는가?

그래서 어느 날 용기를 내어서 나는 당시 지휘관직을 맡고 있던 부참모장에게 면회를 신청했다. 그에게 나는 앞에서 든 논거를 내 최선을 다하여 설명했다. 고트 경의 사령부 파견 장교로 나 자신이 가고자 하는 것이 아님을 그에게 말하는 것도 빠뜨리지 않았다. 나는 그 직책을 전술에 대하여 좀더 조예가 깊은 동료가 맡아야 한다고 생각했다. 그러나 내가 서툴렀다. 나 개인의 의견이라고 하면 무게가 없을 것 같아서 그것이 좀더 권위 있는 프랑스 파견단 참모장의 견해라고 말하는 편이 좋겠다고 생각한 것이다. 아뿔사! 내가 의견을 개진하러 간 중령이 확실히 한답시고 이름을 들먹인 중령과 앙숙일 줄이야. 군사학교의 길에는 그곳 출신이 아닌 사람에게는 수많은 함정이 숨어 있었다. 중령은 매우 정중하게 내 의견을 설명하도록 했다. 그리고는 내 의견에 찬동하지 않는다고 했다. 그의 생각에는 우리 쪽에 영국 장교가 파견된 것으로 모든 면에서 충분하다는 것이었다. 얼마 후 나는 총사령부에 이 문제를 제기하려고 했다. 역시 효과가 없었다. 그리고 내가 전에 아라스를 왔다갔다 한 것을 잠시 동안의 막연하고 한가한 대화 정도로 생각하고 아무도 이 문제를 거론하지 않아 나는 의견 제시를 포기하고 이후로는 점차로 유류업무에 전적으로 몰두했다.

전투기간 동안, 전에 영국인과 약간의 교류가 있었던 우리 참모부의 한 고위장교가 영국 사령부에 파견되어 있었다. 대다수 그의 동급자들보다 마음씨가 너그럽고 지적인 그는 자신의 최선을 다했을 뿐만 아니라 다른 누구보다 일을 잘했다고 나는 믿는다. 그러나 그는 우리 동맹군과 가까이 지낸 적이 없었다. 당시 그는 많은 시간을 사령부들 사이를 왔다갔다 하는 데에만 보냈을 뿐, 그들과 함께 지내지는 않았다. 특히 신뢰관계를 맺기에는 상황이 좋지 않았다. 이 신뢰관계는 오랫동안 뿌리내리지 않은 것이면 당시 상황에서 버텨내기 어려웠다. 진정한 동맹은 계속적으로 창조되는 것이다. 그것은 종이 위에 쓸 수 있는 것이 아니다. 그것은 수많은 작은 인간관계들, 그것들이 합쳐져서 굳건한 끈이 되는 그런 관계를 통해서만 유지된다. 우리 제1군에서는 그 사실을 많이 잊고 있었고, 우리의 소홀함 때문에 큰 어려움을 겪게 되었다.[14]

앞에서 말했듯이 나는 군대에 들어와서 정보를 담당하는 제2국에서 며칠을 보낸 일이 있다. 그 후 벨기에에 있는 유류 저장소의 정확한 최신 자료를 구하기 위해서 총사령부와 군단의 제2국과 연락을 취하게 되었다. 내가 정보와 증언이라는 문제에 특별한 관심을 기울이지 않는다면 나는 형편없는 역사가일 것이다. 그러나 바로 역사가이기 때문에 내 주변에서 행해지고 있는 방법들에 대해서 나는 곧 심각한 불안감을 가지게 되었다.

내가 하는 말을 오해하지 말아주기 바란다. 나는 여기에서 한 집단 전체를 싸잡아 비난하려는 것이 아니다. 그들 중에는 적극적이거나 소극적이거나 간에 열성적이고 유능한 사람이 많이 있었다. 조사를 하는 동안 나는 총사령부 제2국에서 효율적이라고는 할 수 없으나

---

14) 우리 군대와 영국 파견군 사이의 연락 부족에 대하여는 처칠이 프랑스-영국 전쟁
   위원회에서 5월 22일에 한 발언과 5월 24일에 보낸 전보를 참조할 것(『프랑스 총참
   모부 비밀문서』 p. 57과 132, 1942년 7월).

항상 친절한 도움을 받았다. 군단에서는 이해를 얻고 정말 귀중한 도움을 받았다. 군에서 우리는 별로 도움을 받지 못했고, 참모부에서는 노골적으로 불친절했다. 우리 제2국을 지휘하고 있는 건장한 장교는 열병식 날 잘 차려입은 대대 앞에 서면 근사했을 것이다. 나는 그가 전장에서도 역시 훌륭할 것이라는 점을 의심하지 않는다. 그러나 그에게 부여된 임무는 분명히 그의 능력을 훨씬 넘어서는 것이었다. 그러나 우두머리가 부족하기는 했어도 그곳에 어두운 면만 있었던 것은 아니다. 제2국에는, 특히 재치 있고 언변이 좋은 리옹의 사업가가 권위를 가지고 이끌고 있는 통역분과에 거의 친구라고 할 수 있는 동료들이 있었다. 그 사람들은 좁은 범위이기는 하지만 자신들의 분야에서 매우 헌신적으로 재능을 다하여 일하고 있었다.

그러나 나는 우리 정보가 신통치 않았다고 말하지 않을 수 없다! 나는 벨기에에 관한 정보 관계의 일을 가까이 경험할 수 있었다. 유류저장소의 위치와 저장량, 저장 내용물에 대하여 총사령부가 처음부터 모호하고 자주 잘못된 정보를 주었다는 점을 이미 앞에서 말했다. 더욱 한심한 것은 우리에게 더 나은 정보를 주려고 노력하지도 않았다는 점이다. 공동의 침략자에 대항하여 연합한 우리와 반드시 협력해야 할 벨기에 군에서는 연료공급 부서가 어떻게 조직되었는가? 나는 그것을 알아보고 싶었다. 블랑샤르 장군이 몇 가지 내용을 문의하는 편지에 직접 서명까지 해주었으나 그 편지에 대한 답은 오지 않았다. 나는 이런 종류의 무지가 내가 맡은 부서에만 국한된 것은 아니라고 생각할 수밖에 없다. 이것은 여러 가지 원인으로부터 오는 것이었다.

첫째 정보기관의 과다와 그들 사이에 거의 필연적으로 생기는 바람직하지 못한 경향인 경쟁심을 들 수 있다. 이 후자에 대하여는 다시 언급할 기회가 있을 것이다. 무관들은 총사령부가 아니라 자신들의 권한 유지에 매우 민감한 국방부에 소속되어 있었다. 중립을 지킨다는 명목으로 국방부와 총사령부 양측 모두 소속 참모부가 벨기에에서 직접 조사하는 것을 금지하는 데에 합의했다. 실제로는 군단이나 각 군이 개별적으로 조사를 하지 않은 것이 아니다. 여러 유용한 정보가 약간은 비밀스러운 경로로 우리에게 전달되었다. 그렇다면 이런 노력이 집결되도록 조직하는 편이 낫지 않았을까?

또 좀더 날카로운 현실감을 가지고 지휘하는 편이 나았을 것이다. 제2국은 사령부의 여러 조직을 고객으로 가진 대리점과 비슷한 것으로 간주되어야 한다. 그러므로 그들은 고객들의 요구에 응해야 할 것이다. 포병부대, 비행부대, 전차부대, 철로와 도로의 교통을 담당하는 부서의 요구뿐만 아니라 모든 것을 통합하는 전략연구 부서의 요구에도 응해야 한다. 왜냐하면 사령부의 각 기관들은 비전문가는 간과하는 고유의 문제들을 가지고 있을 것이기 때문이다. 제2국은 그들의 필요를 예견하고 만족시켜주려고 노력해야 하며, 자료들을 받는 즉시 각 부서에 필요한 것은 보내주어야 한다.

이렇게 하는 대신, 정보의 수집은 전통적으로 물자전(物資戰)에 대하여 거의 고려를 하지 않은 좁은 범위 안에서만 이루어지고 있었다. 무엇보다도 사람들은 "적의 전투대형" —— 즉 적군의 배치 —— 이 적의 의도를 대변하는 것으로 생각하여, 가상적으로 그것을 재구성하려고 노력했다. 그러나 이동의 현대적 신속성 때문에 흔히 서너 가지의 반대되는 해석이 가능했다. 게다가 부수적으로 사기 문제나 정치 문제에 대한 조사가 곁들여지기는 하나 거기에는 보통 진정한 사회분석에 대한 무지가 적나라하게 드러나 있었다. 나는 『고타 연대기』(고타에서 1763년부터 1944년까지 출판된 연감으로 족보, 공문서, 통계 등의 내용이 들어 있다/역주)의 훌륭한 양식으로 벨기에의 국내 상황에 대하여 자세히 이야기하고 있다고 믿는 작은 책자를 본 일이 있다. 그것은 우리에게 이 왕국이 "입헌군주국"이라고 전해주고 있었다. 그 점은 이미 경험으로 알고 있는 일이 아닌가!

정보의 전달에 대하여 참모부 안에 오래 된 우스갯소리가 있다. 제2국이 어떤 사실을 알게 되면 그 즉시 서류로 만들어서 그 위에 붉은색 잉크로 "극비"라고 쓴 뒤, 그 문제에 관심을 가질 만한 사람들의 눈에 띄지 않게 겹겹이 잠글 수 있는 문서함에 넣어버린다는 것이다. 어느 날 나는 이 이야기가 괜한 전설만은 아님을 체험하게 되었다. 나는 우리 제2국으로부터 우리가 겨우 만들어낸 벨기에 소재 유류 저장소 명단과 설명서를 내보내도 된다는 허가를 얻었다. 얼마 후 우리는 벨기에에 침투했을 경우의 유류 보급에 관한 일반 지침을 각 대대로 보내게 되었다. 그것은 주로 징발 및 군대가 스스로 설치해야 하는 저장소에 관한 것이었고, 지역자원의 분포 상황은 전에 발송한 표를 참조하도록 했다. 각 참모부에서 그것은 당연히 보급을 담당하는 제4국으로 보내졌다. 발송 당일에 나는 한 부대에서 나와 같은 일을 하고 있는 동료의 비꼬는 듯한 전화를 받았다. "표에 대하여 말씀하시던데, 그런 것을 본 일이 없습니다." 어떻게 된 일인지 알아보았다. 발송은 확실히 되었다. 그러나 일정 부서에서 온 서류는 불가피하게 하위 부대의 같은 부서로 가게 되어 있어, 군단의 제2국이 그것을 받게 되어 있었다. 그곳에서 서류를, 그것을 이용할 수 있는 유일한 장교에게 알리지도 않고 즉시 그 유명한 비밀문서함에 넣고 잠가버린 것이다. 내 주변에 있는 사람들은 "항상 그렇다니까!" 하며 어깨를 으쓱하고 말았다. 경고를 하고 그와 같은 실수가 반복되지 않도록 하는 조치를 취하는 문제에 대하여는 아무도 생각하지 않았다. 따라서 일상의 관행은 뿌리 뽑을 수 없는 것 같았다.

우리 제2국이 모델이 될 만하지 않다는 것을 우리는 잘 알고 있다. 독일군이 공격하기 전까지 전투를 기다리며 이론적으로는 전략을 연구하는 기간 동안, 내가 그 제작과정을 직접 본 서류들은 강심장도 놀라게 할 만한 것들이었다. 한 철도 지도는 기가 막힐 지경이었다. 국경선을 잘못 그어서 아헨이 벨기에 도시가 되어 있었고, 함부르크-베를린 노선이 운행이 적은 노선으로 분류되어 있었다. 그러나 결국 그것을 모르고 넘어갈 수는 없는 일이다. 자주 발표되는 "회보"에는 약간 잘못된 개념이 나오더니, 그 다음에는 좀더 심각한 잘못들이 나타났다. 자신의 조사결과를 때때로 기록하는 연구자, 예를 들면 자신의 발굴에 대하여 계속해서 보고서를 내는 고고학자, 한 질병에 대한 관찰기를 학생들에게 발표하는 의사, 또는 파스퇴르의 유명한 실험 노트 등을 상상해보자. 우리는 그 진실성에 대하여 어떠한 기대를 가지고 있는가? 그들이 매 단계에서 이렇게 말하기를 기대할 것이다 : 지난번에는 확실하지 않았던 것을 확인해주는 증거가 여기 있다 ; 반대로, 전에 거의 확실하다고 생각되던 해석이 현재 우리 조사의 진전으로 무너지게 되었다 ; 게다가 그것이 과거의 일이 아니라 진행 중의 현상을 검토하는 것이라면, 이것은 새로운 사실이고 아마도 가장 중요한 변수일 수도 있다. 다시 말하면 모든 지식은 그 자체가 정신과 본질적으로 변화하는 사건에 대한 지식의 계속적인 운동으로서 그들의 추이에 대한 검토로부터 나올 수밖에 없으므로, 한 연구의 보고는 선행하는 보고와 연결되지 않고 개별적으로 고려될 경우 그 중요성이 별로 없게 된다. 그런데 우리의 여러 "회보들"은 전혀 또는 거의 상호 관련이 없이 발표되었다. 그것들을 주의 깊게 대조해보면 서로 모순이 되는 것을 흔히 발견할 수 있었고 또는 여러 가능성이 있어 보이는 일련의 사실들에 대하여 처음에는 주의를 환기시키다가 후에는 아무 언급도 없이 그 노선을 버리는 경우도 많았다. 그렇다면 두번째 정보가 첫번째 것을 무효로 만들었는가? 일부러 반복하지 않은 것인가? 상황이 정말로 바뀌었는가? 그것을 말할 수 있는 사람은 매우 예리한 사람일 것이다. 내가 생각하는 것을 모두 말하다보니 비방의 죄를 범하는 것이 아닌지 걱정이 된다. 그러나 나는 이와 같은 불일치가 미숙해서인지, 교활해서인지를 자주 묻지 않을 수 없었다. 제2국의 책임자 모두는 "시련"의 날이 닥쳐오자 그들이 사령부를 무장시켜온 이른바 확실성이 부인되는 사태를 두려움 속에서 지켜보았다. 사령부에 서로 모순되는 정보를 제공하면 어떤 일이 일어나더라도 "만일 내 말을 믿었더라면"[15] 하고 의기양양하게 말할 수 있는 가능성을 보유하는 것이 아니겠는가?

---

15) 제2국의 좋지 못한 관행에 대하여는 이미 전쟁 전에 B. 드 주브넬, 『자유 유럽의 와해(*La Décomposition de l'Europe libérale*)』, p. 212에 무게 있는 증언이 있다 : "우리 참모부는 『연보』(국제연맹의 군사 문제 연보)에 우리에게 없는 군대, 즉 우리가 받지도 않은 직업군인과 소집하지도 않는 예비병을 올리는 유치한 허영심을 가지고 있다. 그래서 그것이 독일의 논리를 뒷받침해준다." 1914년에 대해서는 조프르의 『회고록(*Mémoires*)』 p. 249(독일 예비군에 관한 가짜 정보)를 참조할 것[1942년 7월].

전투가 일단 시작된 후 매일매일 제2국이 참모부에 기여한 바는 무엇인가? 거기에 대해서는 말하기가 어렵다. 왜냐하면 그것이 행하거나 말한 것에 대하여 내가 아는 바가 거의 없기 때문이다. 한 가지는 확실하다. 그 유명한 "회보"는 이후 신중하게 완벽한 침묵을 지켜버려, 나와 비슷한 일을 하고 있는 장교들은 대화 중이나 사람을 만나 요행수로 우연히 알게 된 것 외에는 적에 대하여 아는 바가 없게 되었다. 거의 아무것도 알지 못한다고 말할 수 있었다. 즉 그들의 게으를 수도 있는 호기심에 비해서뿐만 아니라, 특히 그들의 임무를 적절히 수행하기 위하여 반드시 알아야 하는 것에 비해서 그렇다는 것이다. 우연히 어느 정도 중요한 사실을 직접 알게 되면 그것을 전달할 정보 센터가 가까이 없으므로 할 수 없이 (앞에서 예를 든 것처럼) 사령관에게 직접 정보원을 보낼 수밖에 없었다. 많은 책임을 맡은 지휘관에게 그런 종류의 자료를 미리 모아서 거른 후 보고해서는 안 되는 것처럼 말이다! 게다가 내가 이미 언급한 비교를 다시 들어본다면, 정보를 받아들이고 전달하는 일을 맡은 센터나 "기관"은 참모부 전체에 제2국의 형태로 작동하게 하는 것으로 충분치 않다. 내 생각으로는 각 부서 안에 이 일을 전담할 장교가 필요하고 한 명이 담당할 만큼의 일이 충분히 될 것이다. 대개의 경우 부대가 어디에 있는지, 적이 어디에 있는지도 모르면서, 그 부대에 무기와 식료, 공병의 기구 또는 휘발유를 공급하고 무기창고와 생필품 보급소, 공병창(工兵廠) 또는 유류 수송차량의 위치를 정하는 것이 쉬운 일이라고 사람들은 생각하는 것인가?[16]

---

16) 게다가 정보 제공을 못하는 것이 우리 참모부의 오래 된 결함이다. 프장사크 공작은

군 전체에서 우리 제2국과 다른 많은 부서들의 방법상의 결함에 대하여 우리 지휘관들이 대개 모르는 것은 아니다. 그리고 나는 그들이나 그들 측근 중에서 마음속으로 그것을 준엄하게 비난하는 올곧은 사람이 확실히 있으리라고 확신한다. 그러나 그것이 거의 한 번도 처벌이나 간단한 보직이동조차 가져오지 않은 것은 어찌된 일인가? "프랑스 군대는 처벌을 할 줄 모릅니다"라고 정규군의 젊은 동료들이 가끔 나에게 말했다. 아마 좀 거칠게 말한 것일 게다. 그러나 그것이 표현하고 있는 권위의 위기는 부인할 수 없는 것이다. 이제 그것을 좀더 자세히 분석해볼 필요가 있다.

전에 나는 전투부대의 장교들과 자주 만났다. 이번에도 전과 마찬가지로, 전설적인 "특무상사"의 어처구니없는 기압이나 내가 개인적으로 극히 싫어하는 무질서와는 관계가 먼 공평하고 부드러우나 단호하게 자신이 맡은 부대를 지휘할 능력이 있는 사람을 만날 수 있었을 것이다. 중대, 대대, 연대의 우두머리 일은 그것이 프랑스식으로 고귀하게 행해졌을 때 매우 훌륭한 일이다. 나는 고귀한 정신을 가지고 태어난 사람이 인성(人性)의 덕을 발전시키는 것을 자주 보았고, 그것에 대해서 매우 강한 존경심을 품고 있다. 기쁘게도 내 주변 참

그의 『회고록』에서 다음과 같은 이야기를 하고 있다. 그는 어느 날 M. 네 원수로부터 원수의 부하 장군 중 하나에게 명령을 전달하라는 임무를 받고 어디로 가야 하는가를 물으려고 했다 : "더 묻지 말게, 나는 그들을 좋아하지 않네"라고 원수가 대답했다. 프장사크는 이렇게 덧붙이고 있다 : "사람들은 우리에게 부대의 상황에 대해서 말해주지 않았다. 어떠한 이동 명령도 어떠한 보고도 우리에게 전달되지 않았다. 재주껏 스스로 정보를 얻거나 또는 오히려 짐작해야 했다(M. 르루아, 『생트-뵈브의 사상(La Pensée de Sainte-Beuve)』, p. 56에서 재인용). 우리가 부서(副署)를 해도 될 만큼 좋은 지적이다 : 그렇지 않은가? 아, 라샹 대위![1942년 7월]

모부의 뛰어난 장교들 중에서 그런 사람을 만날 수 있었다. 그는 좀 더 높은 지위로 오르기 전 잠시 우리 국의 부국장 노릇을 한 사람으로 "그가 떠난 후 우리에게 관심을 가져주는 사람이 없습니다"라고 우리 비서들은 침울하게 말했다. 호의와 허물없음이 혼동될 것을 두려워하는 사람은 졸렬한 사람이다.

불행하게도 인간의 관리가 어디에서나 그와 같은 절제와 인간적 현명함으로 이루어지지 않는다는 점이 일부 보고서로 확인되고 있다. 나는 "기압"과 "구보"라는 말이 군대용어에서 지워지기를 바란다. 그것은 상사-국왕(프로이센의 프리드리히 1세를 가리킨다/역주)의 군대에는 어울릴지 모르나, 프랑스 국민군에서는 아무 쓸모가 없다. 이곳에도 다른 곳에서와 마찬가지로, 아마도 다른 곳보다 더욱 규율이 필요하고 이 규율의 교육이 필요함을 부인하는 것은 결코 아니다. 그러나 그것은 시민적 덕의 연장일 뿐이고, 피에르 암프가 진정한 용기를 설명한 바와 같이 "직업의식의 한 형태"인 것이다. 어느날 한 장교가 군대 전화국에서 일하는 여자교환수들이 일을 잘한다고 내 앞에서 놀라움을 표시했다. "정말 군인만큼 잘하더군" 하고 놀라움보다 기가 막히다는 의미가 비치는, 흉내낼 수 없는 말투로 말했다. 그와 같은 계급의 오만함으로, 나라를 지키기 위해서 국민 전체에서 모집한 군대, 그중 대다수가 이미 독립적인 가정생활에 익숙한 사람들의 군대를 지휘할 수 있을까?

실질적으로, "구보"는 거의 언제나 외적인 형식을 존중하는 것과 혼동이 된다. 이것이 내적인 규율의 표현일 때 그 가치는 부인할 수 없는 것이다. 그러나 그것은 동시에 존경하는 태도가 자연적으로 나올 정도로 거의 모든 사람에게 상호 신뢰의 감정이 생겨났을 때 요구해야 유익한 결과가 나온다. 나는 인간을 "훈련시키는" 데에 동의한다. 그러나 그것은 한 인간을 전체로서 고려할 때 가능하고, 진정한 우두머리는 이를 위해서 어떻게 해야 하는지를 잘 안다. 나는 내가 들은 한 이야기가 사실이라고 믿는다. 어떤 대령이 매우 날씨가 추운 어느 날 하급장교가 외투 주머니에 손을 넣고 있는 것을 보고 이 자의 계급장을 분질러버리고 하루 종일 복장에 대한 주의사항을 발표했다고 한다. 그런 지휘관이 한겨울에 잘못 설치된 막사에서 자기 부대원들을 동상에 걸리게 만들지 않는가?

나도 그와 같은 "훈련"의 효과를 직접 볼 수 있었다. 그것은 플랑드르 전투 후 우리가 노르망디에 재집결했을 때였다. 당시 우리 병사들이 얼마나 훌륭하고 의젓했는지! 우리들 중 누구도, 나이 들어 매우 무뎌진 사람까지도 감동하지 않은 사람이 없었다. 그들은 오랜 여행으로 기진맥진한 상태로 기차에서 내렸다. 자주 굶기도 했을 것이고, 어떤 사람은 난파 후에 영국인들이 준 헌옷을 걸치고 있었다. 그들은 도중에 부대와 직속 상관과 "동료들"을 놓쳤다. 그들이 군대에 필요한 집단적 상부상조의 분위기를 다시 찾기 위해서는 아직도 몇 킬로미터를 더 걸어가야 했다. 그러나 불평하는 사람은 하나도 없었다. 그들에게 보여준 관심에 대하여는 씩씩하게 "고맙습니다"라고 답했다. 그들의 만족감은 임시적이지만 안전하다고 느끼는 데에서 오는 것뿐 아니라, 어떻게 되었나 궁금하게 생각되던 몇몇 장교들의 건강한 모습을 다시 보는 데에서 오는 것이었다. 그곳에서 나는 몇몇 사람과 악수를 하면서 마음이 뜨거워졌다. 진실로 그 며칠의 기억이 내가 프랑스 국민에 대하여 절망에 빠지려고 할 때 나를 지켜주었다.

우리 지휘관으로 한 장군이 왔는데, 그는 다른 사람에게처럼 자신에게도 엄격하고 군인정신에 매우 충실한 좋은 사람이었으나, 심리적인 감각이 다른 자질에 미치지 못하는 사람이었다. 그는 부대 분위기가 잘 정돈된 병영답지 않다고 판단하고 그것을 고치려고 했다. 장교들의 시찰이 잦아졌고 복장의 결함에 대한 지적이 사방에서 쏟아졌다. 신문들이 이미 거창하지만 어느 정도 정확함도 없지 않게 이름 붙인 플랑드르의 지옥으로부터 벗어난 우리 중 많은 사람이 우리가 머물고 있는 마을에 아내를 불러올 수 있을 것이라고 기대했다. 이 점에서는 평범한 사병도 적어도 장교들만큼 평등해지리라고 생각했다. 장군이 노했다. 전사는 원한다면 사창가에 갈 수 있다, 그러나 부부간의 포옹은 그에게는 연약함의 죄에 해당한다는 것이다. 우리의 새 지휘관은 그의 방식으로 공정한 사람이었으므로 전에 그보다 먼저 우리를 지휘한 나이 많은 예비역 장군에게 15일간의 근신 처분을 내렸다. 그 예비역 장군이 어느 날 저녁, 나이든 아내와 팔짱을 끼고 있는 것을 보았다나? 사람들은 웃었다. 졸병들이 그것으로 위안을 받은 것도 아니다. 며칠 사이에 사기가 바뀌었다. 의미심장한 조짐이었다. 이제까지 장교에게 친절하고 정중하게 하던 인사가 억지로 할 수 없이 하는 것으로 바뀌는 것이 확실히 보였다. 소위 군기 잡기가 기막히게 빠른 속도로, 전선에서 돌아와 다시 그곳으로 돌아가야 하는 —— 당시에는 그렇게 생각했었다 —— 군대의 건강하고 좋은 분위기를 망쳐버렸다.

1914-18년에 독일 점령하에서 살았고 지난 몇 주 동안 그것을

다시 겪은 사람들 중 여럿이 서로 의논하지도 않았는데 같은 사실을 말했고 나는 그 말에 매우 놀랐다. 독일제국 시대의 군대에 비하여 나치 체제하의 군대 분위기가 "더 민주적"으로 보인다는 것이었다. 장교와 병사 사이의 거리는 넘어서기가 덜 어려워 보인다(그러나 장교들은 여전히 인사를 잘 받아주지 않는다. 내가 직접 본 일도 있다). 위로부터 아래까지 사람들은 공동선 안에 합치되고 있음을 더욱 확실히 느끼고 있었다. 거칠다고 해서 우리가 그 힘을 느끼지 못할 리 없는 신비주의가 실현한 마음의 일치를, 우리 국민정신과 매우 다르고 아마도 프로이센에서조차 없어진 프로이센적인 옛 전통에 지배되어 위태롭게 한다면 그것은 참담한 일일 것이다.

그것이 옳은 일이거나 그른 일이거나 간에, 프랑스 군대는 옛날식 처벌을 충분히 없애지 않았다. 반면 사령부는 적이 준 몇 개월의 유예기간을 이용하여 간부급에게 필요한 숙정을 할 수 있었고 그렇게 해야 했음에도 불구하고 그렇게 하지 못했음이 확실하다. 전투가 벌어지던 동안에 제1군에서 몇 명을 요란하게 좌천시켰다. 그러나 그때까지, 즉 그렇게 늦을 때까지 기다려야 했는가? 왜냐하면 이미 전부터 몇 가지 결함을 잘 알고 있었기 때문이다. 또다른 예가 필요한가? 우리 사령부의 지휘관은 나이 많은 장교였는데 어린아이같이 친절하기는 했지만 그가 적절치 않은 인물이라는 것은 모두 아는 일이었다. "나는 32년째 도통 뭐가뭔지 모르겠어"라고 그는 자주 말했다. 이 순진한 고백을 우리는 많이 비웃었는데 그것이 입에서 입으로 전해져 최고위급 지휘관들의 귀에까지 들어가지 않을 리 없었다. 사실, 브라비다 대위님의 존경할 만한 경쟁자의 권한은 우리가 보앵에 머물러 있는 동안은 그리 중요한 문제가 아니었다. 그러나 일단 전투가 벌어지자 그것은 훨씬 중요해졌다. 규정에 따르면 그 안에는 특히 참모부의 차량부서의 지휘도 포함되어 있었고 불행하게도 그것은 5월 10일 이후에도 그 이전과 마찬가지로 부족한 점이 많았다. 다른 한편 그 정도 지위의 장교를 해임하는 것은 확실히 총사령관이나 군 사령관의 이동만큼 어렵지는 않을 것이다. 우리는 그 우스꽝스런 대대장과 겨울 내내 그리고 전투 중에도 계속 같이 있었다. 그러나 전투 중에는 그를 거의 보지 못했고 됭케르크에서 배를 타려는 시점에 그가 아무도 모르게 사라져버렸다. 어떻게 된 것일까? 그의 마지막은 전설이 되었다. 우리가 그 점에 대하여 아무것도 모른다는 것을 고백하고, 그가 단순히 프랑스를 위해서 죽었거나, 또는 운 나쁘게 포로가 되었다고 상상하는 것 —— 사실 그럴 가능성이 높다 —— 이 낫겠다. 그가 자신의 평범한 능력에 훨씬 넘치는 지위를 얻게 된 것은 물론 그의 잘못이 아니다. 이런 경우가 그 하나만이 아니었다. 1914년에 조프르 장군이 시행한 거친 손길이 우리에게는 없었다. 우리에게는 그의 젊은 후계자들이 필요한 것이다. 이들 중 일부는 아직도 살아 있었다. 그러나 늙고, 명예를 얻고, 오랫동안 사무실에서의 성공적인 삶으로 망가진 상태인 것이다.

왜냐하면 나는 사령부의 나약함의 원인이 평화 시에 생긴 습관에 있다고 생각하기 때문이다. 서류작성증이 거기에 크게 기여했다. 매우 중요한 정보를 유일한 담당장교에게 전달하지 않은 제2국의 우두머리를 사기업의 거대한 부서의 장이라고 잠시 가정해보자. 내가 생각건대 사장은 그를 불러 문을 닫고 진실을 말한 후, 따끔하게 "그런 일이 다시는 없도록 하게"라고 말하고 일하러 돌려보낼 것이다. 그리고 그는 아마도 다시는 그렇게 하지 않을 것이다. 이제 내가 현실에서 경험한 바를 살펴보자. 내가 내 직속 상관으로부터, 그 다음 참모장으로부터 그리고 군 사령관으로부터 직접 잘못한 장교에게 질책을 내리도록 하려면 그들에게 서류를 제출해야 할 것이다. 더욱 한심한 것은 이 서류가 계서제의 신성한 규칙에 따라야만 군단 사령관에게 갈 수 있다는 것이다. 왜냐하면 각 단계마다 우두머리끼리만 서로 연락을 하기 때문이다. 이런 조건 아래에서 사건은 매우 부풀려지므로 모든 사람이 나에게 그것을 하지 말라고 권고할 것이다. 내 서류는 매 단계에서 점점 완화되어 혹시 사령관의 높은 책상에 올라간다고 해도 결국 그곳에 그냥 남아 있게 될 것이다. 거기에다 진급에 골몰하는 사람들의 "말썽"에 대한 두려움을 더해야 할 것이다. 사교적 배려, 현재나 미래의 유력자를 불편하게 할지도 모른다는 두려움은 그들에게 제2의 천성이 되었다. 어느 날 내 제안에 따라서 한 군단의 유류 공급량을 줄이고 그만큼을 다른 군단에 더 보급하도록 결정이 되었다. 그러자 서로 대조되는 문서가 나왔다. 참모장을 대리하는 부참모장은 절약안을 블량샤르 장군에게 서명하도록 했다. 반면 두 번째 군단에게 소비의 증가를 알리는 좋은 소식은 자신이 직접 서명했다. 그래서 그는 나쁜 소식의 경우에는 아무 관계도 없고, 좋은 소식은 자신이 전부 한 것처럼 보이게 하는 것이다. 사람들은 그렇게 자신의 출세를 보살피는 것이다. 야단을 치면 출세에 지장이 있다. 아니 적어도 성격이 강하지 못하면, 때로는 그것이 잘못인 경우도 있지만, 사람들은 그렇게 하면 출세에 지장이 있을 것이라고 우려한다.

끝으로 관행이라는 것은 원래 편리한 것이다. 오랫동안 사무 일만 하는 동안 사람들은 불충분함에 익숙해졌고 그것이 중대한 문제를 야기하는 경우는 드물었다. 시대가 변했으나 관행은 변하지 않았다. 간단히 말해서 평화 시의 참모부는 성격 수양에는 좋은 학교가 못 된다고 할 수 있을 것이다. 그것을 여러 면에서 너무 많이 보게 되었다.[17]

오래 된 군대 내의 격언이 계서제의 계단을 함께 오르는 두 장교 상호간의 감정을 묘사하고 있다. "중위 때는 벗, 대위 때는 동기, 소령 때는 동료, 대령 때는 경쟁자, 장군 때는 적." 내 주변에서 가끔 은밀하게 이야기되고 있는 지휘관들간의 불화에 대하여 내가 잘 이야기할 수 있는 처지가 아님을 독자들이 잘 알 것이다. 싸움은 각 "보호자" 주위에서 불가피하게 충성과 음모의 그물을 짜는 추종자들에 의해서 부추겨졌고, 사령부 내의 한심하게 많은 기구들이 그 터전을 너무나 잘 마련해놓고 있었다. 프랑스 군대에서 명령이나 정보가 연속되는 단계를 거칠수록 그것이 시간에 맞추어 도달하지 않는다는 점 그리고 더욱 나쁜 것은 거쳐야 할 지휘관이 너무 많으면 책임이 그들 사이에서 희석되어 누구도 실제로 책임을 느끼지 않게 된다는 점을 우리는 결국 알아차렸는가? 우리 군대의 관료주의적 결함은 모

---

17) 거기에는 커다란 문제가 있었다. 조프르의 『회고록』 제1권만큼 확실하게 그것을 말해주는 글은 없다. 이 책에는 전쟁 초 몇 개월 내에 면직시켰어야 하는 장군들의 놀랄 만한 명단뿐만 아니라 많은 것이 들어 있다(예를 들면 1914년 9월 6일 동원된 현직 보병사단장들과 기병사단장들을 태반의 명단도 들어 있다). 다음은 한 군단장에 대한 조프르의 언급이다 : "그는 평화 시의 심성을 전쟁 시의 심성으로 바꾸지 못했다." 그것은 물론 "좌천당한" 지휘관 대부분에도 해당하는 것이었고, 결국 평화 시 지휘관의 거의 반이 이에 해당했다. 그런데 전쟁을 빼놓고 다른 모든 것에 대비하도록 하는 것이 군사교육이라면 그게 무슨 소용인가?(1942년 7월)

든 단계에 만연해 있었다. 만일 유류담당 부서에서 우리가 문자 그대로 규정을 지켰다면 집행자와 군단의 파견원 사이에 세 단계 정도의 간격이 생겼을 것이라는 점을 나는 이미 말했다. 보병연대장과 사단 사이에 보병사단의 참모부가 차단막 역할을 했다. 내가 보병이었을 때 우리는 그것을 "지연시키는 기구"라고 말했다. 그 후 그 별명의 존재이유가 없어졌다면 놀라운 일일 것이다. 보다 위에는 군이 있다. 군단은 원칙적으로는 단순히 전략을 조정하는 기구이지만 자주 이 역할로부터 벗어나려고 했다. 북동부 전장의 사령부는 알프스를 제외한 모든 국경의 전쟁 수행을 맡고 있다. 그리고 최종적으로 육군 총사령부가 있다. 마지막 두 단계 —— 또는 사람의 이름을 사용하여 조르주 장군의 참모부와 가믈랭 장군의 참모부 —— 의 권한을 나눌 때 나는 총사령부의 새로운 조직에 대한 보고를 들었다. 강연자는 가능한 한 명확하게 이야기했으나 그의 강의 내용에서 어느 정도 명확한 결론을 끌어내지 못한 사람이 나 혼자만은 아니었다. 불가피하게 혼란이 생기고 영역의 침범이 이어졌다. 그 후 내 귀에까지 들어온 여러 소문들은 내가 틀리지 않았음을 확인시켰다. 게다가 우리는 사원의 가장 깊숙한 곳에 숨어 있는 참모부 제3의 핵심, 즉 총사령관의 비서실은 계산에 넣지 않았다.

그 모든 것이 나와 멀리 떨어진 곳에서 진행되었다. 반면 나는 부서 상호간의 경쟁에 대해서 그리고 최고 정점 가까이 있는 총참모부(즉 총사령부)와 군 참모부(즉 국방부) 간의 경쟁에 대해서 정확하게 판단할 수 있는 기회가 많이 있었다.

내가 만나본 가장 뛰어난 장교 중의 하나 —— 내가 이전에 우리 부서의 비서들에 대한 배려를 이야기한 일이 있는 중령 —— 가 어느 날 나에게 말했다. "참모부 안에는 부서가 따로 없어야 하는데." 그것은 부서로 나누는 것이 불가피한 일일지는 모르나 매우 큰 위험을 내포하고 있다는 의미였다. 왜냐하면 각 부분의 위험은 모두 거의 필연적인 경향에 의해서 그 자체가 전체가 되지만 밀폐된 작은 집단은 그것이 한 부분뿐이라고 생각하기 때문이다. 전략가들이 모여 있어서 비꼬는 말로 "두뇌의 트러스트(기업합동)"라는 별명이 붙어 있는 제3국은 보통 수재 중의 수재들이 모여 있는 곳으로 통한다. 사실 가장 중요하고 민감한 자신들의 역할에 자부심을 느끼고 있는 이 부서의 장교들은 전술의 핵심적인 자료로부터 멀리 떨어져 있는 동료들과 긴밀하게 협조하려고 하지 않는다. 그들은 때로는 구체적 활동이 없이는 전투지도에 그려진 아름다운 화살표도 공허한 표시로 남아 있을 텐데도 그런 활동을 너무 무시하는 것 같다. 다른 이유에서이기는 하지만 비밀주의에 빠져 있는 제2국도 마찬가지이다. 몇몇 성미 까다로운 사람을 제외하면 형식에서의 세련됨의 추구는 그대로 남아 있었다. 그것은 그들의 오불관(吾不關)의 태도를 효과적으로 보호해준다. 이런 통하지 않는 칸막이들이 도처에 있다. 그러나 내 경험에 의하면 그것이 사령부의 꼭대기, 다시 말해서 총사령부만큼 철저한 곳은 보지 못했다.

1월 어느 날, 나는 그곳에서 제2국과 제4국의 공조활동을 얻어내기 위해서 오후 내내 노력했으나 성공하지 못했다. 독자들도 짐작했겠지만 그 문제는 휘발유에 관한 것이었다. 그것이 중요한 문제가 아니라고 판단할 수도 있다. 그러나 그것이 제3자와도 관계된 문제이므로 나는 지금도 그들을 직접 끌어들이지 못하고 약간 에두르는 말을 쓸 수밖에 없다. 조그만 중립국 안에 프랑스 국경과 독일 국경으로부터 거의 같은 거리에 있는 어느 지점에 연료 저장소가 있었다. 나에게 일상적으로 보고를 하는 사람이 상당한 규모인 저장 탱크의 용량을 말한 후 이렇게 덧붙였다. "원하신다면 제가 그것을 항상 가득 채워놓아 귀국 군대가 이 영토 안에 들어오는 경우 보급을 쉽게 하도록 할 수가 있습니다. 또는 그 반대로 이 귀중한 자원을 독일군 손에 넘겨주지 않기 위해서 당신들에게 꼭 필요한 만큼만 남겨둘 수도 있습니다. 프랑스 참모부에서 결정할 일입니다. 그 지침이 저에게 하달되는 대로 어느 쪽이든 실행하겠습니다." 결국 우리 사령부가 독일이 중립국을 침범했을 경우, 적과 우리 중 누가 먼저 그곳에 도달할 것이라고 판단하는가가 문제였다. 그것은 내 개인적인 권한을 넘어설 뿐만 아니라 그 부분의 국경에 주둔한 군대는 내가 소속된 군이 아니었고, 우리 군단에도 소속되지 않았다. 따라서 총사령부로 가서 지침을 구하는 것 외에 다른 방법이 없었다.

나는 다른 보고할 일도 있고 해서 우선 제2국을 방문했다. 내가 그 중요한 문제를 이야기하자 그곳 담당자들이 말했다. "우리는 정보를 제공하기 위해서 있지, 결정을 내리기 위해서 있는 것이 아닙니다. 제4국에 가보세요." 틀린 말은 아니었다. 그러나 그들은 나와 함께 가주지는 않았는데 그 이유는 그들이 더 잘 알고 있었다. 더구나 내가 담당 참모장이나 그 대리자에게 직접 말하는 것이 더 자연스러운 일이었을 것이다. 그러나 사정을 모르는 사람이 지성소(至聖所)의 문을 직접 두드리지 않는가? 나는 헌병이 잔뜩 서 있는 긴 라 페르테-

수—주아르 거리를 따라서 제4국으로 갔다. 그곳 사무실의 배치는 나에게 이미 익숙했다. 사람들은 나를 이 방에서 저 방으로 보냈다. 어디에서나 답은 같았다. "적에 대해서는 모릅니다. 우리는 프랑스 보급품을 당신들에게 공급합니다. 그게 전부입니다. 그런데 당신의 제보자는 확실한 사람입니까? 그가 우리에게 함정을 파논다면?"

"제2국이 정보의 가치를 보증합니다."

"오! 제2국! 그런데 그들이 휘발유 문제까지 관여합니까? 그곳에서 당신 문제를 취급하기 시작했으면 계속하라고 하십시오."

"좋습니다. 그러나 당신이 그렇게 생각한다면 당신이 직접 전화하시는 것이 좋겠습니다."

나는 적어도 이런 만족을 얻었다. 사건의 처음부터 끝까지 대화가 약간 비꼬는 투였다. 각자가 처리를 남에게 미루었다. 몇 분 이야기한 후에 제2국은 냉랭하게 "그것은 우리와 관계가 없습니다"라고 이야기를 끝냈다. 이와 같이 땅 주인들이 중간에 놓인 담을 가지고 싸움을 하고 있었다. 프랑스 군의 이해관계에 대해서는 아무도 생각하지 않았다. 워낙 고집스러운 성격 탓에 나는 제4국과 다시 대화를 시도했다. 여러 단계를 지나서 사람들은 나를 두 명의 중령에게 보냈다. 나는 아주 열심히 설명했다. 내 계급이 낮은 데에 비하여 아마도 지나치게 그랬던 것 같다. 나는 제때에 내가 계급에 맞게 지켜야 할 예의의 한계를 넘어서고 있음을 알아차렸다. 말썽이 일어나면 내 일이 성공할 가능성을 돌이킬 수 없이 완전히 무너뜨리게 될 것이므로 나는 즉시 멈추었다. 따라서 나는 어쩔 수 없는 절망감에 빠졌다. 내가 얻은 것이라고는 몇몇 막연한 약속뿐이었다 : 필시 이 문제를 그 부서의 담당 참모장에게 보고할 것이다 ; 그가 혹시 이 문제를 작전국 동료에게 알릴 필요가 있다고 생각할지도 모른다.……화난 사람이나 미친 사람으로부터 벗어나려면 그의 기분을 약간 맞추어주는 척해야 한다. 사실 나는 그 후에 아무런 이야기도 듣지 못했다.

그러나 나는 국경 저쪽에서 아무런 사심 없이 개인적인 위험에도 불구하고 우리에게 도움을 준 "협력자"에게 아무 답도 주지 않고 그대로 있을 수가 없었다. 그의 제안으로 얻을 수 있는 실질적인 이익만이 문제가 되는 것이 아니라 우리의 침묵이 프랑스 사령부의 우유부단함을 외국에 노출하는 것이기 때문이다. 우리 자신이 그 사실을 인식하는 것만으로도 기막힌 일이었다. 중간 역할을 한 민간인 프랑스 친구와 합의하여 나는 그쪽에 "저장고를 채우지 말라"고 말하게 했다. 엄청난 권한 남용이었다. 이후 전쟁의 추이로 보아서 나는 크게 양심의 가책을 느끼지 않아도 되었다. 우리가 예견한 대로 폭풍우가 몰아닥치자 독일군이 먼저 도착했던 것이다.

나는 휘발유 비축 상태를 조사하면서 우리가 독일군에 대항해서 수행하거나 준비하고 있는 전쟁과 병행하여 우리 내부에서 또다른 엄청난 전쟁이 진행되고 있는 것을 볼 수 있었다. 그것은 라 페르테-수-주아르에 있는 총사령부와 파리에 있는 국방부 간의 경쟁이었고 그 전통은 아마 오래 전 샹티이 사령부 시절의 조프르 장군과 갈리에니 장군 시대까지 거슬러올라갈 것이다. 첫번째 조사에서 벨기에 저장소에 대한 자료를 충분히 얻지 못했다. 우리측 제보자는 더 많은 정보를 제공할 준비가 되어 있었다. 그러나 어떤 경로를 통해서 그에게 우리의 필요를 알린다는 말인가? 그를 파리로 부르는 것은 생각할 수 없었다. 다른 한편 그는 그 만남이 자신을 위험에 노출시킬 수 있었으므로 무관이나 정보부 요원과의 어떠한 접촉도 원하지 않았다. 대개 정보부 요원들은 점잖은 무역업자보다는 돈을 주고 고용한 제보자와 접촉하는 데에 익숙해 있고, 게다가 휘발유에 대해서는 별로 아는 것이 없기도 했다. 가장 간단한 것은 우리 프랑스측 연락책에게 자연스럽게 사업상의 이유로 직접 브뤼셀에 가보도록 하는 것이라고 생각되었다. 이 문제에 대해서 관심을 가지고 있던 군단 제2국의 견해도 마찬가지였다. 그의 희생을 여행에 드는 시간을 잃는 것으로 제한하고, 그외에 경찰서나 대사관의 대기실에서는 오래 기다리지 않고 필요한 비자를 얻을 수 있도록 하는 문제가 남아 있었다. 일은 별로 어려워 보이지 않았다. 나는 내 측근에 대하여 할 수 있는 이야기가 많았다. 여행할 사람이 파리 사업계에 잘 알려져 있고, 존경을 받는 인물이며, 사업상 국방부와도 긴밀한 관계를 맺고 있었다. 그리고 군단과 그 위의 총사령부가 보증을 하고 있었다. 그러나 국방부의 제2국을 거쳐야 했다. 군단이 총사령부를 대신하여, 그리고 군단 자체의 이름으로도 확실히 추천을 함에도 불구하고, 혹은 바로 그 이유 때문인지도 모르지만, 담당자들은 우리의 이야기를 들으려고 하지 않았다. "우리는 이 사람을 모릅니다. 그가 하려는 일을 알 수가 없습니다."(우리가 그들에게 그 일을 자세히 설명했다는 사실은 더 말할 필요도 없겠다) "우리는 책임을 질 수가 없습니다. 그에게 알아서 하라고 하십시오." 실제로 그가 알아서, 귀찮은 절차를 통해서 해결했다. 다행히 그의 개인적 친분관계로 그 과정을 약간 줄일 수 있었다. 이리하여 나는 단일한 프랑스 군대가 있는 것이 아니라 군대 내에 여러 배타적 영역이 있다는 것을 전보다 더욱 확실히 알게 되었다.

나는 한 번 더 그것을 더욱 확실히 그리고 더욱 비극적인 상황에서 보게 되었다. 플랑드르 전투에서 살아남은 사람들을 모아서 노르망디에서 군대 비슷한 것이라도 다시 만들려고 할 때였다. 당시 우리는 끊임없이 이 장군에게서 저 장군에게로 소속이 바뀌었다. 장군은 어떤 때는 당일로 바뀌기도 하면서 사령부를 맡으면 즉시 전임자가 시작한 것을 취소했다. 우리를 희생시켜가면서, 아니 나라를 희생시켜가면서, 우리 머리 위에서 총사령부와 국방부의 극심한 싸움이 계속되었다. 원칙적으로 적어도 초기에 우리는 후자에 소속되었다. 노르망디 지방이 전선으로부터 아주 멀리 떨어진 지방으로 간주되어(그러나 당시 전선은 솜 강 선상에 있었다) 군사지역이 아니었기 때문이다. 그러나 우리를 필요로 하는 곳은 총사령부였다. 내가 다시 말할 필요도 없이, 이러한 대결이 우리의 재결집과 재무장을 빠르게 하는 데에 도움이 되지 않았다는 점을 쉽게 알 수 있을 것이다. 적은 문자 그대로 도시의 문 앞에 있거나, 이미 그 문을 넘어서 있었다. 그래도 당파들은 대립을 멈추지 않았다. 문제가 된 것은 정당들이 아니라 군대의 파당이었고 따라서 더욱 그 죄가 컸다.

개인적 용기는 군인이라는 직업을 선택하는 사람이 갖추어야 할 여러 직업적 덕성 중 가장 필요한 것이다. 그것은 사실 집단의 양심에 필수적이어서 당연히 갖추고 있는 것으로 간주하는 것이 보통이었다. 나는 현역장교 대다수가 이 용감한 전통에 충실하다고 확신한다. 여기저기에서 볼 수 있는 예외 —— 나는 지난 전쟁에서 한두 명을 알고 있고, 이번 전쟁에서도 몇 명을 볼 수 있었다 —— 가 집단 전체의 명예를 손상하는 것은 아니다. 그것은 단지 수도복을 입었다고 수도자가 되는 것이 아니라는 점을 증명할 뿐이고, 또한 그 직업이 무슨 일을 하는지도 생각해보지 않는 상상력이 부족한 사람은 어디에나 있기 마련이다. 예를 들면 부대에서의 생활이 어느 날 전쟁으로 변할 수 있다는 것을 생각하지 않고 군인의 직업을 택하는 것이다. 이 허약한 사람들은 결국 무엇보다도 판단을 잘못한 가련한 사람들이다. 그런데 위험을 무시한다는 것에 뉘앙스와 정도의 차이가 있다. 그러나 어떻게 우리의 기억 속에 있는 은밀한 수치심을 건드리지 않으면서 이 점에 대하여 좀더 자세히 이야기할 수 있겠는가? 불을 본 사람은 그것을 잘 안다. 가장 강인한 사람도 두려움을 억제하는 것이 매우 어려울 때가 있다. 반면 같은 사람이 어떤 때는, 전혀 노력하지 않고도 마치 필요한 행동이나 습관 또는 단순히 정신적 안정의 자연스런 결과처럼, 두려움에 무관심할 수 있다.

따라서 용기는 경력이나 계급과만 관계된 일이 아니다. 두 번에 걸친 전쟁 경험 —— 특히 제1차 세계대전 —— 으로 보아 나는 어느 정도 건강한 사람에게 그것만큼 널리 퍼져 있는 성향은 없다고 생각하게 되었다. 적어도 대부분 정신이 건전하고 육체가 건강한 우리 국민들에게는 그렇다는 말이다. 장교들은 대개 용감한 병사는 거칠고 모험적인 사람 또는 깡패 중에서 나온다고 잘못 생각한다. 나는 이와는 반대로 거친 사람들은 조금 장기적인 위험에 잘 견디지 못하는 것을 언제나 보았다. 용기를 보여주는 것, 그것은 병사에게는 자신의 직업을 잘 수행하는 것을 의미한다. 성실한 젊은이는 일반적으로 일상

생활에서 매일의 의무를 충실히 지킨다. 작업대에서, 들에서, 계산대에서 그리고 지적인 일을 하는 책상 앞에서도. 그는 폭탄이나 기관총탄 아래에서도 자연스럽게 담담한 마음으로 그 순간의 의무를 다할 것이다. 특히 성실하게 임무를 다하는 타고난 욕구에 집단적 본능이 더해질 때 더욱 그렇다. 집단 본능은 병사가 전우를 버리지 않도록 하는, 반은 비이성적인 충동으로부터 국민 공동체에 바치는 희생에 이르기까지 다양하게 나타난다. 그러나 가장 기본적인 형태가 부지불식간에 가장 높은 단계에 이르게 된다. 1914-18년에 나는 노르도와 파-드-칼레 도의 광부들만큼 용감한 전사를 보지 못했다. 한 명 정도가 예외였는데 어느 날 우연히 이 겁쟁이가 "노랭이", 즉 파업을 깨뜨리기 위해서 고용된, 노동조합에 가입하지 않은 노동자라는 것을 알게 되기까지 나는 오랫동안 이 예외를 놀랍다고 생각하고 있었다. 여기에서 어떤 정치적 입장이 문제가 되는 것은 아니다. 단지 평화 시에 계급의 연대감이 없거나, 이기적이고 직접적인 이해관계를 초월하는 능력이 없는 사람에게는 전장에서도 그것이 없었다. 베르됭과 솜 강 보병대의 사병은 예비병들이었고 장교들도 대부분 예비역이었다. 유류 저장소와 유류 보급차를 담당한 내 믿음직한 친구들 역시 나이가 나와 엇비슷한 예비병들로서 적에게 기름을 남기지 않기 위하여 수없이 저장 탱크에 불을 놓았다. 이동하는 전선에 아주 가까이 있는 전차에 기름을 공급하기 위해서 그들은 보급 파이프를 말아 올릴 시간도 없어서 수도 없이 그것을 긴 꼬리처럼 차 뒤에 끌면서 유조차를 몰아야 했다. "후방 복무"로 간주되어, 그들은 대부분의 경우 무기도 지니지 않았다. 직업은 평범하게 운전사였으나 마음이 넓은 한 병사는 보급 도중 치명상을 입자 후송되는 것을 거부했다. "나는 끝났습니다. 떠나세요. 나 때문에 동료가 다치는 것은 원치 않습니다." 내가 겪은 4년간의 다른 전쟁 —— 진짜 전쟁 —— 동안 나는 이런 예를 가까이에서 볼 수 있었다. 여기에서 그치겠다. 내가 더 계속한다면 날이 새도 부족할 것이다.

그러나 이번 전쟁에서 사람들은 군대, 특히 장교의 허약함에 대하여 많이들 이야기했다. 지휘관의 차가 당황하고 있는 보병들보다도 앞서 달아났다고 수군거렸고 자신의 위치를 버린 예도 들었다. 상부에서 내려온 "도망치라"는 명령도 들먹였다. 내가 거기 있었던 것은 아니다. 그러나 전설을 이야기하기 위하여 직접 중요한 사건에 참여했어야 할 필요는 없다. 패배한 국민은 가늘롱(롤랑의 이야기에 나오는 배반자/역주)을 찾기 마련이고, 더 나아가서는 패배의 책임을 몇몇 지도자에게 떠넘기려고 한다. 그러나 내가 염려했던 대로 이 모든 소문이 전부 거짓만은 아니라는 점을 인정하자. 그리고 참모부의 동료들이 가끔 말한 것처럼 전투부대에 정말로 "지휘관의 위기"가 있었음을 인정하자.[18] 이 점에서도 역시 최고사령부의 책임이 크다.

---

18) 2년 동안 많은 증언을 수집한 후, 현재 나는 군대의 지휘의 결함이 패전 직후 내가 생각했던 것보다 훨씬 많다고 생각한다. 따라서 내 글을 그대로 둔다. 진실에 더 가깝기 위해서는 오히려 그것을 강하게 말해야 할 것이다. 고백은 고통스러운 것이고 내가 그것을 쉽게 하고 있는 것이 아님을 알아주기 바란다. 고위 집단(예비역 장교거나 현역장교거나)의 도덕성의 위기는 우리가 감히 상상하는 것보다 훨씬 심각했다. 그것이 모든 사람에게 전염되지는 않았다는 사실도 잘 알고 있다. 이러한 허약함이 있는 반면 같은 분위기 아래 얼마나 아름답고 용기 있는 행동들이 있었는가! 이런 정반대의 것 때문에 역사에서 뉘앙스를 표현하기가 어려운 것이다. 또 일부 국민 계층의 집단적 도덕 위기와 같은 사람들의 위기에 대한 반응에 대하여도 오늘 우리는 너무도 잘 알고 있다. "대독 협력"이 그 확실한 시금석이다(1942년 7월).

군대의 중간층과 하급장교들은 상당 부분 병영의 나이 많은 장교들이 맡았다. 그런데 일부 사람들이 생각하는 것처럼, 일상적으로 하는 자세한 점검, 연병장에서의 훈련, 부대 내 규율 지키기의 자잘한 사건들이 갑자기 규율의 지침이 없어진, 전사의 모험으로 가득 찬 삶에서 병사들을 직접 지휘할 수 있도록 효과적으로 준비해준다고 생각하는 것은 크나큰 환상이다. 아주 새로운 상황이 요구하는 자질의 개발에는 민간인 직업이 훨씬 나은 학교이다. 적어도 그것이 행동조건의 변화에 적응하는 것과 같은 인간적 책임을 포함하고 있는 경우라면 말이다. 게다가 별로 일이 많지 않은 하급 관료직의 무기력한 분위기를 더해보자. 왜냐하면 명예의 측면에서는 다르지만, 평화시의 상당수의 대대장이나 대위들의 일상적인 존재방식이 바로 그러했기 때문이다. 정말로 열성적이거나 또는 강력한 의무감을 가진 사람만이 이러한 독소(毒素)로부터 벗어날 수 있다. 모든 사람이 그렇게 고귀하지는 않다. 5월 10일까지 기다리는 동안 필요한 숙정을 하고 그 다음 역시 필수적이었던 젊은 사람으로 바꾸는 일도 할 수 있었을 것이다. 성격이 경직화되는 것을 막기 위해서는 관대한 피가 흐르는 육체에 아직 유연한 두뇌만한 보호막도 없다. 쿠아녜 대위(나폴레옹 근위대의 척탄병 하사관. 후에 대위가 되었다/역주)도, 나폴레옹 전쟁 시의 그의 경쟁자들도 확실히 천재는 아니었으나 그들은 겨우 성년이 된 사람들이었다. 한편 독일군은 지나면서 잠깐 본 것뿐이지만 우리와 비교해서 확실히 젊어 보였다. 우리가 이미 알고 있는 바와 같이 우리는 쓸데없는 가지를 쳐내지 않았다. 게다가 우리는 예비역 하사관에게 약간의 교육을 더 시켜서 소위나 중위 계급으로 올려주는 일도 충분히 하지 않았다. 1914년의 경험에 의해서 이들 중에 권위와 능력과 열성을 가진 사람이 많다는 점을 모르지 않으면서도 말이다. 나는 그들의 상관인 대령이 그들이 사관후보생 과정에 나가는 것을 막은 경우를 알고 있다. 대령에게 그들이 매우 필요한 사람이기 때문이라고 하지만, 아마도 "연줄"이 충분하지 않았기 때문일 것이다. 전장의 화염이 분류해주기를 기대했나? 그것은 전쟁이 4년간 계속되지 않을 수도 있었다는 점, 아니 사실상 1914년 8월의 첫 전투부터 해협쟁탈전(1914년 9월 초 마른 전투에서 프랑스 군이 독일군의 전진을 저지하자 양측 군대는 해안선을 차지하기 위하여 대서양 쪽으로 전선을 연장하는 전투를 벌였다. 이것이 해협쟁탈전으로 1914년 12월경까지 계속되었다/역주)까지도 가지 않을 수 있었다는 점을 잊어버리는 것이다

나는 이미 뜻밖의 사건이 가져오는 결과에 대하여 충분히 강조했다. 이 말은 순전히 전략적인 의미로만 이해되어서는 안 된다. 최악의 무력감은 뜻밖의 전쟁속도가 가져온 놀라움과 경악으로부터 비롯되었다. 교육자들은 이들에게 완전히 다른 전투의 모습을 준비시켰던 것이다. 이 심리적 충격은 전투부대 장교들에게도 예외가 아니었다. 그러나 피해는 전방 후위에 있는 몇몇 부서, 즉 기지, 요새, 전선 참모부에서 다른 어느 곳보다 더욱 확연했다. 그곳에서도 모든 곳에서처럼 몇몇 강인한 사람들이 시련에 저항했다. 나는 제1차 세계대전시 부상한 경험이 있는 한 기지 사령관이 전차 분견대를 빼내기 위해서 지원한 사실을 알고 있다. 불행하게도 다른 데에서는 후퇴가, 아마도 불가피했던 점이 사실이겠으나, 종종 패주의 성격을 띠었고

미리 그렇게 가기도 했다. 총사령부는 한 작전지역의 사령관인 장군을 그의 관할구역으로 돌려보내야 하기도 했다. 이 지휘관은 적이 멀리 있지 않다고 개인적으로 판단하여 명령도 없이 주둔 도시를 포기했던 것이다. 이런 식의 허약함은 이것이 유일한 예가 아니고, 그것은 처벌하여 마땅하다. 허약함은 동정을 불러일으키기도 한다. 다른 상황에서라면 아마 그 사람들도 매우 명예롭게 행동했을 수 있다. 운명이 그들에게 지정한 곳에서 그들의 일상업무는 평화 시의 일을 연장하는 것이었고 정신적 분위기는 사무실이나 관할구역의 먼지 냄새를 피웠다. 특히 그들은 전선에 배치되기로 되어 있지 않았다. 적이 약속을 파기한 것이다. 군인으로서는 대부분 너무 늙은 이 정직한 봉사자들에게 격전 중에는 언제라도 후방이 전방이 될 수 있다는 점을 왜 미리 설명하지 않았던가?

기가 막힌 일은 이와 같은 황망함이 훨씬 큰 책임을 맡은 그룹에게도 있었다는 점이다. 참모부의 요직을 맡은 장교들 속에서도 매일매일 이와 같은 현상이 진행되는 것을 우리는 여러 차례 공포심을 가지고 지켜보았다. 특히 작전의 지휘를 직접 맡은 사람들 사이에서 그랬다. 첫번째 증상은 공포로 가득 찬 눈초리, 잘 깎지 않은 수염, 작은 일에도 몹시 흥분하다가 갑자기 더없이 조용해지는 신경과민 상태 등 아직은 외적인 것이었다. 한 지휘관이 "그게 무슨 소용인가?"라고 말하기 시작하면 부하들은 주의할 필요가 있었다! 그 다음 단계는 절망의 늪에 빠지는 것이다. 그 상태에서는 행동을 북돋우기보다 조는 듯한 게으름 속에서 피난처를 찾으려고 한다. 나는 제3국의 소파에 주저앉아 있는 사람들보다 더 의기소침한 광경을 보지 못했다. 물론 사람들은 때로는 있을 수도 없는 환상, 특히 구원군이 다른 나라로부터 올 것이라는 환상에 매달리기도 했다. 아티슈에서, 구원군이 "빠른 속도로" 아라스와 바폼 쪽으로 오고 있다는 소식에 사람들이 하루 종일 흥분했던 일이 있다. 그 다음에는 의지가 최저 단계로 떨어지는 무력증으로 빠진다. 이런 예는 최고위층에서 발견된다. "장군님, 원하시는 대로 하시지요. 그러나 적어도 무엇이든 하십시오." 내 동료 중 한 사람이 어느 날 랑스에서 한 군단장이 블랑샤르 장군에게 이렇게 말하는 것을 들었다고 한다.

내 경우에는 그보다 더 한심한 소리를 들었다. 아마도 내가 조심성이 없었던 것 같은데 어쩔 수 없었다. 모든 잘못이 다 내 잠자는 습관에서 왔다. 전투기간 내내 나는 되도록이면 지하실에서 잠을 자지 않으려고 했다. 물론 유난을 떨려고 그런 것은 아니다. 내 거부는 훨씬 단순하게, 이성적이고 합리적인 확률계산에 따른 것이었다. 나는 불행하게도 류머티즘이 심했다. 습한 데서 하룻밤을 자면 류머티즘으로 인한 마비증세가 올 가능성이 내 생각으로는 90퍼센트 정도였다. 이에 비하여 폭탄이 사령부로 바로 떨어질 가능성은 얼마나 되겠는가? 그러나 편한 잠자리를 구하는 것이 언제나 쉽지는 않았다. 랑스에서부터 우리는 들것을 침대로 쓰고 있었다. 아티슈 성에서 나는 내 것을 1층에 있는 우리 사무실에 놓도록 했다. 경험한 바에 의하면 그 선택은 좋지 않았다. 내가 근무 중이 아님에도 이틀 밤이나 계속해서 장군들이 그 방에 들어와 나를 깨워서 정보를 묻거나 미로 같은 우리 건물을 안내하게 했다. 일어나지 않고 "옆에 있는 동료를 깨우

십시오. 오늘 제가 숙직이 아닙니다"라고 그들에게 말하기는 정말 어려웠다.

5월 25일에서 26일로 넘어가는 3일째 밤에 나는 드디어 좀더 나은 곳을 찾기로 결심했다. 2층에 나보다 높은 지위에 있는 분들을 위한 방이 여러 개 있었는데 그 사이에 비어 있는 긴 복도가 있었다. 나는 내 침낭을 그곳으로 옮기도록 허락을 받고는 평소대로 아래층에서의 내 일이 늦게 끝난 후 몇 시간을 쉬려고 올라갔다.

이른 아침 나는 문소리에 깨어 대화를 엿듣게 되었다. 어떤 분이 옆 방으로 가서 그 방에 있는 분과 이야기를 하는데 둘 중 누구도 소리를 낮출 생각을 하지 않았다. 방문객이 누구인지는 끝까지 알지 못했다. 계급이 높은 분이었음에 틀림없으나 그의 목소리는 나에게 익숙하지 않았다. 반면 대답하는 분은 내가 아주 잘 아는 분이었다. 그것은 분명히 블랑샤르 장군의 목소리였다. 게다가 오가는 용어만으로도 모든 주저를 없앨 수 있었다. 다른 생각은 없이 그저 복도에서 바람을 피할 수 있는 자리를 고른다는 것이 그만 불이나 마찬가지로 피해야 할 방문 앞을 선택한 것이다. 내가 사태를 파악했을 때에는 이미 내 존재를 알리기에는 너무 늦었다. 오고 간 대화의 일부를 듣게 되었다고 고백할 수 있었겠는가? 어떤 종류의 것이든 거짓말을 싫어하는 나로서도 자는 척 할수밖에 없었다. 게다가 아무도 나를 발견하지 못했다. 그러나 대화는 계속되었다. 나는 애써 들으려고 하지는 않았기 때문에 다 알아듣지는 못했다. 내가 들은 것 중에도 많은 부분을 잊어버렸다. 그러나 내가 확신할 수 있는 것 한 가지, 절대로 부인할 수 없는 것 한 가지가 있다. 나는 블랑샤르 장군이 그렇게 할 수 있었을까 싶게 냉정하게 말하는 것을 들었다. "나는 이중으로 항복할 것이라고 생각합니다." 그런데 그때는 아직 5월 26일이었다! 그리고 우리는 우리 자신을 구하지는 못할 망정 아직은 오랫동안 영웅적으로 그리고 필사적으로 싸울 방도는 있었다. 1918년 7월 상파뉴 지방의 돌출된 전선의, 섬처럼 포위된 전장에서 우리 앞에 있는 많은 수의 독일군 사단을 잡아놓고 그들의 힘을 뺀 것처럼 말이다. 그 후에 나는 이 말을 무거운 비밀로 간직했다. 그것을 다른 누구에게도 말하고 싶지 않았기 때문에 더욱 무거웠다. 그것은 나에게 소름끼치는 일이었고 아직도 나를 소름끼치게 한다

사실 이번에는 말을 돌리지 말고 그것을 인정하자. 그것은 우리 플랑드르 군대의 임종에, 한발 더 나아가 모든 프랑스 군대의 임종에 끔찍한 그림자를 던지고 있는 유령이었다. "항복"이라는 말을 진정한 지휘관은 내밀하게라도 결코 하지 않는다. 생각조차 하지 않는다. 6월 17일에 그때까지 그렇게 많은 명예를 누리던 원수가 한 것처럼 (페탱 원수가 독일군에 휴전을 요청하면서 프랑스 국민에게 "전투는 중지되어야 합니다……"라고 연설했다/역주) 조건이 어떤 것이었든 간에 그것이 확보되기도 전에 "적대행위의 중지"를 요청하려는 의도를 자신의 군대에 발표하지도 않는다. 용맹이 뛰어난 한 동료가 유감스럽게도 유명해진 이 연설을 듣고 나서 나에게 말했다. "아마 우리는 너나 할 것 없이 자신이 있을 것입니다. 그러나 우리 스스로를 위험에 노출하는 것을 피하려는 본능에 빠져버리지 않으려면 과거보다 훨씬 더 큰 노력이 필요할 것 같습니다. 왜냐하면 전쟁의 마지막 날 아침에 죽는 것보다 더 화나는 일은 없을 테니까요! 평범한 병사는

이후 어떤 정신으로 싸우겠습니까?" 진정한 지도자는 무엇보다 먼저 이를 악물 줄 알아야 한다. 그것은 자신이 가지고 있지 않으면 누구도 줄 수 없는 신념을 다른 사람에게 불어넣어주는 것이다. 끝까지 자신의 운명에 대하여 절망하기를 거부하는 것이다. 자신뿐 아니라 자신이 지휘하고 있는 사람을 위해서 아무 소용 없는 치욕보다는 생산적인 희생을 받아들이는 것이다. 바보도 아니고 개인적인 위험 앞에서 비겁하지도 않았던 사람들 또한 불운 앞에서 너무나 빨리 죽었다. 군대의 역사는 그들을 멸시할 뿐이다. "내 주변을 돌아본 뒤부터 나는 바일렌에서 뒤퐁 장군이 어떤 생각을 했을까를 이해할 수 있다(1808년 뒤퐁 장군이 이끄는 프랑스 군이 안달루시아 지방 바일렌에서 에스파냐 애국자들에게 패하여 항복했다/역주)." 5월 말 한 젊은 현역장교의 입에서 이 끔찍한 말을 들었다. 그러나 오히려 바젠(보불전쟁 때 메스에서 항복한 프랑스 장군/역주)이라고 말해야 했을 것이다. 사건이 증명해주었듯이 모든 노력의 최종적인 포기에서 절망은 당파심과 비열한 정치적 야망과 결합했다. 그리고 1940년에 바젠이 성공했다.

지휘관이 시련에 저항하기 위해서는 무엇보다도 지치지 않은 육신과 건강한 정신이 필요하다. 바젠은 단지 정치인만이 아니었다. 그는 또한 지쳐버린 사람이었다. 우리 사령부의 정신적 기백의 급속한 붕괴에는 건강하지 못한 작업조건에도 큰 책임이 있다. 발랑시엔에 있던 초기에는 아마 심각하기는 하지만 당황할 필요까지는 없는 상황이었을 것이다. 그러나 직책상 가장 중요한 결정을 내려야 할 고위직 장교들이 밤을 새우고, 정한 시간 없이 급하게 식사하고, 낮 동안에는 이 사무실에서 저 사무실로 다니며 이일저일을 건드리고, 구원의 방법을 낼 수 있는 침착한 반성의 시간을 가지지 못하는 것을 우리는 보았다. 걱정하지 않을 수 없는 일이었다. 아마도 그들은 육체를 혹사함으로써 금욕주의를 실천하고, 마찬가지로 여기저기 뛰어다님으로써 일하고 있다는 환상을 가졌던 것 같다. 그것은 육체가 항상 복수를 하며, 시간을 잘 조절하여 사용하지 않으면 정말로 생산적인 활동을 할 수 없다는 사실을 잊은 것이다. 가장 조용했던 시기부터 참모부는 언제나 혼란한 분위기를 너무 쉽게 받아들였다. 오히려 반대로 미리부터 시간표를 짜놓았어야 한다. 그것이 물론 전투에서 엄격하게 지켜질 수야 없었겠지만 하나의 지침으로 남아 있어야 한다. 우리는 군대에서 조프르 장군의 전설적인 졸음에 대하여 자주 들어왔다. 왜 그를 본받지 않는가?

그러나 나는 정신력 약화의 주된 원인은 지성과 그 교육에 있다고 생각한다.

20년을 사이에 둔 서로 다른 전투에서 두 번이나 나는 육군대학 출신의 장교들이 그들이 받은 교육에 대해서 하는 말을 들었다. "군사학교가 우리를 속였어." 그러나 그 두 시기에 학교가 같은 것을 가르친 것은 아니다. 확실히 1939년의 우리 지휘관들에게는 1914년의 전략가에게 그렇게도 소중했던 그랑메종(1861-1915, 군사학교 교수. 철저한 공격을 주장하는 그의 전략이 제1차 세계대전 시 프랑스 전략의 기초가 되었다/역주) —— "범죄자"라고 그들 중의 하나가 외쳤다 —— 의 교의보다 낯선 것은 없다. 중포병을 무시한 채 총검을 앞

세우고 요새화한 진지를 향하여 돌진하는 것을 찬양하고 어떤 일이 있어도 공격하는 것 등은 그들의 전쟁관과는 매우 대조되는 것이다. 그러나 교육의 내용보다 더욱 중요한 것은 방법이 충분히 바뀌지 않았다는 점이다.

비판적인 기질의 소유자이나 또한 우두머리의 기질을 가진 T 대위에게 군사학교의 선생들은 "일반적 개념"에 대하여 존경심을 가지도록 하려고 노력했다. 그러나 그는 이 일반적 개념을 재미있게 비난하곤 했다. "일반적 개념이란 존재하지 않는다." 나는 이 비난에 동의하지는 않는다. 사실은, 그리고 T가 근본적으로 말하고 싶은 것은 과학과 기술의 분야에서 한 개념은 구체적 사실의 표상이나 개요로서만 가치를 가진다는 것이다. 그렇지 않으면 그것은 약간의 공백만 메워주는 명찰이 될 뿐이다. 그런데 교수들은 그 사실을 잘 알고 있으며 역사가도 아마 교육에서 사물 대신에 말을 가르치게 되는 위험을 다른 누구보다 잘 알고 있을 것이다. 사실 젊은 두뇌들이 보통 말에 취해서 그것을 사물로 생각하는 경향이 있기 때문에 더욱 치명적인 함정이 된다. 바로 육군대학 출신들이 군대 내의 지식인이고 이 역할에 대해서 자의식을 가지고 있기 때문에 그들의 우월감이 놀라울 정도로 형식에 민감하다는 사실을 나는 그들 대부분에게서 언제나 볼 수 있었다. "자기 나라 땅에서 싸우는 것이 얼마나 슬픈 일인가!" 군사학교에서 우수했던 우리 대령이 1916년 어느 날 다시 돌아오지 못할 솜 강 상류의 참호로 가면서 말했다. 그러나 즉시 그는 계속했다. "그것은 중요하지 않다! 중요한 것은 적이 어디에 있거나 간에 그것을 물리치는 것이라는 점을 전술은 우리에게 가르친다."

우리의 추수가 피해를 입고, 우리 공장이 점령당하고, 우리 철광석이 독일군의 대포를 주조하는 데에 사용되어도, 교과서의 한 구절에서 마음의 평정을 얻으면 그 모든 것은 중요하지 않은 것이다. 이폴리트 아돌프 텐은 나폴레옹의 천재성의 가장 큰 특징이 겉으로 보이는 것들의 뒤에 있는 현실을 명확히 발견하는 능력인 까닭을 몇 페이지에 걸쳐 설명하고 있고, 이것이 그의 매우 복잡한 저서 중에 가장 훌륭한 부분으로 인정받고 있다. 나는 현대의 나폴레옹 후예들이 이 중요한 능력을 많이 잃어버린 것이 아닌가 우려하고 있다. 6월 17일 렌에서도 "진지"라는 근사한 말에 사랑의 묘약에 취하듯 취해 있지 않았던가?

수동적으로 받아들인 교육은 언제나 희미한 흔적만 남길 위험이 있다. 스스로 받아들이는 것이 정신에 더 잘 남는다. 그런데 군사학교 출신인 우리 지휘관이나 동료들 중 가르쳐보지 않은 사람은 거의 없었다. 군대에서 하는 모든 스포츠 중 교육 스포츠가 사실 가장 유행하는 것이다. 그리고 하사관에게 가르치는 이론으로부터 고등군사연구소의 박학한 강의에 이르기까지 군대는 거대한 학교집단과 같다. 나 자신도 강의하는 사람이고 슬프게도 이미 가장 젊은 축에는 들지 못하는 사람이면서 늙은 선생을 믿지 말아야 한다고 말할 수밖에 없다. 그들은 직업경력을 통해서 불가피하게 여러 언어도식을 가지게 되었고 그들의 사고가 낡은 기계처럼 녹이 나 있을 수도 있는 그것들에 집착하게 된다. 게다가 신념과 주의를 가진 인간으로서 그들은 자신이 느끼지 못하는 사이에 학생들 중에서 반대의견을 내는 학생보다는 순종적인 학생을 선호하는 경향을 띠게 된다. 그리고 그 직업 고유의 잘못에 빠지지 않도록 자신의 선입관에 대하여 예민한 비판정신을 가지고 끝까지 유연한 머리를 유지하는 사람은 드물다. 학생이 하급자이고 반대의견이 필연적으로 규율위반으로 보일 때 위험이 커질 수밖에 없지 않겠는가! 참모부의 고위직은 나이든 교수들이 맡고 있으며, 제3국은 보통 훌륭한 학생들이었기 때문에 뽑힌 사람들로 채워져 있다. 그런 상황은 새로운 것에 적응하기에 좋은 조건은 아닌 듯하다.

나는 군사학교가 많은 것을 학생들에게 가르치려고 노력하고 있음을 알고 있다. 시간표 계산, 사정거리 자료, 탄약과 연료의 소비량 등 숫자로 가득 찬 그들의 비망록을 나는 여러 개 가지고 있다. 그 모든 것이 이론의 여지없이 매우 유익한 것이며, 일반적으로 매우 잘 알고들 있다. 그러나 그것과 함께 전쟁정신이라는 것, 필수적이고 위험한 전쟁정신이라는 것이 있다. 스승과 제자가 지도상에서 부대 등을 색색의 화살표로 표시하면서 이동시키고 있는 것을 보라. 그 표시들이 의미하는 현실을 머릿속에 계속 담아두고 있으려면 얼마나 상상력이 풍부해야 하겠는가? 대열의 어려운 전진, 도로상의 수많은 사고, 폭격, 불가피한 지연, 예정된 시간보다 늦게 준비되는 식사, 연락병이 길을 잃거나, 지휘관이 흥분하는 경우 등이 있을 것이다. 예상 밖의 사태, 무엇보다도 적의 예상 밖의 반격에 대비하기 위하여 머리를 유연하게 유지하려면 어떤 훈련이 필요하겠는가?

물론 작전의 골칫거리인 적의 행동을 미리 예상하고 그 대응을 준비하려고 하지 않는 사람은 없을 것이다. 불행하게도 이번 전쟁에서도 이 못된 적은 결코 우리가 예상한 대로 행동해주지 않았다. 사실 그것은 1914년 8월이나 1917년 봄 니벨 장군의 총공격 직전 때도 마찬가지였다. 나는 잘못이 예상을 충분히 하지 않은 데에 있다고 생각하지 않는다. 오히려 반대로 예상이 지나치게 세밀하게 이루어진 것이다. 그런데 예상은 매번 아주 적은 가능성 위에서 이루어진다. "딜강 작전"에 우리가 얼마나 공을 들였는지는 신이 알 것이다. 내가 맡은 작은 일의 경우를 보더라도, 만일 서류를 태워버리지 않았다면 나는 벨기에에서 작전 9일째의 보급이 어떻게 조직되어야 하는지 소상히 말할 수 있을 것이다. 그러나 불행하게도 작전 9일째에 벨기에에는 저장소는 없었고, 후방에도 저장소가 거의 없었다. 특히 평화 시의 학교에서 사람들은 기동훈련, 전술론 등 한마디로 종이를 과다하게 믿고, 무의식중에 모든 것이 쓰여진 대로 진행되리라고 믿는 데에 익숙해 있었다. 독일군이 군사학교의 규정대로 움직이지 않자 사람들은 서투른 연설가가 답을 준비해놓지 않은 질문을 받은 것처럼 당황했다. 사람들은 모든 것을 잃었다고 생각했고 그 후 모든 것을 잃게 되었다. 왜냐하면 그때까지 교의와 말에 묶여 있던 행동을 이끌어가기 위해서는 현실주의, 결정력, 임기응변의 정신 속에서만 그 자원을 구할 수 있는데, 그동안 지나치게 형식에 치우친 교육이 그런 방향으로 두뇌를 훈련시키지 못했기 때문이다.

모든 나라에서 보통 연구되는 전략은 그것이 필요로 하는 구체적인 자료를, 항상 얻어지는 것은 아니지만, 역사에서 구하게 된다. 어떻게 다른 방법이 있겠는가? 전쟁술은 직접 실험해볼 수 없는 기술인 것이다. 자동차 제작자는 새로운 아이디어가 생기면 그 기능을 실험하기 위하여 모델을 만든다. 전술학 교수가 전투 시 양측 군대의 대응을 검토하고자 할 때 수천 명의 군대를 불러서 자기 마음대로 조직해놓고 서로 죽이라고 명령할 수는 없는 일이다. 물론 대(大)기동훈련을 하기는 한다. 그러나 옛날에 "작은 전쟁"이라고 불렀던 이 훈련에서 사람을 죽이는 일은 없으므로, 진짜 전쟁을 비슷하게 나타내려고 하여 이상하게, 때로는 괴상한 형태로 변형시킨다. 이런 조건에서 우리의 자연적 경험인 과거에서 예를 찾는 것은 당연한 일이다.

우리의 전략적 준비의 부족을 역사의 잘못으로 돌릴 것인가? 어떤 사람은 그렇게 생각했다. "역사가 우리를 속였다고 생각해야 하는가?" 이 의문은 우리가 노르망디에 주둔하던 마지막 시기, 패배로 음울하던 때에 군사학교를 갓 나온 젊은 장교가 제기한 것이다. 이것이 그가 받은 역사교육을 의심하는 말이라면 옳은 말이다. 그러나 그가 배운 것은 역사가 아니다. 그것은 그가 생각하고 있는 학문과는 정반대의 것이다.

왜냐하면 역사는 본질적으로 변화의 학문이다. 역사는 두 사건이 똑같이 반복되지 않음을 알고 그렇게 가르친다. 왜냐하면 조건이 정확히 같지 않기 때문이다. 물론 역사는 인간사의 변화가 항구적이지는 않더라도 적어도 지속적이라는 점을 인정한다. 동시에 변화의 조합이 거의 무한정으로 다양하다는 점을 인정한다. 역사는 문명들이 서로 그 구체적 특성에서는 아닐지라도 발전의 큰 줄거리에서는 반복이 있음을 또한 인정한다. 두 문명의 주요 조건이 유사한 것을 보고, 역사는 미래를 엿보려고 노력할 수 있다. 그리고 나는 그것이 불가능하지 않다고 생각한다. 그러나 그 교훈들은 과거가 다시 시작되고 어제와 내일이 같다는 것이 아니다. 어제와 그제가 어떻게 그리고 왜 다른가를 연구하면서 역사는 이 비교를 통해서 내일은 어떤 방향에서 어제와 다를 것인가를 예견하는 방법을 모색하는 것이다. 그것의 연구과정에서 과거의 사실이 긋는 금은 결코 직선이 아니다. 거기에 나타난 것은 곡선일 수밖에 없으며, 역사는 이 곡선을 연역법에 의해서 불확실한 시간 속으로 연장하려고 노력하는 것이다. 대상의 성격상 실험과학 분야에서처럼 현실의 요소를 마음대로 변화시킬 수 없다는 점은 중요하지 않다. 여러 요소의 자연적인 다양성 속에서 현상들을 연결해주는 관계를 이끌어내기 위해서 관찰과 분석이 충분한 도구가 된다. 그것을 통해서 역사는 사물의 원인과 그 변화에 도달하게 된다. 그것은 한마디로 해서 진정한 실험과학이다. 왜냐하면 지성과 비교의 노력으로 분석이 가능한 현실의 탐구를 통해서 그것은 원인과 결과의 평행적인 내왕을 점점 더 잘 발견할 것이기 때문이다. 물리학자는 "산소는 가스이다. 왜냐하면 우리 주변에서 우리는 그것을 그런 형태로만 보았기 때문이다"라고 말하지 않는다. 그는 이렇게 말한다. "산소는 온도와 압력의 일정 조건 아래에서 우리 주변에서 가장 흔히 가스의 상태로 있다."

마찬가지로 역사가도 두 전쟁의 사이 기간 동안 사회구조, 기술, 심성이 변화하면 이 두 전쟁이 같지 않을 것이라는 점을 안다.

그런데 군사학교에서 거의 변함없이 가르치는 역사에 대하여 다음과 같은 단순하고 거부할 수 없는 점을 지적하는 것보다 더 지독한 비난은 없을 것이다. 그것은 바로 1914년의 지휘관들에게 1914년의 전쟁이 나폴레옹 전쟁과 같을 것이라고 가르치고, 1939년의 지휘관들에게 1939년의 전쟁이 1914년의 전쟁과 같을 것이라고 가르쳤다는 사실이다. 나는 전에, 만일 내 기억이 정확하다면 1910년경이라고 생각되는데, 포슈 장군의 한 유명한 강연을 읽은 일이 있다. 글을 읽고 그렇게 두려움을 느껴본 일도 드물다. 물론 거기에는 나폴레옹 전투가 매우 잘 분석되어 있었다. 그러나 그것은 시간의 변화에 대한 고려가 없이 예로 들어졌다. 전혀 없었다고 할 수는 없다. 여기저기에서 지나는 말로 지상무기나 장비의 차이에 대한 언급을 볼 수는 있었던 것 같다. 그것으로 충분한가? 우선 설명하기 전에 독자에게 주의를 주면서 이렇게 말했어야 했을 것이다. "주의하십시오. 앞으로 이야기될 전투는 도로가 오늘날보다 훨씬 드물고 수송이 거의 중세 때와 같은 속도로 진행되던 나라에서 전개된 것입니다. 그것은 화력이 우리 것에 비하여 훨씬 열등하고, 기관총이나 가시 철조망이 발명되기 전이라서 총검을 최상의 무기로 생각하는 군대들 사이에서 벌어진 것입니다. 그들의 역사에서 당신이 교훈을 끌어낼 수 있다면 그것은 이 새로운 요소들이 작용하게 되는 곳에서는 그것이 포함되지 않은 옛 경험은 가치가 없다는 사실을 상기하는 조건에서입니다." 나는 포슈 장군의 최근의 후계자들의 강의나 저서를 그렇게 많이 접하지 못했음을 고백한다. 그러나 결과적으로 그들의 정신상태가 많이 변하지 않았음을 확인할 수 있다.

그러나 1914년의 지휘부가 1918년에도 지휘를 맡았다. 참혹한 인명피해를 초래한 오류를 범했으나 그들은 전략을 바꾸고 거기에 적응할 줄 알았다. 1918년 초 독창적이며 열성적인 교육자인 구로 장군이 나를 포함한 여러 장교들에게 두 보병부대에 대하여 말했다. 한 부대는 1914년식으로 움직이는 부대이고 다른 부대는 그 구성이나 무기, 훈련방법이 새로운 부대였다. 그 대조는 놀라웠다. 그러나 그 것은 기초단계에서 든 한 예일 뿐이다. 변화는 전쟁 수행 자체를 완전히 바꾸어놓았다. 우리 지휘관들은 1940년에는 왜 사물이 주는 교훈에 그와 같이 적응하지 못했는가?

아마도 지속시간의 놀라운 차이를 많이 고려해야 할 것이다. 속도전에서 어떻게 초기의 실수를 만회할 시간이 있었겠는가? 1914-18년의 참모부가 4년의 시간을 가진 데 비하여 우리는 불과 몇 주밖에 가지지 못했다. 전투 중에 사태를 뒤집으려면 특별한 재능이 필요했을 것이고, 아마도 군비의 상태가 그렇게 하기 어렵도록 했을 것이다. 전략 문제의 새로운 조건에 대하여는 사태가 발생하기 전에 분석할 수 있어야 했다. 그런데 미리 추리를 통해서 예상하고 분석한 현실에 적응하는 것이 대부분의 사람들에게는 직접 관찰한 사실에 따라서 자신들의 행동을 맞추는 것보다 훨씬 어려운 정신적 노력일 것이다.

그러나 이 지적이 모든 것을 설명해주고 변명해주지는 않는다. 왜냐하면 간단히 말해서 우리가 평화 시에 독일군의 방법과 그들의 작전을 전혀 몰랐다고 할 수 없기 때문이다. 특히 여름 이후로는 폴란드 전투의 예가 있다. 그것에 의하면 독일군이 서부 전선에서도 대체로 같은 방법을 쓸 것임이 명확했다. 그들은 우리에게 8개월이라는 기간을 선물했고 그것은 반성과 개혁의 시간이 될 수도 있었다. 우리는 그 기간을 유용하게 쓰지 못했다. 왜일까? 여기에서 그 중요성이 매우 큰 인적 요소와 심리상태를 언급해야 할 것이다.

1940년에 우리의 지휘관들은 누구였는가? 군단이나 군의 장군들은 지난번 전쟁 때 대대장이나 연대장이었던 사람들이다. 그들의 주요 부관들은? 1918년에 중대장이었던 사람들이다. 모두 정도는 다르지만 지난 전쟁의 기억에 사로잡혀 있었다. 그렇다고 아무도 놀라지는 않을 것이다. 그 영광스러운 경험을 그들은 수백 번 말과 글로 반복하고 그것으로부터 교육자료를 끌어냈을 뿐만 아니라, 마음속에서 이 젊은 시절의 추억에 집착했다. 그것은 그 여운이 가장 친밀한 감성적 기억 속에서 울리는 직접경험의 광채를 띠게 되었다. 다른 사람에게는 전술 강의에 나오는 단순한 예인 에피소드가 그들에게는 개인적으로 경험한 위험, 자신의 옆에서 죽어간 동료, 잘못된 명령에 대한 분노, 도주하는 적을 보고 느낀 흥분 등 잊을 수 없는 것들을 상기시키는 것이 된다. 이런 점은 제대군인인 우리 모두에게 마찬가지이다. 그들 중 다수는 1915년이나 1917년에 부대의 맨 앞에서 견고한 진지를 공격해야 했다. 눈을 감으면 그들은 기관총에 쓰러진 부하들의 시체가 철조망에 걸려 있는 것을 본다. 그리고 그들이 참모부에서 치밀하고 신중한 작전을 세우는 것을 도와 그로부터 승리의 날이 오게 했다. 아직 새로운 전술의 시도였던 말메종 고원의 정복과 1918년 7월 15일 구로 장군이 지휘하던 군의 완강한 저항이 그것이다. 그들이 받은 교육에 의해서거나 또는 스스로의 교육에 의해서 본능적으로 변화라는 저항할 수 없는 법칙을 이해할 준비가 되어 있지 않은 그들이 이미 경험한 것으로부터 벗어나기 위해서 지적으로 얼마나 유연해야 했겠는가? 오히려 반대로 모든 것이 그들로 하여금 새로운 전쟁에서 이기기 위해서는 그들이 지난번 전쟁에서 패배할 뻔했던 잘못을 피하고 그들에게 처음으로 성공을 가져온 방법을 반복하기만 하면 충분하다고 생각하게 했다. 나는 2월경에 한 친구에게 이렇게 썼다. "한 가지 사실은 확실하네. 우리 사령부가 실수를 한다면 그것은 샹파뉴 지방의 전투나 니벨 장군의 공격 때 한 것 같은 실수는 아닐 걸세." 아! 실수의 범위는 무한하고, 어제의 현명함이 내일은 미친 짓이 될 수 있는 것이다.

머리가 덜 경직된 젊은 사람은 아마도 과거에 덜 홀릴 것이다. 전투가 진행되면 될수록 참모부에서도 지난번 전쟁에 참여하지 않은 젊은 장교들이 일반적으로 그들의 상관보다 더 정확히 사태를 파악하는 것을 점점 명확히 볼 수가 있었다. 사실을 말하자면, 지나치게 순종적인 학생이 자신이 배운 것에 고집스럽게 매달린다. 그런데 불행하게도 그들이 가장 영향력 있는 지위를 차지하고 있다. 반면 다른 많은 사람들은 스승의 말에 어느 정도 따르다가 그들이 보통 비판적으로 생각하는 교육으로부터 받은 지적인 구속으로부터 벗어나기 시작한다. 그러나 나이가 어느 정도 든 장교들, 1914년이나 1918년의 참전용사로서 아직 늙었다고 할 수 없는 사람 중에도 변화가 불가능하지 않은 사람이 많았다. 그러나 어쩌겠는가! 우리의 사령부는 노인들이 모여 있는 곳인 것을.

평화 시의 승진규칙에 따르면 40세에 소령이 되고, 장군이 되려면 60세가 되어야 한다. 그리고 옛날의 명성을 가진 사람도 포함된, 이 훈장을 가득 단 백발의 사람들은 일반적으로 그들이 과거 무훈을 세울 때는 젊었었다는 사실을 완전히 잊어버리고, 그들의 젊은 후배들의 길을 막는 일을 하고 있다. 전쟁 직전 군대계급에 새로 두 지위를 부여하는 법에 대하여 사람들은 크게 관심을 두지 않았다. 오랫동안 군에는 소장보다 높은 계급이 없었다. 정부나 총사령부의 명령서로 이 임무를 장군 계급을 가진 사람에게 부여할 수 있었다. 명령서로 그들을 군 사령관이나 군단장, 심지어는 사단장에까지 임명할 수 있었다. 그러나 천상의 왕좌 주변에 그곳으로 올라가는 수많은 계단이 없이 정말 천당이라고 할 수 있겠는가? 어느 날 그때까지 단순한 직책이었던 군 사령관이나 군단장의 직책이 각각 대장과 중장의 계급이 되었다. 전체적으로 별 피해 없이 약간 순진하게 명예를 바라는 사람들의 자부심을 만족시켜줄 수 있는 방법이라고 말하는 사람도 있을 것이다. 그러나 그렇지 않다! 계급이 다른 경우 규율은 더 높은 계급을 가진 자가 결정적으로 지휘권을 행사하도록 되어 있기 때문이다. 예를 들면 한 젊은 소장이 적어도 형식상으로 중장으로 승진하기 전에는 한 군단도 맡을 수가 없게 되었다. 왜냐하면 새 부대의 우두머리로서 그는 그 계급의 부하들을 지휘하게 되기 때문이다. 그런데 한 계급에서 다른 계급으로의 이동은 당연히 규칙과 관행에 따라야 하므로 단순한 직책의 변경보다 훨씬 느리고 어렵다. 최고군사회의 위원들은 아마도 그들이 제안한 이 개혁에 따라서 모두 대장으로 진급해 이후에 어떤 일이 일어나더라도 전쟁 중인 나라의 지휘를 계속 맡을 것을 기대할 수 있게 되었다. 사실 만일 이 제도가 지난번 전쟁 때에도 있었다면, 1914년에 중령이던 드브네가 1918년 제1군을 이끌고 몽디디에와 생-캉탱에서 승리하는 것을 우리가 볼 수 있었을지, 또 우리 젊은 시절의 페탱이 계급을 뛰어넘으면서 매우 영광스러운 직위까지 올라가 어느 여름날 아침 전 프랑스 군의 맨 앞줄에서 개선문 아래를 행진할 수 있었을지 의문이 간다.

또한 첫번째 실패를 경험하고 우리의 최고사령부가 결함이 없지 않다는 점을 알게 되었을 때, 젊고 신선한 다른 사람에게 그곳에 힘을 보태달라고 요구했는가? 군 수뇌부의 참모장 직에 지난번 전쟁의 총사령관 중 한 명을 임명했다. 정부의 기술자문 직에는 다른 전직 총사령관을 선택했다. 게다가 전자는 최고군사회의의 전임 부위원장이었고 후자는 거의 같은 시기에 전쟁부 장관이었다. 따라서 이 여러 직책으로 보아서 두 사람 모두, 모든 사람이 잘못되었음을 아는 방법의 사용에 책임이 큰 사람들이다. 이와 같이 군대나 우리 민간 통치자 집단에는 나이에 대한 미신, 존중할 만하기는 하나 특권을 존중해야 한다는 생각이 사람들의 마음을 지배하고 있었다. 그러나 소위 교훈을 과거에서 끌어냄으로써 현재에 대한 해석을 오도할 수밖에 없는, 경험에 대한 잘못된 숭배를 —— 그것을 보호하기 위해서라도 —— 죽은 신의 붉은 수의에 정중하게 싸놓아야 했을 것이다. 사실 최근에 준장이 된 사람이 정부 각료가 되었다. 그가 거기에서 무슨 일을 했는지 나는 모른다. 그러나 나는 그렇게 많은 별들 앞에서 그의 조그만 별 한 개는 비중이 크지 못했을 것으로 생각된다. 공안위원회가 그를 최고사령관으로 임명했어야 했다. 끝까지 우리 전쟁은 늙은이들의 전쟁 또는 거꾸로 이해된 역사의 오류에 빠져 있는 이론가들의 전쟁이었다. 군사학교, 평화 시의 참모부서와 병영이 내뿜는 곰팡이 냄새로 가득 찬 전쟁이었다. 이 세상은 새로움을 사랑하는 사람들의 것이다. 우리 사령부는 이 새로움이 그들 앞에 나타나자 그것에 대비하지 못했기 때문에 패배를 경험했을 뿐만 아니라, 지방질로 체중이 불어난 권투 선수처럼 예상 밖의 일격에 당황하여 그것을 그대로 얻어맞은 것이다.

그러나 우리 지휘관들이 단지 그들의 재능에 자신이 없는 정도였다면, 현명한 신학에서 가장 나쁜 죄악으로 간주하는 절망에 그렇게 쉽게 빠져버리지는 않았을 것이다. 그들의 마음속에서 그들은 자신들이 지켜야 하는 나라와 병사를 제공하는 국민에 대하여 미리 실망하고 있었던 것이다. 여기에서 우리는 군사 문제의 범위를 넘어선다. 참패의 주요 원인 중의 하나로만 간주하기에는 너무나도 중요한 오해의 뿌리를 더 광범하게 더 깊이 찾아보아야 한다.

3

한 프랑스인의 자성

한 나라에서 어떤 직업집단의 행위는 전적으로 그들만의 책임은 아니다. 집단적 연대성이 매우 강하기 때문에 그와 같은 도덕적 독립성은 불가능하다. 참모부는 나라가 제공하는 도구를 가지고 일한다. 그들이 경험한 심리적 분위기는 전적으로 그들이 조성한 것은 아니다. 그들 자신은 그들이 나온 인간환경의 산물이고 프랑스 공동체 전체가 허용한 산물이다. 그러므로 한 정직한 인간이 이번 패배에서 군대 지도부의 결함이라고 생각되는 것을 그의 경험에 비추어 최선을 다하여 설명한 후 거기에서 그친다면, 그는 스스로 배반자가 된 것 같은 느낌을 지우기 어려울 것이다. 공정하게 하려면 한 병사의 증언을 프랑스인의 성찰로 연장해야 할 것이다.

물론 나는 이 일을 즐거운 마음으로 하는 것이 아니다. 프랑스 사람으로서 나는 내 나라를 이야기하면서 좋은 점만 이야기할 수는 없다. 고통받고 있는 조국의 약점을 지적하는 것은 힘든 일이다. 역사가로서 나는 분석이 너무 불완전하지 않도록 하기 위해서 가장 오래전의 가장 복잡한 그리고 인문학의 현 단계에서 가장 찾기 어려운 원인이 갈라져 나오는 가지까지 거슬러올라가야 하는 점을 잘 알고 있다. 그러나 여기에서 개인적인 주저함이 무어 그리 중요하겠는가! 내 아이들이 이 보고서를 읽거나 알지 못하는 친구들이 어느 날 이 보고서를 발견하고서, 그것이 진실을 왜곡하고 있으며 어떤 잘못에 대해서는 엄격하고 시민 각자에게 책임이 있는 다른 많은 잘못에 대해서는 친절하게 침묵하고 있다고 비난하면 그것을 어떻게 받아들일 것인가?

전투원들이 후방에 대하여 만족해하는 경우는 흔하지 않다. 자신은 불편하게 자면서 옛 친구들은 푹신한 침대에서 자는 것을 용서한다든지, 자신은 기관총 아래에 있으면서 단골이 드나드는 안전한 상점이나 전쟁이라고는 전략 정도로만 알고 있는 시골 카페 테라스의 평화로운 매력을 씁쓸해하지 않으면서 회상하려면 정말로 마음이 넓어야 한다. 전쟁이 참패로 끝난다면? 그렇게 되면 나라를 둘로 가르는 틈새가 오래 지속될 위험이 있다. 자신들의 희생을 알고 있는 병사들은 자신들이 필요 없는 존재가 된 것에 대하여 스스로 책임이 있다고 생각지 않을 것이다. 그들로부터의 평가를 두려워하는 지휘관들은 책임질 자를 군대 이외의 다른 곳에서 찾도록 그들을 부추길 것이다. 이와 같이 해서 복고주의나 군부 쿠데타에 유리한 등 뒤의 비수라는 치명적인 전설이 생겨난다. 1940년의 모든 참전용사들이 불화를 퍼뜨리는 사람들에게 귀 기울이지 않는다는 점은 앞에서 충분히 설명했다. 그러나 후방에도 잘못이 많다는 점을 인정해야 한다.
그런데 우리가 본능적이고 습관적으로 받아들이는 진정한 의미의 후방이 과연 있었고, 또 있을 수나 있었는가? 1915-18년에 프랑스가 전쟁 중일 당시는 국토를 여러 지역으로 나눌 수 있었다. 위험의 정도에 따라서 각 지역은 서로 다른 양상을 띠었다. 우선 불타고 있는 전선이 있었다. 물론 고정된 것은 아니지만, 그것이 생-캉탱 근처에서 누아용 교외 쪽으로 자동차로 30분 거리 정도 움직여지기만 해도 끔찍하게 후퇴했다고 생각했다. 그보다 뒤에 비교적 좁은 범위로 길쭉하게 펼쳐진 준(準)후방지역이 있었다. 그곳은 휴식을 취하는 병영이 있는 곳으로 비교적 노출되어 있었다. 끝으로 엄밀한 의미의 후방이 있는데 그곳은 조용한 들판과 도시가 한없이 펼쳐져 있었다. 아마 때때로 사람들을 놀라게 하는 갑작스러운 경보가 울려서 이 행복한 피난처의 조용함을 잠시 흔들어놓기도 했을 것이다. 융커기(機)가 파리 상공을 난다든지, 체펠린 비행선이 폭탄을 떨어뜨린다든지, 베르타 포가 느닷없이 포격을 해서 포탄이 공원 연못에 떨어지거나 때로는 잔인하게 성공하여 교회 기둥을 맞춘다든지 하는 경우가 그것이다. 우리는 참호 속에서 가족의 안위를 생각하며 몸을 떨었다. 그러나 이 모든 것은 최근의 우리 경험과 비교하면 아무것도 아니다.

왜냐하면 비행기의 폭격과 속도전이 정상적인 위험도를 혼란에 빠뜨렸기 때문이다. 위협을 당하지 않는 하늘이 없고 기계화 부대의 침투력이 거리를 먹어버렸다. 어제까지만 해도 미국의 중심부만큼이나 안전하다고 생각되었던 브르타뉴 지방의 렌에서 단 몇 분 만에 수백 명이 죽었다. 베리의 도로에서는 병사와 어린이를 구별하지 않는 무차별 기관총 공격을 당했다. 사실 이런 처참함이 일부 사람들이 생각하는 것처럼 그렇게 새로운 것인가? 파괴적 재앙인 폭격기의 속도와

빈도는 확실히 전례가 없는 것이다. 그러나 전쟁이 일어나면, 보통은 도둑질당하고 굶주리는 농촌과 약탈당하는 도시의 거리에서 생기는 희생자들이 전투병사들의 희생자보다 더 많았던 것이 그리 오래 전 일이 아니다. 오래 된 책을 읽은 소수만이 그것을 기억하고 있다. 가까운 과거가 보통 사람들에게는 편리한 가리개이다. 그것은 먼 과거의 역사와 그것이 비극적으로 다시 시작될 수 있다는 가능성을 가려준다. 죽는 사람이 병사만이 아니던 야만의 시대는 멀리 떨어져 있다는 것이다! 군대 내 경리국이나 병참부 사무실과 마찬가지로 후방의 주민들은 이와 같은 구별을 믿고 싶어한다.

그러나 여러 이유 때문에 사람들은 그것을 믿을 수가 없었을 것이고 아마도 마음속 깊은 곳에서는 그렇게 강하게 믿지 않았을 것이다. 사전 경고가 없지 않았기 때문이다. 폐허가 된 에스파냐의 참혹한 모습을 영화에서 많이 보여주지 않았던가? 르포르타주들이 연이어 폴란드 도시의 희생을 충분히 말하지 않았던가? 어떤 의미로 우리는 지나치게 경고를 받은 셈이다. 공중폭격 문제를 은밀하게 강조하는 것이 적의 선전과 무관하지 않다는 점을 나는 확신하고 있다. 여론이 마드리드나 난징, 바르샤바의 운명에 그렇게 격렬하게 반응하지 않았더라면, 비무장 도시들의 맹신이 작전을 방해하지 않았을 것이고 파리를 방어할 수도 있었을 것이다. 사람들은 많은 이야기를 하여 우리에게 겁을 주었다. 그러나 그것은 불가피한 것을 받아들이게 하고, 새롭게 변화된 전쟁조건에 대하여 정신상태를 바꾸도록 하는 방향으로 작용하지는 않았다.

나는 내가 동정심이 없는 사람이라고는 생각지 않는다. 그러나 두 차례 겪은 전쟁의 참상으로 그것이 아마 어느 정도 둔감해졌을 수는 있다. 그런데 그런 나로서도 결코 쉽게 받아들일 수 없을 장면이 있다. 비행기가 날고 있는 마을에서 폭탄을 피해서 도망치는 아이의 얼굴에 나타난 공포심이다. 그와 같은 장면을 다시는 현실에서 보지 않도록 그리고 꿈 속에서도 가능한 한 덜 보도록 나는 하늘에 빈다. 전쟁이 어린이들을 그냥 둘 수 없다는 점이 참혹하다. 어린이가 곧 미래이기 때문만이 아니라 그의 유약함과 책임 없음이 우리들에게 완전한 보호를 요구하고 있기 때문이다. 만약 헤로데 왕이 그리스도를 예고한 세례자 요한만 죽였다면 기독교의 전승은 그를 그렇게 심하게 비난하지 않았을 것이다. 죄 없는 어린이들을 학살한 것이 그의 도저히 씻을 수 없는 죄악이다.

반면 나라의 위기 앞에서 모든 성인은 동등한 의무를 져야 한다. 어떤 사람이 어떤 권리에 의해서 그런 것인지는 몰라도, 면책의 특권이 있다고 인정하는 것은 정말 이상한 오해이다. 사실 전시에 "민간인"이란 무엇인가? 나이나 건강상태, 때로는 직업 —— 국가 방어에 필수적이라고 판단되는 —— 때문에 무기를 실질적으로 들 수 없는 사람일 뿐이다. 모든 시민이 나라에 봉사하는 방법으로 혼자만 봉사하지 않는 것은 불행한 일이다. 그가 왜 공동의 위험으로부터 빠질 권리를 가지는지 이해되지 않는다. 몇 년 지나면 나도 동원될 수 없는 상태가 될 것이다. 내 아들들이 내 자리를 맡을 것이다. 그렇다고 내 생명이 그들의 것보다 더 귀중하다고 결론지을 것인가? 오히려 필요하다면 나이 많은 나를 희생하고 그들의 젊음을 보존하는 것이 훨씬 나을 것이다. 오래 전에 헤로도토스가 이미 말했다. 전쟁의 큰 모독은 아버지가 아들을 무덤에 묻는 것이다. 우리는 자연의 법칙이 뒤집히는 것을 슬퍼할 것인가? 나라로서는 자국의 장래가 걸린 존재들을 희생시킬 수밖에 없는 것보다 더 큰 비극은 없다. 이 신선한 힘과 비교하면 다른 사람들은 비중이 그리 크지 않다. 나는 최소한 자녀들을 위해서 살아 있어야 하는 젊은 어머니들을 제외하고는 여성조차도 예외로 놓지 않겠다. 우리 시대의 여성은 옛날 여인네들이 곧잘 실신하곤 하던 것을 비웃는다. 그것은 전적으로 옳다. 나는 그녀들의 용기가 우리보다 덜 자연적이거나 덜 의무적이어야 할 이유가 없다고 생각한다. 군대가 직업군인으로 구성되었던 시대에 군인은 귀족이거나 용병(傭兵)으로서 위탁자들을 위해서 피를 흘렸다. 그 대가로, 싸우지 않는 주민들은 부과조를 내어 그를 부양하거나 그에게 임금을 지불했다. 그가 그들의 안전을 지키지 못하면 그들이 불평하는 것은 당연했다. 그것은 계약 위반인 것이다. 오늘날에는 기력이 있는 자는 모두 병사가 되며, 국가가 위협을 받으면 누구도 총동원령과 그것에 따른 어려움, 위험에서 예외일 수가 없다. 그것이 유일하고 명백한 길이다. 그외의 다른 것은 감상이나 비겁함이다.

이 진실은 너무나 단순하여 거론하기가 민망할 정도이다. 그러나 우리가 겪은 몇 개월 동안 이 점이 모두에게 이해되었는가? 우리는 수많은 관리들이 자신의 도시를 방어하지 말도록 호소하고, 민간인이건 군인이건 간에 많은 지도자들이 잘못된 공익의 개념에 따르는 것을 너무 많이 보아왔기 때문에 그것을 믿기가 어렵다. 이 용기 없는 사람들이 인명을 구하려는, 그 자체로는 매우 감동적인 목표만을 따른 것은 아마 아닐 것이다. 1914-18년의 전쟁에서 입은 끔찍한 재산피해가 쓰라린 기억을 남겨놓았다. 사람들은 전쟁으로 인한 파괴가 나라의 문화재를 참혹하게 훼손했고 오랫동안 번영을 위협했다는 점을 잘 알고 있었다. 사람들은 다시 한번 이런 이중의 피해를 당하는 것보다는 모든 것을 받아들이는 편이 현명하다고 생각했다. 한 문명이나 경제가 포식자 국가에게 정복되는 것이 최악의 재앙이라는 것을 생각지 않은 사람의 이상한 현명함이다!

결국 그들은 어느 날 인구 2만 명이 넘는 도시는 비무장 도시로 선포하기로 했다. 이 선량한 사도들은 아마도 농촌 마을은 포격을 받고 파괴되고 불에 타도 괜찮다고 생각한 것 같다. 그러나 선량한 부르주아지의 도시야 어떻게 그럴 수 있겠는가!……그렇게 해서 소뮈르의 사관 생도들이 루아르 강에서 죽음으로 저항하고 있을 때 적은 이미 전투를 금지당한 낭트의 다리를 건너서 그들의 등 뒤에 있었다.

그런 사실을 말할 용기를 가져야 한다. 아마도 이 집단적 허약함은 흔히 개인적 허약함의 총합이었을 뿐일 것이다. 관리들은 명령을 받지 않은 상태에서 도주했다. 출발 명령이 너무 미리 내려지기도 했다. 전국에 미친 듯한 피난행렬이 줄을 이었다. 행렬 가운데 시의 소방차 위에 앉아 있는 다수의 소방관들을 만나지 않은 사람이 우리 중에 있을까? 적이 온다는 소식에 그들은 자신과 장비를 안전한 곳으로 피난시키기 위하여 분주했다. 명령에 의해서 그랬다고 나는 믿고 싶다. 그곳에서는 화재로 모든 것을 잃을 수 있었다. 화재를 피해서 그것을 진화할 수 있는 것을 보존하려는 것이다.……관료주의의 숭고함이라고 어떤 사람은 말할 것이다. 아! 병세는 훨씬 깊었다. 어떤 공단에서는 기업의 중역들이 독일군이 가까이 오자 노동자들에게 임금도 지불하지 않고 서둘러 공장을 버린 예를 나는 알고 있다. 나는 그들이 동원되었다면 끝까지 의무를 다했으리라고 생각한다. "민간인"으로 남아 있으면서 그들은 전시에는 직업의 구분이 없어진다는 점을 잊었거나 또는 사람들이 그들에게 그 사실을 충분히 말해주지 않았던 것이다. 전투 중인 나라에서는 전투 위치만이 다를 뿐이다.

내가 잘못 본 것일까? 나도 나이 들어가는 사람으로서 젊었을 때를 추억하면서 다음 세대를 깎아내리려는 유혹에 빠지려는 것인가? 동원 가능한 사람들 중에서도 같은 위험을 함께 겪는다는 강력한 열의가 어느 정도 없어진 것으로 보였다. 1914년에는 그것이 우리 대부분을 선동시켰는데 말이다. 아마 사람들이 국민에게 병역의 면제를 유감스럽고 약간 굴욕적인 필요로서가 아니라 혜택 또는 권리라고 지나치게 설명했던 것 같다. 농민에게는 "노동자는 되는데 당신들은 왜 안 되겠습니까?"라고 했고, 가장에게는 "아이들이 당신을 필요로 합니다", 제대군인에게는 "두 번은 정말 너무 많습니다"라고 했다. 전쟁부가 재조직되고 확대되자 예비역 장교들이 그곳의 안전한 부서로 몰려드는 것을 보고 약간 구역질을 느꼈다. 그들은 "정말 난처한데! 그러나 나를 필요로 한다니 어쩌겠나?"라고 외치면서 그곳으로 떠났다. 그들 모두가 정말 그렇게 필요한 사람들이었을까? 그리고 여러 경우에 그들의 자리를 더 나이 든 사람에게 주는 것이 불가능했을까? 나는 가끔 사람들이 적어도 젊은 지식인들은 지난 전쟁에서와 같은 대량 살육을 면했으면 좋겠다는 바람을 선의로 이야기하는 것을 들었다. 내 생각으로는 그런 감정은 잘못된 것이다. 물론 마른, 이제르, 솜에서 장래가 촉망되는 친구들이 그렇게 많이 희생된 것은 안타까운 일이다. 우리의 정신적 힘이 그로써 오랫동안 약화되었다. 그러나 전쟁의 승패에 따르는 반대급부를 생각하면 그것은 아무것도 아니지 않은가? 우리의 지적 자유, 문화, 도덕적 균형에 패배보다 더 확실하게 타격을 가할 것이 있는가? 따라서 그 희생 앞에서 예외를 생각할 수는 없다. 자신의 생명이 이웃의 생명보다 더 유익하다고 생각할 권리는 아무에게도 없다. 왜냐하면 각자에게는 크거나 작거나 간에 자기 영역에서 필요한 존재라고 믿을 만한 완벽하게 정당한 이유가 언제나 있을 것이기 때문이다.

젊은이의 생명을 아끼려는 고려가 신병을 모집하고 훈련시키는 일이 이상하게 늦어지도록 하는 데에 어떤 역할을 했는지는 모르겠다. 후퇴가 시작되었을 때 1940년 입대생들은 이제 막 모집된 상태였다. 그들은 실질적으로 거의 훈련을 받지 못한 상태였다. 한편 대부분의 도시에서 그들보다 약간 나이 적은 청소년들은 선배들이 간 길을 따르려고 생각하고 있었으나 그들을 군사적으로 훈련시키려는 시도는 전혀 없었다. 이 믿을 수 없는 무관심의 책임은 누구에게 있는가? 사령부인가 정부인가? (그러나 만일 참모부가 강하게 주장했더라면 그들이 결정을 내리지 않았을까?) 그 동기에 대하여 나는 더 아는 바가 없다. 끝없이 기다리는 동안 병력의 손실이 거의 없었기 때문에 우리 지휘관들은 전투가 시작되면 증원병이 절박하게 필요해질 것이고 이를 준비해두어야 한다는 사실을 잊어버린 것인가? 그렇다면 그것이 일부러 우리에게 기만적인 은전을 베푼 독일군이 "썩어빠진 전쟁"이라고 부른 이 긴 기간이 가져온 가장 파괴적인 효과가 아니겠는가? 가장이라는 이유로 예편된 내 동료 중의 한 사람이 군대에 남기를 청하자 "우리는 병사가 너무 많습니다"라고 한 장교가 말했다. 사람들은 무기의 부족을 염려했는가? 또는 어린아이 티를 벗자마자 울면서 솜 강 전투의 격전지로 가던 1916년의 불행한 신병들에 대한 기억에 사로잡혀서 좀 연약한 동정심에 양보했는가? 나는 잠시 그런 가정을 해보았다. 여하튼 우리 지도자와 아마 우리 지도계급에게도 조국의 위기 앞에서 가차없는 영웅주의가 부족했다.

사실 지도계급이라는 말이 모호하기는 하다. 1939년의 프랑스에서 상층 부르주아지는 모든 권력을 상실했다고 자주 불평했다. 그들은 상당히 과장하고 있다. 금융과 언론에 기반을 둔 "명사들"의 체제는 말처럼 그렇게 "끝나버린" 상태는 아니었다. 그러나 옛날의 주인들이 조종간을 독점하지 못하고 있다는 것은 사실이다. 그들과 함께, 다수의 임금생활자는 그렇지 못하더라도, 적어도 주요 노동조합의 지도자들이 공화국의 실력자가 되었다. 사람들은 1938년에 뮌헨 협정 찬성자 중의 찬성자인 한 장관이 이들을 통해서 여론에 그의 허약함에 유리한 공포심을 퍼뜨리는 것을 익히 보았다. 그리고 이번 전쟁에서 참모부의 허약함 못지 않게 노동조합 운동도 허약했다.

여기에서 나는 내 눈으로 직접 보지 않은 사실을 말하려고 한다. 전쟁 때나 전쟁 전의 군수공장은, 짐작하는 바와 같이, 내 분야와는 상당히 떨어져 있었다. 그러나 나는 이 문제에 관하여 서로 일치하는 증언을 너무나 많이 들었고 그것은 엔지니어로부터 노동자들에 이르기까지 다양한 그룹에서 나온 것으로 그들의 결론을 의심할 수 없었다. 사람들은 군수공장에서 충분히 일하지 않았다. 곧 비행기, 자동차, 탱크를 충분히 만들지 않았다는 것이다. 이 점에 대해서 나는 노동자들에게만 책임이 있지 않으며, 아마도 주된 책임도 그들에게 있지 않다고 생각한다. 그들이 죄가 없다고는 할 수 없을 것이다. 그들 역시 그들 방식으로 군인의 직책을 맡고 있다는 사실을 잊고, 무엇보다도 자신들의 노고를 가장 높은 값으로 팔려고 했다. 그러니까 가능한 한 적은 노력과 적은 시간을 들여서 가능한 한 많은 돈을 받으려고 한 것이다. 보통 때라면 그것보다 더 자연스러운 일은 없다. "더러운 물질주의"라고 어느 날 그 자신도 그렇게 정신적 순수함에 매료되어 있는 것 같지는 않은 한 정치인이 외쳤다. 그는 우리에게 거짓말을 한 것이었다. 노동자는 인간의 노동력을 파는 상인이다. 직물, 설탕, 또는 대포를 파는 상인이 적게 주고 많이 받으려는 상업의 대법칙을 적용하려고 한다고 놀랄 수는 없을 것이다. 그러나 다른 때에는 정당한 이 태도가 국민이 위험에 빠진 상태에서 병사들의 희생을 앞에 두고는 매우 적절하지 못한 것이 된다. 내 시골집 이웃은 배관공이었는데, 징집되어 한 공장에서 일할 때 그가 작업장 내의 불문율보다 더 많이 더 빨리 일하는 것을 막기 위해서 동료들이 어떻게 그의 연장을 감추었는지 이야기해주었다. 이것이 무서운 고발장의 생생한 상태이다.

그와 같이 국민의 이익에 반하는 행위가 전 계급에 완전히 보편화되었다고 가정하는 것은 부당한 점이 아마 많을 것이다. 나는 예외가 없지 않다는 점을 기꺼이 인정한다. 그러나 그것이 광범하게 퍼졌다는 사실만으로도 전쟁의 승패에 크게 작용하기에 충분하다. 그것에 대한 설명이 필요할 것 같다.

정도의 차이는 있지만 사람들은 이번 전쟁이 지난번 전쟁보다 국민의 깊숙한 감정에 훨씬 덜 호소했다고 자주 말했다. 나는 그것이 큰 오류라고 생각한다. 1939년에 어떤 프랑스인도 "그단스크(단치히)를 위해서 죽기"를 바라지 않았다. 그러나 1914년에도 "베오그라드를 위해서 죽기"를 바란 사람은 없었다. 또한 우리 농민이나 노동자들이 카라조르제비치가(家)를 중심으로 일을 꾸미던 세르비아 정부에 대해서보다 25년 후 폴란드의 부패한 "대령들"의 정부에 대해서 더 잘 알고 있었던 것도 아니고, 그들이 우리 대중의 열광을 불러일으키기에 더 적절했던 것도 아니다. 한편 알자스-로렌 지방은 며칠 전까지만 해도 은밀한 어둠 속에 싸여 있다가 1914년 8월 전투가 시작되면서부터 박해받는 지방으로 갑자기 떠오른 것이 사실이나, 그것은 이미 합의된 필요성의 결과로서 나타난 것이다. 무기를 들지 않으면 안 되었으므로 잃어버린 형제를 우선 해방시키기 전에는 그것을 내려놓을 수 없다고 생각한 것이다. 평화 시에는 무엇보다도 가정의 안전을 먼저 염려하던 여론이 석판화에 나오는 알자스 여성의 아름다운 눈에 매료되어 그녀의 눈물을 닦아줄 생각에서 기꺼운 마음으로 나라를 가장 잔혹한 위험으로 몰고 간 것은 아니었다.

진실을 말하자면 두 번 다 대중의 열정의 원천은 같다. "그들이 모든 사람에게 계속 싸움을 걸고 있다. 그들이 모든 것을 차지하려고 하고 있다. 양보하면 할수록 그들이 더욱 요구할 것이다. 그렇게 계속할 수는 없다." 내가 스트라스부르로 떠나기 직전 크뢰즈의 작은 마을에서 내 이웃이 나에게 그렇게 말했다. 1914년의 농민도 달리 말하지 않았을 것이다. 게다가 만일 두 번의 전쟁 중에서 대중, 특히 노동대

중이 어느 하나에 더 깊이 관심을 가진다면 그것은 의심할 여지없이 두번째 전쟁일 것이다. 사람들이 그렇게 심하게 비난한, 바로 이 "이데올로기적" 성격 때문에 그 희생이 더욱 아름다워 보이는 것이다. 1914년의 프랑스 노동자나 농민이 알자스-로렌을 해방시키기 위해서 싸운 것이 아닌 것처럼 1939년에도 그들이 자발적으로 독재자를 물리치기 위해서 피를 흘리려고 한 것은 아닐 것이다. 그러나 독재자에 대항하여, 독재자의 잘못으로 시작된 싸움에서 그들은 위대한 인간적 업적을 이룬다는 의식을 가지고 있었다. 그것을 의심하는 것은 우리처럼 문명화되고 역사가 오랜 민족의 저변에 표현되지 않은 고귀함이 있다는 것을 부인하는 것이다. 우리의 공적 선전의 부조리성, 그것의 자극적이며 거친 낙관주의, 그것의 소극성 그리고 무엇보다도 정직하게 전쟁의 목적을 정의하지 못하는 우리 통치자들의 무능함이 지나치게 오랫동안 전투가 없던 몇 개월 동안 이 우선적이고 명백한 사실을 약간 어둡게 했을 수 있다. 1940년 5월, 국민 총동원의 정신은 죽지 않았다. 국가인 "라 마르세예즈"를 집합의 노래로 삼은 사람에게 그것은 조국에 대한 숭배와 압제자에 대한 증오를 함께 불어넣어주었다.

임금생활자들에게는 이 본능이 매우 강하게 남아 있었고, 정부가 덜 소심했더라면 그 불꽃을 잘 유지할 수 있었을 것이나, 역사가 깊지 않은 다른 집단의식에 그것이 눌려버렸다. 나와 같은 세대의 사람들은 젊었을 때 노동조합 운동에 큰 희망을 걸고 있었다. 우리는 영웅적인 시대의 열정이 점차로 사그라져서 지평선이 불길하게 축소되기 이전의 상태에서 기대했다. 그것은 무엇보다도 현재의 작은 이익을 확대하려는 임금정책의 결과였는가? 또는 파벌들의 미묘한 외교, 선거술책, 술수에 그룹의 지도자들이 갈피를 잡지 못한 결과인가? 또는 노동자 조직이 관료주의적 습관에 빠진 결과인가? 사실은 거의 모든 나라에서 일탈이 보편적이어서 불운은 피할 수 없게 되었다.

마르크스가 강력하지 못한 사회운동을 비난하던 클라인뷔르게를리히(Kleinbürgerlich : 소부르주아)라는 말을 사람들은 잘 알고 있다. 최근의 몇 년과 전쟁이 발발한 후에 대부분의 큰 노동조합과 특히 관료들의 태도만큼 "소부르주아적인" 것이 있었을까? 나는 가끔 나와 같은 직업을 가진 사람들의 회의에 참석한다. 이 지식인들은 거의 한 번도 큰 액수의 돈을 가지고 이야기하는 경우가 없이 작은 돈만 이야기했다. 국내에서 그들 집단이 할 수 있는 역할이나 그들의 장래의 물질적 조건도 그들에게는 존재하지 않는 것 같았다. 그들의 시야는 현재의 이익에 냉혹하게 국한되어 있었다. 나는 다른 곳에서도 마찬가지가 아니었을까 생각한다. 전쟁 중에 내가 본 것 그리고 전쟁 후에 보고 있는 우체국 직원과 특히 철도 역무원들은 나에게 좋은 인상을 주지 못했다. 대부분이 선량한 사람들이라는 점은 의심할 여지가 없다. 몇몇 사람이 보여준 바와 같이 때로는 영웅이 되기도 한다. 그러나 대다수, 특히 그 대표자들이 우리 시대가 절박하게 요구하는 의무의 확대를 제대로 이해하고 있는 것이 확실한가? 다시 말해서 결국 직업의식의 시금석인 그날그날의 일을 수행하는 과정에서 의무의 확대를 이해했는가? 6월에 서부의 여러 도시에서 나는 조금씩이라도 집으로 가려는 불쌍한 여자들이 두 팔로 엄청난 짐을 끌면서 거리를 헤매는 것을 보았다. 그 이유는 무엇일까? 직원들에게 몇 시간의 시간외 작업이나 성수기의 시간외 작업보다 더 많은 일을 시키지 않기 위하여 기차역의 수하물 위탁소를 닫아버렸기 때문이다. 이 편협함, 이 행정적 답답함, 이 개인간의 경쟁심, 펠루티에(1867–1901, 프랑스의 노동운동가이자 기자. 프롤레타리아의 독립적이고 통합적 행동을 주장했다/역주)의 역동성과는 거리가 먼 이 활력의 부족이 독재적 권력의 일격에 의해서 전 유럽과 우리 프랑스에서 노동조합이 힘없이 무너진 것을 설명해준다. 전쟁 중 그들의 행동의 원인도 다른 데에 있는 것이 아니다. 여기저기에서 부유한 사람들을 대상으로 하는 과장된 선언은 중요하지 않다. 노동조합에 가입한 대중은 자신들을 위해서는 가장 빠르고 완전하게 조국을 승리로 이끌고, 나치즘과 이들이 승리하는 경우에 필연적으로 나타날 모방자들을 물리치는 것보다 더 절박한 일이 없다는 생각을 하지 못했던 것이다. 그것이 진정한 지도자의 의무임에도 불구하고 지도자들 역시 그들에게 매일의 빵보다 더 멀리 더 높이 더 광범하게 보는 것을 가르쳐주지 않았다. 거기에 내일의 빵이 걸려 있는데도 말이다. 이제 징벌의 시간이 왔다. 몰이해가 그렇게 엄하게 벌받는 일은 없을 것이다.

그리고 또 국제주의와 평화주의 이데올로기가 있었다. 나는 선량한 세계시민이며 국수주의와는 거리가 먼 사람이고 그 점을 자랑스럽게 생각한다. 역사가로서 나는 "전 세계 프롤레타리아여, 단결하라!"는 카를 마르크스의 유명한 외침이 진실한 것임을 잘 안다. 나는 또 전쟁을 많이 보아서 그것이 끔찍하고 어리석다는 점을 모르지 않는다. 그러나 내가 방금 앞에서 비판한 편협성이 바로 이런 감정들을 역시 존중할 만한 다른 열정과 합치시키기를 거부하고 있는 것이다.

나는 조국 사랑이 결코 자녀 사랑을 막는다고 생각하지 않는다. 더욱이 나는 정신이나 계급의 국제주의가 조국 사랑과 양립할 수 없다고 생각하지 않는다. 오히려 나는 내 양심에 비추어 이와 같은 이율배반은 존재하지 않는다고 생각한다. 하나 이상의 애정을 가지지 못하는 마음은 불쌍한 것이다. 그러나 이 감성적인 분야는 더 이야기하지 말자. 거창한 말은 내면적인 정신적 실체를 표현하기에 너무 통속적인 것이 되어버려 그것을 싫어하는 수줍은 사람은 누구나 그것에 대해서 길게 말하면 불편해할 것이다. 따라서 일반적으로 평화주의자들은 그런 분야에서 우리에게 그들을 따르라고 하지 않았다.

그들은 무엇보다 먼저 이익에 대해서 이야기했다. 그들은 소위 이익이라는 것을 세상에 대한 진정한 지식과는 다른 형태로 보여주면서, 그들을 어느 정도 무조건 따르는 추종자들을 잘못된 길로 이끌고 간 것이다.

그들은 프랑스 자본주의가 노동자들에게 가혹하다고 말했고, 물론 그 말이 틀린 것은 아니다. 그러나 그들은 독재체제의 승리가 우리 노동자들을 거의 완전하게 노예화한다는 사실을 잊고 있었다. 그들은 주변에서 장래 우리의 패배를 이용하려고 하거나 그것을 거의 바라기까지 하는 기회주의자들을 보지 못했는가? 그들은 전쟁이 쓸데없이 파괴만 한다고 가르쳤고 그것이 틀린 말은 아니다. 그러나 그들은 사람들이 자발적으로 결정해서 하는 전쟁과 할 수 없이 하는 전쟁을 구별하지 않았고, 살인과 정당방위를 구별하지 않았다. 살인자에게 목을 대어주라는 것이냐고 사람들이 그들에게 물었다. 그들은 아무도 당신들을 공격하지 않는다고 대답했다. 왜냐하면 그들은 말장난하기를 좋아했고, 아마 자신들이 던져놓은 생각을 정면으로 바라보는 것을 잊어버려서 자신들이 던져놓은 모호함의 그물에 스스로 걸려버렸는지도 모른다. 강도는 희생자에게 "네 목숨을 내놓아라!"고 외치지 않는다. 그는 "돈주머니 아니면 생명"이라는 선택의 여지를 준다. 마찬가지로 침략자들은 억압대상 국민들에게 "자유를 포기하거나 살육을 받아들이라"고 한다. 그들은 전쟁이 부유하거나 힘있는 자들의 일이고 가난한 자들이 관여할 일이 아니라고 선언했다. 마치 공통된 문명의 기반으로 결합된 유서 깊은 공동체에서 가장 가난한 사람이 좋든 싫든 간에 가장 부유한 자들과 연결되어 있음을 부인하는 것처럼 말이다. 히틀러 추종자들이 사람들이 생각하고 있는 것만큼 그렇게 나쁘지는 않다고 그들이 속삭이는 것을 나는 들었다. 힘으로 침략에 대항하지 않고 문을 크게 열어줌으로써 아마 고통은 줄였을 것이다. 오늘날 억압당하고 굶주리고 있는 점령지역에서 이 선량한 전도사들은 무슨 생각을 하고 있는가?

그들이 설교하는 내용이 편리한 복음이기 때문에 그들의 설교는 모든 사람의 마음속 고상한 잠재력 곁에서 잠자고 있는 게으르고 이기적인 본능에 더 쉽게 받아들여졌다. 이 열광자들 중 다수가 개인적으로 용기가 없는 사람이 아니면서도 무의식중에 비겁자를 만드는 일을 했다. 덕(德)은 지성의 엄정한 비판이 없으면 언제나 가장 소중한 목표를 공격할 위험이 있다는 것이 진실이다. 생각해보면 내 형제들인 교사들 다수는 잘 싸웠다. 큰 의지를 가지고 우리 나라의 타성에 빠진 고등학교와 습관에 빠진 대학교에서 유일하게 자랑할 만한 교육을 했다. 프랑스가 적으로부터 해방되어 정신적인 삶이 어느 때보다 자유로워져 우리가 다시 사상을 논할 수 있는 날, 바라건대 영광스럽고 행복에 넘치는 날이 머지 않아 올 것이다. 그 날, 비싼 대가를 치르고 얻은 경험에 따라서 당신들이 어제까지 가르치던 내용 중 일부를 바꾸지 않겠는가?

　가장 이상한 일은 아마도 이 인간을 절대적으로 사랑한다는 사람들이 항복의 길에서 그들 계급과 그들의 이상의 철천지 원수들을 함께 만나면서도 놀라지 않는다는 사실이었다. 사실 그런 동맹이 매우 이상하게 보이기는 하지만, 때로는 그것이 정신적으로 반목보다 더 오래 전으로 거슬러올라간다. 왜냐하면 그렇게 여러 차례 선거전에서 싸운 사람들 중에는 옛날 그들과 한 그룹이다가 좀더 유리한 자리를 찾아 날아간 사람이 많았고, 이들이 어떤 대가를 치르더라도 평화를 추구해야 한다는 주장에 힘을 합하기로 했기 때문이다. 이 당을 바꾼 사람들은 옛날의 혁명적 열정은 불편한 변장처럼 벗어던졌다. 그러나 그들은 유용한 도약대 역할을 한 분파들을 거치면서 최소한 지울 수 없는 흔적을 간직하게 되었다. 그들은 거기에서 국민적 가치에 대한 개념을 잃었고 그것을 다시 찾지 못했다. 전쟁에서 패한 후 옛날에 킨탈(Kienthal : 1916년 5월 1일 사회주의자들의 회의가 열린 스위스 도시/역주)에 있던 사람이 장관이 된 것은 우연이 아니다. 독일군이 그 자리에 거리의 선동자를 올려놓게 된다면 그는 거짓 애국주의의 껍질을 쓰기 전인 전쟁 전에는 공산주의 지도자였을 것이다. 어떤 정파에게 다음과 같이 말하는 것보다 더 지독한 비난은 없을 것

이다 : 그곳에서 교육을 받으면 배운 것 모두를, 흔히 아름답고 고귀한 것 모두를 잊을 수 있다. 그러나 한 가지 조국을 거부하는 것은 예외이다.

이와 같이 국민방위라는 보편적 필요가 어느 때보다도 노동자의 이익과 일치되어도 그것의 가장 명백한 요구 앞에서 슬프게도 노동자들의 여론은 노선이 확실하지 않았다. 이 혼란에다 프랑스 공산주의의 있을 수 없는 모순이 새로이 혼란의 씨앗을 뿌렸다. 그러나 우리는 여기에서 다른 차원의 문제, 즉 엄밀한 의미의 사상의 문제를 다루게 된다.

우리의 패배의 지적 원인은 군사적 측면에서만 나타나는 것이 아니다. 승리자가 되기에는 우리 국민은 불완전하고 충분히 명석하지 않은 지식에 지나치게 만족하는 습관을 가지게 되지 않았는가? 우리 통치체제는 대중의 참여를 기초로 한다. 그런데 자신의 운명을 담당하게 된 이 민중은 내 생각으로는 그들 스스로 옳은 길을 택할 능력이 없는 사람들이 아니다. 그런 그들에게 어떤 합리적 행위를 하기 위하여 필수적인 명확하고 확실한 최소한의 정보를 제공하기 위해서 우리는 무엇을 했는가? 사실 아무것도 한 일이 없다. 확실히 그것이 소위 민주적이라는 우리 제도의 커다란 약점이며 소위 민주주의자들이라는 사람들이 저지른 가장 나쁜 범죄이다. 공개적으로 인정받은 정당의 정신이 불러일으키는 거짓이나 누락만 한탄하면 그래도 괜찮다. 그것은 잘못된 것이지만 사실 알아보기가 쉽다. 더욱 심각한 것은 소위 순수 보도지라는 신문과 오로지 정치권의 지시만 따른다는 신문들 중에서도 다수가 사실은 흔히 정직하지 못하고 때로는 그 뿌리가 우리 나라가 아닌 외국의 은밀한 이해관계를 위해서 일한다는 사실이다. 물론 대중의 건전한 상식이 이에 대항했다. 대중은 활자나 라디오의 선전을 점점 더 의심하게 되었다. 유권자가 항상 "그가 읽는 신문이 원하는 대로" 투표를 한다고 생각하는 것은 큰 잘못일 것이다. 나는 매일 그 지방 신문을 받으면서도 계속 그것에 반대되게 투표하는 보통 사람들을 여럿 보았다. 그리고 이 진실성 없는 충고에 넘어가지 않는다는 점이 오늘 우리가 프랑스를 보는 상황에서 희망과 위안을 찾을 수 있는 최선의 동기가 될 것이다. 그러나 거대한 세계적 투쟁의 목적을 이해하고 소나기를 예상하고 미리 우박에 철저히 대비하기 위해서 그 정도의 정신적 준비로는 충분하지 않다는 점을 인정해야 한다. 『나의 투쟁(Mein Kampf)』이나 라우슈닝과의 대화집을 읽어보라. 히틀러주의는 고의로 대중에게 진실의 접근을 거부한다. 그것은 설득 대신 감정적 암시를 사용한다. 우리도 선택을 해야 한다. 우리도 우리 국민을 몇몇 지도자의 자력(磁力)에 따라서 맹목적으로 움직이는 건반으로 만들 것인가?(그러나 어떤 지도자가 그럴 수 있을까? 오늘의 지도자는 영향력이 없다) 또는 그들 스스로 선택한 대표들에게 의식적으로 협조하는 사람을 만들 것인가? 우리 문명의 현 단계에서 이 딜레마는 매우 심각하다. 대중은 더 이상 복종하지 않는다. 그들은 최면상태에서 따르거나 또는 이해하기 때문에 따른다.

우리 나라의 부유하고 비교적 교양 있는 계급이 거리나 들에 있는 사람들이 교육의 혜택을 받는 것을 좋지 않게 생각하는 것은 그들을 무시하기 때문인가, 믿지 못하기 때문인가? 그런 감정이 있었던 것이 확실하다. 그것은 전통적인 것이다. 유럽의 부르주아지가 "하층 계급"에게 즐거운 마음으로 읽기를 가르친 것이 아니다. 역사가는 그 점에 대한 자료를 얼마든지 제시할 수 있다. 그러나 해악은 뼛속 깊이 들어와 있다. 호기심이 그것을 만족시킬 수 있는 사람들에게조차 부족했다. 거의 동의어인 두 신문 『더 타임스(*The Times*)』와 『르 탕(*Le Temps*)』을 비교해보라. 그들이 각각 따르고 있는 이익, 질서는 비슷하다. 그들의 주요 독자층도 양측 모두 대중과는 거리가 멀다. 그들의 공정성 또한 마찬가지로 의심스럽다. 그러나 전자를 읽는 사람은 후자의 정기 구독자보다 현재 세계에 대하여 훨씬 많이 알 것이다. 다른 곳에서의 대조도 마찬가지이다. 우리가 지적인 "품위" 면에서 가장 자부심을 가질 수 있는 신문과 예를 들면 『프랑크푸르터 차이퉁(*Frankfurter Zeitung*)』과 비교해보라. 히틀러 이전의 『프랑크푸르터』나 심지어 오늘의 그것도 괜찮다. 속담에, 현명한 자는 조금으로 만족한다는 말이 있다. 정보의 분야에서 우리 부르주아지는 검소한 에피쿠로스의 의미에서 지독하게 현명했다.

백 가지 다른 증상들이 그것을 확인해준다. 두 번에 걸친 전쟁 동안 나는 수많은 현역과 예비역 장교들을 알게 되었는데 그들의 출신은 매우 다양했다. 그들 중에 책을 읽는 사람은 드물었고, 과거를 통해서 현재를 이해하는 데에 도움을 주는 저서를 들고 있는 사람은 하나도 보지 못했다. 제4국에서 스트라세가 히틀러에 대하여 쓴 책을 가지고 온 사람은 나 하나뿐이었다. 내 동료 중에 그것을 빌려간 사람도 한 사람뿐이었다. 우리 시립도서관의 빈약한 상태는 여러 차례 지적되었다. 우리 나라 대도시들의 예산을 살펴보라. 빈곤이라는 말이 어울린다는 것을 깨닫게 될 것이다. 다른 나라 사람을 아는 면에서만 우리가 이방인이 되어버린 것이 아니다. "너 자신을 알라"는 옛 금언은 어떻게 되었는가? 어떤 국제위원회에서 우리 나라 대표가 어느 날 폴란드 대표의 비웃음을 샀다고 한다. 거의 모든 나라 중에서 우리만 믿을 만한 임금 통계를 발표하지 못하는 나라였다는 것이다. 우리 기업의 대표들은 집단적 활동을 돕는 명확한 지식보다 조그만 사적인 이익에 유리한 비밀을 선호했다. 화학의 세기에 그들은 연금술사의 심성을 가지고 있었다. 전에 우리 나라에서 공산주의를 물리치려던 그룹들을 생각해보라. 분명히 전국에서 정직하고 현명하게 조사를 해야만 자신들이 그렇게 염려하는 성공의 원인을 알고 그 다음에 그들의 전진을 막을 방법을 알 수 있었을 것이다. 그들 중에 그 것을 생각한 사람이 하나라도 있었는가? 여기에서 정치적 의도는 중요하지 않다. 그것에 찬성하든 그것을 비난하든 간에 정말로 심각한 증상은 이 강력한 이익집단들이 그렇게도 결함이 있었다는 점이다. 참모부가 정보부서를 잘 조직하지 못했다고 어찌 놀랄 수 있겠는가. 그들은 점차로 정보수집 취미를 잃은 그룹에 속했다. 『나의 투쟁』을 읽은 사람은 나치즘의 진정한 목적을 의심했고, "현실주의"라는 아름다운 말을 모른다고 하면서 사람들은 오늘도 그것을 의심하는 것 같다.

더욱 나쁜 것은 앎에 대한 게으름이 거의 필연적으로 치명적인 자기만족에 빠지게 하는 것이다. 나는 매일 라디오에서 "토지로 돌아가라"는 설교를 듣는다. 상처입고 당황한 우리 국민에게 "당신은 지나치게 기계화된 문명의 매력에 빠지고 있다. 그 법칙과 편리함을 받아들이면서 당신은 당신의 고유성인 옛 가치를 버렸다. 그까짓 대도시, 공장, 학교가 다 뭔가! 당신에게 필요한 것은 옛날식의 노동이 행해지고 명사들이 다스리는 폐쇄적인 작은 사회인 옛 마을이나 소도시이다. 그곳에서 당신은 다시 힘을 얻고 당신 자신이 될 것이다." 물론 나는 이 아름다운 설교가 프랑스인의 행복과는 무관한 이익을 감추고 있다 —— 사실은 잘 감추지를 못하고 있지만 —— 는 점을 모르지 않는다. 오늘날 지도적 위치에 있는, 또는 있다고 믿고 있는 파당은 겸손한 농민들이 타고난 옛날의 순종성이 없어진 것을 계속 아쉽게 생각했다. 그런데 그들이 그 점에 대해서 잘못 생각하는 것일 수도 있다. 우리 농민이 옛 글에서 말하는 것처럼 "목이 뻣뻣한 것"은 어제 일만은 아니다. 특히 기계로 승리한 독일이 그것을 독점하려고 하고 있다. 독일은 모든 나라를 완전한 농업사회로 만들고 그들의 밀과 유제품을 지정된 가격으로 독일의 공업제품과 교환하지 않을 수 없게 하여, 자국 주변에 모이는 하인배나 공손한 동반자로 만들려고 하고 있다. 마이크를 통해서 우리말로 말하는 목소리는 그곳으로부터 오는 것이다.

그런데 이 목가적인 호소는 오늘만의 일이 아니다. 전쟁 이전에도 이미 많은 문학작품이 그것을 친숙하게 만들었다. 그것은 "미국식"을 비난했다. 그것은 기계와 진보의 위험을 고발했다. 그 대신 우리 농촌의 평화로운 부드러움과 소도시 문명의 친절함, 과거 생활양식에 점점 더 충실하게 남아 있도록 권고하는 사회의 숨겨진 힘과 친절함을 선전했다. 오래 전 우리의 목가적 작가 노엘 뒤 파유나 올리비에 드 세르 같은 사람이 웃었을 약간 바보 같은 전통고수주의이다. 들판의 진짜 일은 부드러움보다는 극기를 요하며, 마을은 목가 속에서만 평화의 쉼터가 될 뿐이다. 그러나 이 농촌 프랑스를 위한 변명이 모두 거짓은 아니었다. 나는 오늘날에도 한 국민이 땅에 깊이 뿌리를 내리는 이점이 크다고 굳게 믿고 있다. 그렇게 함으로써 그 국민은 경제구조를 아주 튼튼하게 유지하고, 특히 진정으로 대치할 수 없는 인간자원을 보유하게 된다. 그들의 매일의 삶을 곁에서 보고, 예전에 그들 곁에서 함께 전투를 하고, 그들의 역사에 오랫동안 관심을 가진 나는 싱싱한 건강함과 무미건조하지 않은 섬세함을 가진 진짜 프랑스 농민의 가치가 무엇인지를 안다. 나도 다른 사람들과 마찬가지로 우리의 옛 도시에 소박한 매력을 느끼고 있으며 그것이 오랫동안 프랑스 공동체의 가장 활동적인 부분을 형성한 모태임을 잊지 않고 있다.

그러나 우리는 이탈리아인이 그렇게 남아 있지 않겠다고 선언한 "고물 박물관"으로 남아 있기로 하고 체념할 것인가? 우리에게 선택의 여지가 없다는 점을 숨기지 말자. 그것이 아직도 가능하다고 믿기에는 우리는 적이 박물관 국가들에게 부과한 조건을 너무나 잘 알고 있다. 우리는 살기를 원하고 살아남으려면 이겨야 한다. 그리고 용기를 가지고 인정하자. 우리 안에서 패배한 것이 바로 우리가 애지중지하는 소도시라는 점을. 너무 느린 리듬으로 진행되는 나날, 버스의 느린 속도, 게으른 행정, 매 단계에서 되는 대로 내버려두어 누적되는 시간의 낭비, 주둔지 카페의 한가함, 눈앞의 이익만 생각하는 저질의 정치적 책동, 돈벌이가 적은 수공업자들, 서가가 비어 있는 도서관, 익숙한 것만 좋아하는 취향, 달콤한 습관을 흔들 수 있는 모든 새로움에 대한 경계심, 이런 모든 것들이 붕붕거리는 벌집 같은 독일의 유명한 "활력"이 우리에게 대항해서 끌고 가는 빠른 속도 앞에서 죽어간 것이다. 우리의 오래 된 자산 중 보존될 수 있고 보존해야 하는 것을 지키기 위해서 우리는 새로운 시대의 필요에 적응해야 한다. 나귀가 끄는 수레는 아마 편안하고 매력적인 수송수단이었을 것이다. 그러나 그것을 자동차로 바꾸어야 하는데도 거부하면 우리는 나귀까지도 잃게 될 것이다. 그런데 새롭게 되기 위해서는 배워야 한다. 만일 우리 장교들이 오늘의 세계가 요구하는 전쟁법을 터득하지 못했다면 그것은 그들의 출신배경인 부르주아지가 대부분 그것에 대하여 게으르게 눈을 감아버렸기 때문이다. 우리가 우리 자신 안으로 움츠러들면 우리는 패배할 것이다. 더 잘 알고 더 빨리 예견하기 위해서 머리를 열심히 써야만 구원을 받을 것이다.

또한 몇 년 전부터 우리 나라에서 정치활동을 조금이라도 한 사람이라면 누구나 이상한 병에 걸려 잃게 된 사고의 일관성을 찾아보기 위해서도 그렇다. 사실을 말하자면, 소위 "우파"라는 정당들이 오늘 패전 앞에서 그렇게 쉽게 포기한 사실에 역사가는 그리 크게 놀라지 않을 것이다. 왕정복고로부터 베르사유 의회까지 우리 역사의 거의 전 과정에서 그것이 그들의 변함없는 전통이었다. 드레퓌스 사건에 대한 오해가 한때 군국주의와 애국주의를 혼동하면서 규칙을 혼란시키는 것으로 보였다. 깊은 본능이 다시 우세해지는 것은 자연스럽고 그건 그런 대로 괜찮다. 그러나 같은 사람이 차례로 극단적인 반독주

의를 표방하다가 우리를 독일의 대륙체제에 봉신으로 들어가게 한다
거나, 푸앵카레식 외교의 옹호자로 자처하다가 선거 때는 그들의 적
이 주장하는 소위 "주전론"을 격렬히 비난하는 태도로 돌변하는 것
은 진지했던 지도자들에게는 이상한 정신적 불안정이다. 그들의 추
종자들 쪽도 사고의 극단적인 이율배반에 놀라울 정도로 무심했다.
물론 나는 히틀러의 독일이 에베르트(바이마르 공화국 시대의 사회
주의 지도자/역주)의 독일이 불러일으키지 못한 호감을 불러일으켰
다는 사실을 모르지 않는다. 적어도 프랑스는 언제나 프랑스로 남아
있었다. 그러나 이 곡예에 대하여 억지로라도 변명을 해볼까? 가장
좋은 것은 여론의 다른 쪽 끝에 있는 그들의 적도 역시 부조리했다는
점일 것이다. 군비예산안을 거부하고 다음날에는 "에스파냐에 보낼
대포"를 요구하고, 처음에는 반애국주의를 설교하다가 이듬해에는
"프랑스인 전선"의 구성을 주장했다. 그리고는 결국 스스로 봉사할
의무를 회피하고 대중에게도 그것을 피하라고 종용했다. 이 아름답
지 못한 갈 지(之) 자는 놀라고 있는 우리 앞에서 공산주의라는 뻣뻣
한 줄 위에서 춤을 추던 사람들이 그린 것이다. 국경 너머에서 중간
키의 갈색머리 알프스 사람(히틀러/역주)이 밤색머리의 키가 작고 등
이 굽은 사람(괴벨스/역주)을 주요 대변인으로 거느리고 "키가 큰 금
발의 아리아 인종"의 신비한 우월성에 근거한 독재를 수립했다는 점
을 나는 잘 알고 있다. 그러나 프랑스인은 지금까지는 머리가 건전하
고 논리적이라고 알려져왔다. 르낭이 보불전쟁 패배 후에 말한 바와
같이, 이 국민을 지적, 도덕적으로 개혁하기 위해서 제일 먼저 가르
쳐야 할 것은 고전논리학의 오래 된 공리이다 : A는 A이고 B는 B이

고, A는 B가 아니다.

　이와 같은 허약함의 원인에 대해서는 당연히 할말도 많고 연구할 것도 많다. 이러니저러니 해도 여전히 우리 국민의 두뇌인 부르주아지는 그들이 대부분 연금생활자였을 때 진지한 연구취미를 가질 수 있었다. 오늘날 사업가, 의사, 법조인은 집무실에서 혹독하게 일해야 한다. 일이 끝나고 나면 그들은 무언가를 즐길 여력조차 없는 것 같다. 일의 강도를 줄이지 않고도 시간을 잘 이용하면 좀더 여유를 가질 수 있을 것이다. 그러나 그 오락이 혹시라도 지적인 형태를 띤 것일 수 있을까? 그것은 간접적으로라도 행동과 합치하는 경우가 드물다. 왜냐하면 오랜 전통에 의해서 우리는 예술을 위한 예술처럼 지성을 위한 지성을 좋아하고 그것을 직업과 분리했다. 우리 나라에는 위대한 학자들이 있다. 그러나 우리 기술만큼 과학성이 없는 것이 없다. 우리가 책을 읽을 때 그것은 교양을 쌓기 위해서이고 그것은 매우 좋은 일이다. 그러나 우리는 행동할 때 교양의 도움을 받을 수 있고 또한 받아야 한다는 점을 충분히 생각하지 않는다.

　끝으로 이 국민에게 진정한 정신의 자유를 가지도록 해야 한다. "이단이 있는 것이 좋다." 이 현명한 격언을 잃은 것은 군대만이 아니다. 전통주의자들이 그런 것은 그래도 괜찮다. 그것이 그들의 본성이기 때문이다. 그러나 "진보" 정당이라고 부르는 당에 대해서는 어떻게 말할 것인가? 나는 개인적으로 카를 마르크스의 저작을 매우 높이 평가하고 있다. 그러나 그는 인간으로서는 견디기 어려운 사람이었다고 생각된다. 철학자로서는 아마도 일부 사람들이 그리려고 했던 것만큼 독창적이지는 않다고 생각한다. 사회분석가로서는 그만 큰 힘을 가진 사람이 없었다. 새로워지는 학문의 신봉자인 역사가가 조상들의 진열실을 만들기로 한다면 라인 강 연안 지방 출신의 나이 들고 수염 난 철학자의 흉상이 조합 진열실의 첫 줄에 자리할 것이다. 그러나 그렇다고 그의 가르침이 영원히 모든 주의의 표준이 될 수 있는가? 실험실의 실험결과만을 믿는 훌륭한 학자가 "마르크스주의에 따른" 생리학이나 물리학 개론을 썼다. 그러고 나서 그들이 "히틀러식" 수학을 비웃을 권리가 있는가? 경제 형태의 변화 가능성을 주장하는 정당이 스승의 말에 따라서 단언하기를 거부하는 경솔한 자들을 파문했다. 마치 1860년대 사회학적 지식의 뒷받침을 받은 한 학자가 당시 유럽 사회를 관찰해서 내놓은 이론이 1940년에도 법칙이 될 수 있다는 듯이 말이다.

18세기의 확고한 합리주의에 젖어 있던 콩도르세의 말이 더 옳다. 그는 공교육에 관한 유명한 보고서에서, "시민의 어떤 계급에게도 프랑스 헌법이나 나아가 '인간과 시민의 권리의 선언'이 숭배하고 믿어야 하는 하늘에서 내려온 계명처럼 제시되지는 않을 것이다"라고 말했다.

사람들이 굳이 일러주지 않아도 나는 집단의 지도자들이 내면적으로는 사람들이 생각하는 것보다 이 표면적 정통주의에 훨씬 덜 충실하다는 점을 잘 알고 있다. 그러나 그들의 끔찍한 집단에서 우리의 패배의 큰 원인이 된 지적인 결함을 다시 보지 않는가? 모호함을 선호하고, 세상의 끊임없는 변화에 대해서 방향감각이 명확하지 않은 점이 그것이다. 극좌파나 참모부보다는 —— 한 나라에서 가장 극렬한 반대자들이 모르는 사이에 같은 지적 분위기를 가지는 경우가 있기 때문에 —— 히틀러가 옳았다는 점을 인정해야 한다. 대중에게 큰 소리로 연설하는 히틀러가 아니라 속 이야기를 하는 히틀러를 말한다. 그는 마르크스주의에 대하여 어느 날 라우슈닝에게 이렇게 말했다. "우리는 최종적인 상태라는 것은 없으며……항시적인 변화가 있을 뿐임을 안다. 미래는 새로운 창조의 무한한 가능성이 결코 고갈되지 않는 강이다."

대학교수로서 교육에 큰 책임이 있다고 하고, 자신도 교육자면서 우리 교육방법의 결함을 적나라하게 말하는 것을 용서해주기 바란다. 우리의 중등교육은 미적 가치에 항상 충실하게 남아 있는 옛날식의 인문주의와, 고전문화의 미적 도덕적 가치를 효과적으로 보유하지도 못하고 새롭게 창조하지도 못하면서 과도하게 새로움을 추구하는 취향 사이를 끊임없이 오락가락하면서 지적인 활력을 발전시키지 못했다. 대학이 대학생들에게 그런 것처럼 중등교육도 학생들을 시험으로 짓눌렀다. 그리고 눈과 두뇌의 창의성을 발전시키는 데에 적절한 관찰과학에는 별로 관심을 기울이지 않았다. 다행히도 동물생태학은 광범하게 취급하고 있으나 식물학은 거의 완전히 무시하고 있는데 이 점은 크게 잘못된 것이다. 영국의 학교가 호비(hobby), 즉 취미(식물채집, 돌 수집, 사진 등)를 장려하는 반면 우리는 청소년의 관심을 이 모든 "엉뚱한 짓"으로부터 점잖게 돌려놓거나 혹은 보이스카우트 운동에 맡겨버린다. 보이스카우트 운동의 성공은 다른 무엇보다도 "국민" 교육의 결함을 명백히 보여주는 증상일 것이다. 우수한 학생이 고등학교를 졸업한 후에는 진지한 책을 한 번도 열어보지 않으며, 열등생이었거나 열등생에 가까웠던 사람이 현재는 교양에 대해서 깊은 관심을 보이는 것을 나는 많이 보았다. 한 번쯤의 뜻밖의 일은 충격받을 일이 아니다. 그러나 그것이 반복적으로 나타나면 좀 곤란하다.

이것은 배반당한 분함에서 나온 것인가? 역사가로서 나는 역사교육에 대하여 특별히 준엄하게 이야기하겠다. 군사학교만 실전을 위해서 제대로 준비를 하지 못한 것이 아니다. 확실히 우리의 고등학교가 현대세계를 소홀히 취급하고 있다고 비난할 수는 없다. 오히려 반대로, 전적으로 그것만 취급하고 있다. 그러나 바로 현재와 가까운 과거만을 보기 때문에 그것을 설명할 수가 없는 것이다. 그것은 마치 별들이 바다에서 너무 멀리 있다는 이유로 바라보지 않아 밀물과 썰물의 원인을 알 수 없는 것과 같다. 과거가 현재 전체를 지배하지는 않는다. 그러나 그것 없이는 현재를 이해할 수 없다. 더욱 한심한 것은 광범한 시야와 비교의 장(場)을 의식적으로 채택하지 않음으로써 우리 역사교육은 그것이 교육시키려는 대상들에게 차이와 변화의 개념을 가르치는 데에 실패했다. 이와 같이, 1918년 이후 라인 강 연안 지방에 관한 우리의 정책은 시효가 지난 유럽의 상에 근거하고 있었다. 그것은 이미 수명을 다한 독일의 분리주의를 살아 있는 것으로 계속 믿었다. 그래서 우리 외교관들은 보수주의자의 거실에 있는 앨범 속의 퇴색한 유령인 합스부르크가를 고집스럽게 신뢰했다. 그들은 히틀러보다도 호엔촐레른가를 더 두려워했다. 진정한 역사는 이런 부고(訃告)들을 빠뜨리지 않았을 것이다. 게다가 거의 예외 없이 우리와 가까운 시기의, 그래서 가장 파악하기 쉬운 민중의 삶의 피상적인 표현에만 집착하여, 우리 학교의 프로그램은 정치적 강박증을 조장했다. 그것은 사회분석은 점잖게 피했다. 그쪽으로는 감식안을 불러일으키지 못했다. 내가 중등학교나 초등학교의 교사에게 지나치게 요구하고 있다고 비난하지 말기를 바란다! 나는 어린이에게 내각의 변화보다 기술의 변천이나 고대문명이나 다른 지역 문명의 명백한 차이점에 관심을 가지게 하는 것이 더 어렵다고 생각하지 않는다. 9학년(한국의 초등학교 4학년에 해당한다/역주) 학생들에게 7월왕조가 어떻게 "세습귀족제"에서 "종신귀족제"로 바뀌게 되었는가를 적절하게 설명했다고 그 교과서가 내 마음에 드는 것은 아니다. 이 어린이들에게 가르칠 것 중 좀더 나은 것은 없었을까? 좀더 인간적이고 그들의 말랑말랑한 상상력을 좀더 유용하게 만들고 그들을 프랑스와 세계의 미래 시민으로서 훈련시키는 데에 좀더 교육적인 것이 없었을까? 여기에서도 우리는 이후에 모든 창문을 활짝 열고 분위기를 깨끗이 청소해야 한다고 생각한다. 그것은 젊은이들의 몫일 것이다. 군대의 지휘부와 마찬가지로 나라의 지적 교육의 개혁을 위해서 나는 다섯 개의 아카데미나 대학의 가장 높은 기관 또는 최고군사회의보다도 그들에게 기대를 건다.

사람들은 모든 잘못이 전쟁 전의 우리 정치제도에 있다고 했다. 나 자신도 그것을 좋게 말하고 싶진 않다. 의회주의는 이해심이나 열성을 불러일으키는 대신에 자주 음모를 조장했다. 그것을 납득하기 위해서는 내 주변을 돌아보기만 해도 충분하다. 오늘 우리를 통치하고 있는 사람들은 대부분 그 흙탕물 출신이다. 이제 와서 그들이 현재의 그들을 만들어준 관행을 부인한다면 그것은 늙은 여우의 속임수에 지나지 않는다. 금고를 연 정직하지 못한 직원은 가짜 열쇠를 아무데에나 굴러다니게 놔두지 않는다. 그보다 더 꾀많은 자가 그것을 주워서 그가 훔친 물건을 다시 훔쳐가지 않을까 두렵기 때문일 것이다.

진정한 재건의 시간이 도래하여 우리가 다시 공개적인 통치를 요구하고 국민의 신뢰를 잃은 당파들에게 물러나라고 명령하게 될 때 우리는 절대로 게으르게 과거의 발자취를 따라가지는 않을 것이다. 우리를 지배하려는 비대한 의회는 역사의 부조리한 유산이다. "예"나 "아니오"를 대답하기 위해서 모이던 신분제 의회의 위원 수는 수백 명이 되기도 했다. 통치를 맡은 의회는 수가 많아지면 혼란에 빠지게 마련이다. 게다가 의회란 추인하고 감독하기 위해서 만들어진 기구이므로 그것이 통치를 하는 것이 적합한지도 문제이다. 우리의 정당제도는 작은 카페나 회사의 어두운 사무실에서 나는 곰팡이 냄새를 피우고 있다. 그것은 힘이라는 정당성도 가지지 못했다. 왜냐하면 그것은 독재의 바람이 불자마자 카드로 쌓은 성처럼 무너졌기 때문이다. 그들 자신도 이미 시효가 지났음을 아는 교의나 실현을 포기한 프로그램의 포로인 거대 정당들은 일시적으로 중요한 문제를 중심으로 기만적으로 사람들을 결합시키고 있어서 —— 우리는 뮌헨 협정 후에 그것을 보았다 —— 완전히 반대되는 견해를 가진 사람들로 구성되어 있었다. 그것은 같은 생각을 가진 사람들을 분열시키기도 했다. 그들은 누가 정권을 맡을 것인가도 결정하지 못했다. 그것은 단순히 권력의 꼭대기에서 서로를 밀어내고 있는 교활한 자들의 도약대 노릇을 했다.

우리 나라의 내각이나 의회는 우리에게 전쟁준비를 제대로 시키지 못했다. 총사령부도 물론 그들을 잘 돕지 못했다. 그러나 기술자들에게 지배당했다는 사실 자체가 정부의 우유부단함을 적나라하게 보여주는 것이다. 1915년에 의회의 분과위원회는 중포화기를 설치하기 위해서 포병대 전체를 위한 것보다 더 큰 노력을 기울였다. 왜 그들의 후계자들은 적절한 시기에 비행기와 탱크를 위해서 같은 조치를 취하지 않았는가! 군비부 장관의 이야기는 부조리의 표본인 것 같다. 그것을 만들기 위해서 전투가 시작되기까지 기다렸다는 말은 도저히 믿을 수가 없다. 그것은 동원령이 내려지자마자 간부조직을 갖추고 설치될 수 있어야 했다. 전문가가 용기 있게 요구했는데 의회가 예산을 거부하는 경우는 드물다. 군비부는 예산을 잘 사용하도록 의회에 압력을 가하지 못했다. 게다가 유권자의 주머니에 세금은 잘도 부과하면서 그들을 방해하는 것은 훨씬 두려워했다. 예비병에게 필요한 훈련기간을 부과하지 않으려고 한 점은 국민군의 원칙에 심각한 타격을 주었다. 이 단계에서 교육을 합리적으로 할 수 없도록 하는 병영의 일상이 일이 그렇게 되도록 만들었다. 내각 수반은 거듭해서 전권(全權)을 요구해야 했다. 그것은 헌정기구가 잘 작동하지 않는다는 것을 인정하는 것이다. 너무 늦기 전에 그것을 개혁하는 편이 나았을 것이다. 이 전권 부여는 임시방편적 해결책이었으나 그것이 정부의 힘을 강화하고 질서를 가져온 것 같지는 않다. 뒷거래에 습관이 된 우리의 정치 지도자들은 가끔 만나서 소문을 듣는 것을 정보수집이라고 생각했다. 그들에게는 세계 문제도 국내 문제와 마찬가지로 개인적 반목의 시각으로만 보였다.

그러므로 이 정체(政體)는 허약했다. 사람들이 그리려고 한 상은 그렇게 나쁜 것은 아니었다. 사람들이 비난하는 잘못 중에 어떤 것은 순전히 가상적으로 보이는 것도 있다. 사람들은 파벌과 특히 반교권적 열정이 군대를 교란시켰다고 자주 말했다. 나는 보앵에서 블랑샤르 장군이 매 주일 미사에 가는 것을 보았다. 그것 때문에 그가 전쟁을 기다렸다고 생각하는 것은 그의 공민적 용기를 아무 이유 없이 모독하는 것이 될 것이다. 그것이 그의 신앙이므로 그가 신도의 의무를 그와 같이 공개적으로 하는 것은 당연한 것이다. 그 점에 대하여 못마땅하게 생각하는 무신론자는 바보이거나 아니면 비열한 마음을 가진 자일 것이다. 그러나 나는 충성스럽게 확인된 이 종교적 확신이 소위 "좌파" 정부에서 군대의 지휘관을 맡는 것을 방해하거나 군대를 패배로 몰아넣었다고 생각지는 않는다.

그리고 의회나 그들로부터 나온 내각은 잘 통치했는가? 이전의 제도로부터 그들은 그들이 직접 지배하지 못하는 거대한 공적 기구들을 그대로 물려받았다. 물론 정당은 자주 그 집단의 우두머리를 선택하는 데에 개입하려고 했다. 그 바람이 어느 쪽으로 불건 그들의 선택이 최선인 경우는 드물었다. 그러나 그 기반의 충원은 전적으로 집단에 맡겨졌다. 명사의 아들들이 선호하는 성역인 정치학교 출신이 대사관, 회계감사원, 참사원, 재무부를 차지하고 있다. 동창관계가 일생 동안 놀라운 연대관계로 유지되는 폴리테크닉 학교는 산업계의 참모진을 제공할 뿐 아니라 국가의 공무원직도 가질 수 있게 하며 이곳에서의 승진은 거의 기계적인 자동법칙에 따른다. 대학은 심의회나 위원회를 운영하여, 사상의 발전을 위해서는 위험성을 내포하고 있기도 한 점인데, 거의 완전히 그들 안에서 호선(互選)을 하고 있으며, 교수들에게 현재의 제도가, 그들 말로는, 임시로 폐지했다는 지위의 확고부동함을 보장하고 있다. 학사원은 매우 화려하고 명예가 높아 가장 철학적으로 보이는 사람까지도 그 칭호에 매력을 느끼게 되는데, 그곳은 장점과 단점 모두를 포함하는 지적 권위를 가지고 있다. 만일 정치가 혹시 아카데미 회원의 선출에 영향을 미친다면 그것은 분명히 좌파 인물의 경우는 아니다. 전에 폴 부르제가 다음과 같이 말한 일이 있다. "나는 보수주의의 세 아성을 알고 있다. 그것은 영국 상원, 독일 참모부 그리고 아카데미 프랑세즈이다."

정치체제가 이 옛 동업조합을 존중하는 것이 옳은 일인가, 잘못된 일인가? 끝없이 논의할 수 있다. 어떤 사람은 안정, 명예의 전통을 말할 것이다. 다른 사람들은, 나도 그쪽으로 기우는데, 인습, 관료주의, 집단적 교만이라고 반박할 것이다. 여하튼 한 가지는 확실하다. 두 가지 면에서 잘못이 크다는 점이다.

"정치학교(Sciences Po)"의 독점을 깨뜨리기 위해서 인민전선 내각이 행정학교를 설립하자 비난의 소리가 얼마나 크게 일었던가! 그 계획이 시의적절하지는 않았다. 장학금을 주어 누구에게나 관리직에 들어갈 수 있도록 하고 영국 공무원(Civil Service)의 강점인 일반교양 제도에 따라서 대학에 그 준비를 맡기는 것이 좋았을 것이다. 그러나 처음 생각은 옳았다. 정부의 성격이 어느 쪽이든 정권의 도구가 공적 제도의 정신에 적대적이면 나라가 고통을 받는다. 왕정에는 왕정주의자 관리가 필요하다. 고위 관료가 민주주의를 멸시하도록 교육받고, 재산상의 이유에서 민주주의의 지배력을 불식시키려는 계급 출신에서 충원되어 이들이 마지못해 봉사한다면, 민주주의는 약화되고 공동체의 이익에는 큰 손해가 될 것이다.

　다른 한편 그것이 공식적이건 아니건 거의 모든 거대 기관의 호선 제도는 연장자에게 힘을 주게 되어 있다. 군대와 마찬가지로 진급은 매우 느리고 노인들이 최고직에 있으면서 그들보다 젊은 사람을 승진시키는 경우 그들에게 순종적인 사람을 선호한다. 혁명은 그 원칙이 우리와 맞느냐 아니냐에 따라 때로는 바람직하기도 하고 때로는 가증스럽기도 하다. 그러나 거기에는 열정이 본질적으로 내포하고 있는 덕목이 있다. 혁명은 진정한 젊은이들을 앞으로 내세운다. 나는 나치즘을 몹시 싫어한다. 그러나 나치 혁명은 프랑스 대혁명처럼, 그것과 비교하자니 얼굴이 붉어지지만, "놀라움과 새로움"을 이해할 수 있는 사람을 군대의 지휘관이나 국가기관의 장으로 만들었다. 이들이 관습적인 교육을 받지 않고 신선한 머리를 가지고 있었기 때문이다. 우리는 그들에 맞서 노숙한 신사나 젊은 늙은이들만 내세웠다.

　그러나 정치체제는 그 기구가 얻게 된 저항의 힘이 어떤 것이건 간에 무엇보다도 그것이 통치하려고 하는 사회가 만든 것이다. 기계가 운전자를 끌고 가는 경우가 생기기도 한다. 그러나 그것은 기계를 조종하는 손가락에 달려 있는 경우가 더 흔하다. 내가 아는 사업가들이 우리 나라의 가장 권위 있는 신문에 언론의 뇌물풍조를 유창하게 비판하는 기사를 많은 액수를 주고 "게재하게 하거나" 또는 전직 장관에게 그들의 저급한 이익을 변호하는 책을 써달라고 주문하고 바로 몇 시간 후에 이 의회의 "꼭두각시"를 비웃는 것을 보고 나는 웃을 수밖에 없다. 부패한 자와 부패하게 하는 자 중 누구를 교수대로 보내야 하는가? 부유한 부르주아들은 교사들에 대하여 자주 불평을 한다. 그들이 오늘날보다도 더 돈주머니를 틀어쥐고 있을 시절에 그들은 예산 편성의 방법으로 그들 자식들의 선생에게 하인에게보다 더 낮은 보수를 주는 것을 당연하게 생각했다. 널리 알려진 프랑스인의 인색함이 우리에게 끼친 피해는 이루 다 말할 수 없을 것이다. 그 면에서도 역시 소도시적 정신이 계속 승리를 거두었다.

특히 우리의 정치구조는 프랑스인끼리의 불화 때문에 문자 그대로 꼼짝달싹할 수 없는 지경에 이르렀다.

자유로운 나라에서 서로 반대되는 사회철학이 자유롭게 싸우는 것은 좋고 건강한 일이다. 우리 사회의 현 상태에서 여러 계급이 대립되는 이해관계를 가지고 그들의 적대관계를 인식하는 것은 불가피한 일이다. 조국의 불행은 이 충돌의 정당성을 이해하지 못하게 되면서 시작되었다.

나는 여기저기에서 부르주아지라는 말을 사용했다. 주저함이 없지는 않았다. 오래 전부터 사용되었으면서도, 동시에 그 의미가 끊임없이 빗나가게 사용되면서 여전히 모색 중인 인문과학의 어휘집을 채우고 있는 이 말은 경계가 모호한 매우 복잡한 현실을 포괄하고 있다. 그러나 새로운 것이 나오기 전에는 불완전한 언어가 당신에게 준 유일한 어휘를 쓸 수밖에 없다. 그 말을 정의한다는 조건에서 말이다. 그러므로 나는 우리 나라에서 부르주아(bourgeois)라는 말을 이렇게 정의한다. 육체노동으로 생계를 꾸리지 않는 사람, 수입의 원천이나 그 정도는 다르지만 안락하게 살 수 있고 그러므로 불안정한 노동자의 봉급으로 사는 것보다 훨씬 안정되게 살 수 있는 사람, 그리고 기반이 이미 잡혀 있는 가족 출신이면 어린 시절부터 교육을 받았거나, 아니면 사회적으로 출세하면서 받아서 교육의 정도나 풍부함 또는 그가 느끼는 자부심이 보통 정도의 문화수준을 넘는 사람, 또한 스스로 나라에서 지도적 역할을 하는 계급에 속한다고 생각하고 복장, 언어, 예절 등 여러 가지 면에서 거의 본능적으로 이 그룹의 특성과 그 집단적 명예를 자기 것으로 생각하는 사람을 말한다.

그런데 이와 같이 정의할 수 있는 부르주아지가 전쟁 전의 프랑스에서 더 이상 행복하지 않게 되었다. 지난번 세계대전이 원인이라고들 하지만 사실 그것이 전적인 원인은 아닌 경제적 혁명이 재산의 안전성을 무너뜨렸기 때문이다. 옛날 많은 가족의 거의 유일한 재산 형태이고 성공의 첫 단계에 오른 많은 다른 가족들의 궁극적인 희망이었던 연금이 놀라는 사이에 손 안에서 녹아내렸다. 노동자들의 보수에 대한 모든 압력에 대하여 임금생활자들이 공동으로 저항하여 경제위기가 있을 때마다 사용자들의 배당이 감소되었다. 신생국의 공업발전과 자급자족 정도가 발전하면서 유럽과 프랑스 자본주의는 점점 빈혈상태로 빠지게 되었다. 새로운 사회계층이 성장하여 습관적으로 지배해온 그룹의 경제권과 정치권을 위협했다. 오랫동안 그들은 전반적으로 민주주의 제도에 적응했다. 그들 중 다수가 그것이 그들이 바라는 바라고 말하기도 했다. 그것은 일반적으로 그런 것처럼 관행이 권리보다 늦게 갔기 때문이다. 소농과 노동자들에게 투표권이 부여되었으나, 그것은 한 세대 이상 지방에서 중간계급의 명사들이 행사하던 전통적 지배를 크게 바꾸어놓지 않았다. 그들은 그것을 이용하여 국가의 요직에서 그들의 오랜 적인 상층 부르주아지와 귀족을 일부 제거하기까지 했다. 귀족의 비타협성을 가지지 않은 이들에게 민주주의는 인간주의에 대한 진정한 관심을 만족시키는 것이었다. 그것이 아직 그들의 지갑이나 그들의 소박한 명예의 안정성을 불안하게 하지 않았다. 그러나 경제적 비극이 오자 어느 날 유권자 대중이 훨씬 강하고 위험하게 자기 주장을 하게 되었다. 정말 역으로 불평등해졌다는 감정이 원한을 깊게 했다. 매일매일 더욱 열심히 일하지 않을 수 없게 된 부르주아는 그들의 이익의 가장 큰 원천인 노동력을 제공하던 대중이 오히려 과거보다 일을 덜 하는 것 —— 그것은 사실이었다 —— 을 보게 되었다. 그리고 자신보다도 덜 일하는 것으로 보였다. 아마 이 점은 정확하다고 할 수는 없고, 여하튼 인간의 피로 정도가 다르다는 점을 충분히 고려하지 않은 것이다. 일꾼이 주인과 마찬가지로 영화를 보러 갈 여유가 있다는 사실에 그가 분노하는 것을 볼 수 있었다! 오랫동안 불안정하게 살아온 탓에 내일을 별로 걱정하지 않고 사는 노동계급의 정신상태가 그들의 타고난 절약정신과 충돌했다. 주먹을 들고 요구하는 퉁명스러운 이 군중 —— 그들의 폭력이 순진함의 표현이기도 하지만 —— 중에서는 가장 자비로운 사람이라도 이후로는 마담 드 세귀르의 소설에 나오는 공손하고 "선량한 가난한 사람"을 찾을 수 없다고 한탄했다. 그들이 교육받은 질서, 온순한 친절 그리고 기꺼이 받아들인 사회적 계서제가 가지는 가치는 자연히 그들의 마음을 새로움에 열려 있지 않도록 했는데, 이런 것이 모두 사라지려고 하는 것 같았다. 또한 그것들과 함께 아마 훨씬 귀중한 어떤 것이 그렇게 되는 것 같았다. 그것은 애국심이다. 부자들은 자신들이 그렇게 생각하고 있다는 점을 항상 인식하고 있는 것은 아니지만, 고용주에게보다 가난한 자들에게 강도 높은 희생을 요구하고 있었다.

부르주아지가 이렇게 불안해지고 불만에 가득 차게 되자 그들은 또한 까다로워졌다. 그들이 자신들의 근원인 이 대중을 가까이 살펴보았다면 그들과 깊은 동질감을 느낄 수도 있었겠으나, 그들을 이해하려는 인간적 분석의 노력을 해본 일이 없었으므로 그냥 비난해버렸다. 1936년 인민전선의 승리가 부유한 계급 사람들에게 준 충격은 대단한 것이었다. 그것은 매우 자유로운 정신을 가진 사람들에게도 마찬가지였다. 재산이 조금이라도 있는 사람은 재앙의 바람이 분다고 느꼈고, 부인들의 경악은, 차이가 있을 수 있다면, 남편의 것보다 더 컸다. 오늘날 사람들은 유태인 여성 부르주아지가 그 움직임을 부추겼다고 비난한다. 언제나 정세를 외면해버리는 불쌍한 유태교 회당. 그것이 가톨릭 교회보다 더 두려워했음을 내가 증언할 수 있다. 프로테스탄트 교회도 마찬가지였다. "내가 아는 프로테스탄트 사업가를 알아볼 수 없을 정도다"라고 한 프로테스탄트 작가가 나에게 말했다. "그들은 전에는 무엇보다도 노동자의 안녕을 염려하던 사람들이었다. 그런데 지금 그들은 노동자에 대하여 가장 극렬하게 반대하고 있다!" 하루 아침에 프랑스 사회를 두 그룹으로 나누는 큰 골이 깊숙하게 패였다.

물론 나는 여기에서 인민전선 정부들을 변호하고 싶은 생각은 전혀 없다. 그들의 죽음은 한때 그들을 믿었던 사람들이 그들의 무덤에 경건하게 뿌리는 한 삽의 흙 이상의 가치가 없다. 그들은 영광스럽게 죽지 못했다. 가장 나쁜 것은 그들의 적이 그들의 죽음에 거의 작용하지 않았다는 점이다. 그들이 어찌해볼 수 없었던 문제들도 거의 영향을 미치지 않았다. 인민전선의 시도는 무엇보다도 그 참가자 또는 그렇다고 표방하는 자들의 미친 짓 때문에 무너졌다. 그러나 부르주아 여론 대다수의 태도도 용서받을 수 없는 것이었다. 그들은 어리석게도 나쁜 것이나 좋은 것이나 모두 외면했다. 나는 구경을 싫어하지 않는 어느 사람이 만국박람회에 가지 않는 것을 보았다. 거기에 우리나라의 자랑이며 비할 데 없는 보물인 프랑스 예술의 걸작품들을 내놓아도 소용이 없었다. 보기 싫은 장관이 그 개막식을 거행했기 때문이라는 것이다. 인민전선의 종말은 노동조합의 요구에 의해서 촉진되었다고 사람들은 말했다. 그것에 저주를 퍼붓는 일은 그만두자. 사람들이 여가를 조직한다고 말하자 얼마나 큰 비난이 일어났던가. 사람들은 야유를 하고 보이콧을 했다. 같은 사람들이 그들의 마음에 드는 정부가 마찬가지 생각을 약간 다른 이름으로 진지하게 추진하자 그것을 극구 칭찬하고 있다.

특히 지도자의 잘못이 무엇이든 간에, 좀더 정당한 세계를 바라는 대중의 이 열망에는 감동적인 정직성이 있어서, 올바로 생각할 수 있는 사람이 누구라도 무관심할 수 있다면 놀라운 일일 것이다. 그러나 예를 들면 내가 만난 고용주들 중에서 연대감 때문에 하는 파업이 설사 합리적이지 못한 경우라도 고귀한 면이 있다는 것을 이해할 수 있는 사람이 몇 명이나 될까? "파업자들이 자신의 이익을 옹호하는 경우는 그래도 괜찮다"고 그들은 말한다. 프랑스 역사를 절대로 이해하지 못하는 프랑스인에 두 종류가 있다. 랭스에서의 대관식(프랑스 국왕의 대관식은 전통적으로 랭스 대성당에서 거행되었다. 국왕은

국민들이 합법적 권리를 누리고 국민과 교회가 연합을 유지하도록
하며 정의와 자비가 넘치도록 할 것을 맹세했다/역주)의 추억에 감동
하지 않는 사람과 연맹제(1790년 7월 14일 바스티유 감옥 함락 1주
년을 기념하여 샹 드 마르스에서 거행된 의식. 30만 명이 참석한 가
운데 탈레랑이 조국의 제단에 장엄한 미사를 올렸다. 여기에서 프랑
스 전국 83개 도의 대표가 프랑스 공동체에 소속됨을 선언했고 루이
16세도 참석하여 국민과 법에 충실한 것을 맹세함으로써 "프랑스 국
민의 통합"이 절정에 달했다/역주)의 이야기를 읽고 감동하지 않는
사람들이다. 그들이 현재 어느 쪽을 선호하는지는 중요하지 않다.
가장 아름다운 집단적 열정의 분출에 감동하지 않는다는 사실만으로
그들은 충분히 비난받아 마땅하다. 정치인들의 것이 아닌 인민들의
진정한 인민전선에는 1790년 7월 14일 대낮 샹 드 마르스 광장의 분
위기와 유사한 점이 있었다. 우리 조상들은 조국의 제단에 서약을 했
으나 불행하게도 사람들은 그 밑바탕에 있는 원천과의 관계를 잃었
다. 민주적이라고 하는 우리 정부가 국민에게 모든 사람을 위한 축제
를 한 번도 제공하지 못한 것은 우연한 일이 아니다. 우리는 고대의
승리의 노래를 부활시키는 일을 히틀러에게 넘겼다. 나는 제1군에서
군대의 "사기"를 담당한 장교들을 알고 있다. 사령부는 그 직책에 파
리의 은행가와 노르 도의 사업가를 임명했다. 그들은 "약간의 진실"
을 군대 신문에 게재하기 위해서는 우선 그것을 지저분한 농담으로
포장해야 한다고 생각했다. 한편 군대의 극장은 외설적인 희극을 보
여주면 줄수록 좋다고 생각했다. 프랑스 부르주아지는 대중에 대하
여 진지하게 생각하기를 거부하기도 하고 그들을 두려워하기도 하면

서 그들과 친해질 수 있는 진정한 마음의 움직임 속으로 들어가기를 거부하여 점점 대중과 멀어졌고, 따라서 그렇게 되기를 바란 것은 아니면서도 프랑스 자체와 멀어지게 되었다.

정치체제를 비난하면서 그들은 자연스러운 결과로 그것을 선택한 국민을 책망하게 되었다. 어쩔 수 없이 자신의 운명에 절망하여 조국에 대하여도 절망하기에 이르렀다. 내가 과장하고 있다고 생각하는가? 얼마 전까지 그들이 읽고 생각을 얻던 신문들을 읽어보면 알게되리라. 벨기에가 동맹체제를 버리고 슬프게도 거짓된 중립을 택했을 때 한 브뤼셀 친구가 나에게 말했다. "당신은 프랑스의 유명 주간지들이 당신들의 대의에 끼친 악영향을 상상하지도 못할 것입니다. 그것들은 매주 당신들이 썩었다고 선언합니다. 할 수 없지 않습니까! 믿을 수밖에." 우리 자신도 그것을 믿을 수밖에 없었다. 그들로부터 사업체의 장이나 주요 행정가가 배출되는 아직도 지도적 위치에 있는 계급의 대다수 사람들, 예비역 장교의 대다수가 이런 강박관념을 가지고 전쟁에 나갔다. 그들은 그들이 뼛속까지 썩었다고 생각하는 정치체제의 명령을 받았다. 그들은 스스로 미리부터 저항하지 못하리라고 생각하는 나라를 지키고 있었다. 그들이 지휘하고 있는 병사들은 그들이 보기에 자질이 떨어진 대중 출신이었다.[19] 그들의 개인

---

19) 1914년 8월 29일 —— "나에게 오는 우편물이 점점 많아지고 있다. 그중에 사제와 여성들이 프랑스를 성인에게 바치라는 간곡한 청원서가 많다. 그 요구 중 많은 수가 감동적이다.……다른 것은 불행하게도 종교적 감정보다는 정치적 열정으로 쓰여진 것으로 보인다. 그것들은 우리의 패배가 신이 공화국에 부과한 받아 마땅한 처벌이라고 한다. 신성연합은 이렇게 위협을 받는 것인가?……"(푸앵카레, 『프랑스에 대한 봉사(*Au Service*)』, t. V, p. 165)

적 용기와 애국심이 아무리 강해도 "마지막 순간"까지 싸워야 하는 상황에서 그것이 훌륭한 정신적 준비라고 할 수 있겠는가?

그런데 참모부도 이런 선입견을 완전히 공유하고 있었다. 그들이 그렇게까지 오염되어서 그런 것은 아니다. 직업장교들이 높은 직위에 있는 사람이라도 모두 대대로 재산이 많은 집안 출신은 아니다. 오히려 민중 출신도 꽤 있다. 직업상 그리고 영예감 면에서 그들 대부분은 탐욕스러운 사람이 아니다. 그들이 자본주의의 장래에 대하여 생각해볼 시간이 있었다면 그것에 대해서 특별히 우려하지는 않았을 것이며 부의 재분배도 그들 다수에게 그렇게 두려운 것이 아니었을 것이다. 거의 모두 의무감을 가진 사람들이고, 열렬한 애국자인 그들은 프랑스의 군인이다. 누가 그들을 일부 사사로운 이익이나 한 계급의 이익을 위한 용병으로 생각한다면 화를 낼 것이다. 그러나 사회현실에 대하여 그들은 어느 정도나 알고 있는가? 학교, 특권계급, 전통이 그들 주위에 무지와 오류의 벽을 쌓아놓았다. 그들의 사고는 단순했다 : "좌파"는 "반군사적"이다 ; 좌파 사람들은 잘못 생각하고 모든 사람이 잘 알고 있듯이 군대의 주요 힘인 권위를 존중하지 않는다. 그들은 사회주의자들을 오래 전부터 알고 있었다 : 이들은 보통 일에 대하여도 불평만 일삼는 나쁜 병사이고, 기막히게도 때로는 불만을 신문에까지 낸다. 그 사람들과 잘 지내는 사람은 의심을 받았다. 루스벨트에게도 약간 "볼셰비키"의 경향이 있다(나는 이 말을 한 참모장에게서 들었다). 게다가 그들 대부분이 호기심이 별로 없고 청소년기부터 이단을 회피하도록 훈련을 받아서 그들에게는 이단견(短見)의 정통성만으로 충분했다. 그들은 전혀 배우려는 생각이 없었다. 우리 식탁에 놓인 신문 중에 『르 탕』이 극좌에 속했다. 이와 같이 가장 똑똑한 사람 중에서 모집된 젊은 지휘관들은 옳건 그르건 간에 프랑스인 대다수의 견해를 조금이라도 반영하는 일간지는 열어보지 않는다.

우리의 잘못을 털어내보자. 내가 그것에 대해서 불평한 지는 오래되었다. 지난 얼마 동안 우리 나라에서 진정 자유주의적이고 사심 없고 인간적으로 진보적인 정신을 대변해야 할 사람들이 매우 높은 도덕적 가치가 남아 있는 직업 그룹의 이해를 얻도록 노력을 하지 않은 것은 매우 큰 잘못이다. 오해는 드레퓌스 사건 때부터 시작되었고 처음에는 우리 쪽에 책임이 있는 것이 아니라고 생각된다. 그것으로 변명이 된다는 것은 아니다. 내 동료들이 전쟁 때에도 그 비열한 주간지들이 계속 내보내고 있는 증오와 어리석음을 매일 우유 마시듯이 받아들이는 것을 보고 나는 얼마나 여러 차례 혼잣말을 했던가! "이 선량한 사람들을 이렇게 오도하는 것은 안타까운 일이다! 아무도 그들에게 사실을 알리려고 진심으로 노력하지 않는 것은 얼마나 부끄러운 일인가!"

그러나 사실이 그러했다. 그리고 이제 우리는 그 결과를 보고 있다. 타락한 교육이 그들에게 믿게 하려고 한 것보다 훨씬 건강하게 남아 있는 민중의 무진장한 자원에 대하여 우리 지도자들은 잘 알지 못하고, 습관이나 거만함 때문에 이 밑바탕의 자원을 제때에 불러오지 못하여 패배했을 뿐만 아니라, 이 패배를 일찌감치 당연하게 생각했다. 미리 무기를 놓아버림으로써 그들은 한 파벌의 성공을 확보해주었다. 물론 어떤 사람들은 쿠데타에서 그들의 잘못을 변명할 핑계를 찾아냈다. 그러나 사령부의 다른 사람들과 군대의 대부분은 의식적으로 그렇게 이기적인 목표를 좇은 것은 아니다. 그들은 이 참패를 분노에 차서 받아들였을 뿐이다. 그러나 그들은 프랑스의 폐허 아래에서 저주받은 정치체제를 무너뜨린다는 참혹한 위안을 찾았기 때문에, 잘못을 범한 국민에게 운명이 보내는 징벌 앞에 무릎을 꿇은 것이다.[20] 그들은 그것을 지나치게 일찍 받아들였다.

나는 마음이 편치 않은 세대에 속한다. 사실, 지난번 전쟁에서 우리는 상당히 피곤한 상태로 돌아왔다. 또한 우리는 4년을 아무것도 하지 않고 전투만 하며 보낸 후, 여러 직업의 작업대에서 우리가 쓰지 않아 녹이 슬고 있는 연장을 다시 잡고 싶어 마음이 급했다. 우리는 하지 못한 일을 두 배로 하고 싶었다. 그것이 우리의 변명이다. 그러나 나는 이미 오래 전부터 그것으로 우리의 잘못이 없어진다고는 생각하지 않고 있다.

일찍부터 베르사유 외교와 루르 외교가 우리에게 가져올 수 있는 재난을 가늠하고 있는 사람이 많았다. 우리는 이것들이 이중으로 성공을 거두었음을 이해했다. 우리를 어제의 동맹국들과 갈라놓았고 우리가 어렵게 승리한 적들과 오래 된 대립을 소모적으로 계속하는 것이 그것이었다. 그런데 우리는 영국과 독일의 잠재적 힘이 어느 정도인지 모르지 않았다. 오늘 우리에게 조종이 울리기 전에 루이 18세의 슬픈 현명함을 권고한 사람들, 또는 거의 같은 사람들이 당시에는 루이 14세의 위대한 정책을 권고했었다. 우리는 그들처럼, 인구

---

20) 이미 1914년에도, 이 징벌의 최면이 일부 프랑스인을 사로잡았다.

가 비교적 적고 공업잠재력이 크지 않은 가난해진 프랑스에서 그와 같은 정책이 맞는다고 생각할 만큼 바보는 아니었다. 그 정책이 유행했었다면 말이다. 우리가 예언자가 아니므로 나치즘을 예견하지는 못했다. 그러나 우리가 그 형태를 명확하게 그릴 수는 없었으나, 어느 날 우리의 어리석음이 씨를 뿌리고 있는 원한에 의해서 성장한 독일의 도약이 있을 것이고, 그것이 시작되면 끔찍할 것이라는 점은 짐작했다. 만일 두번째 전쟁의 결과가 어떻게 될 것인가를 우리에게 물었다면 우리는 아마 두번째 승리를 희망하는 쪽으로 대답했을 것이다. 그러나 이 새로운 소용돌이 속에서 유럽 문명이 영원히 사라질 위험이 있다는 점을 숨기지 않았을 것이다. 다른 한편 우리는 당시 독일에 아직은 미미하지만 우리 지도자들이 격려해주기 바라는 솔직하게 평화적이고 정직하게 자유주의적인 선의가 일어나고 있다고 느꼈다. 우리는 모두 그것을 알고 있었다. 그러나 게으르고 비겁하게도 우리는 그것을 되는 대로 내버려두었다. 우리는 대중의 저항, 친구들의 야유, 지도자들의 이해하지 못하는 멸시를 두려워했다. 우리는 감히 광장에 나아가 우선 사막에서 외치는 소리가 되지 못했다. 그리고 적어도 최종적 성공이 어떻게 되든 자기의 신념을 알리는 정의도 행하지 못했다. 우리는 걱정을 하면서도 일터의 평온 속에 묻혀 있는 쪽을 택했다. 우리 후배들이 우리 손에 묻은 피를 용서해주기 바란다!

나라의 튼튼한 건강을 조금씩 좀먹어간 허약함에 대해서 앞에서 말한 것들, 즉 지도계급의 지적인 나태와 그들의 원한, 그 변조된 혼합이 우리 노동자들을 중독시킨 비논리적 선전, 우리의 노인정치, 군대의 위기감에 대하여 우리는 가까운 친구들 사이에서는 오래 전부터 모두가 아니라면 거의 모두, 낮은 소리로 이야기해왔다. 좀더 크게 말할 용기가 있었던 사람은 몇이나 되었을까? 우리가 어느 편에 속하지 않았던 것은 확실하다. 그것을 후회하지는 말자. 우리 중에 드물게 당에 들어간 사람들은 거의 항상 그것을 이끌기보다는 그것에 잡힌 상태가 되었다. 그러나 우리가 의무를 이행해야 할 곳은 선거위원회에서가 아니다. 우리는 혀와 펜과 머리를 가지고 있었다. 인간과학의 연구자나 실험실의 학자인 우리들도 아마 우리 분야에 따르기 마련인 결정론에 빠져서 개인적 행동을 단념했을 것이다. 전공 연구를 하면서 우리는 자연이나 사회의 모든 면에서 집단적 힘을 고려하는 습관을 가지게 되었다. 거의 우주적이고 불가항력적인 거대한 파도 앞에 한 표류자의 불쌍한 행동이 무엇을 할 수 있겠는가? 그것은 역사를 잘못 해석한 것이다. 우리 문명의 여러 특징 중에 집단의 의식작용의 커다란 발전보다 더 의미 있는 것은 없다. 거기에 과거 사회와 현재 사회를 극단적으로 대립시키는 많은 차이를 이해할 수 있는 열쇠가 있다. 법적인 변화는 그것이 인식되기 시작하면 그것이 순전히 본능적으로 남아 있을 때와는 달리 나타나게 된다.

경제적 교환은 거기에 참여하는 사람이 가격의 변동을 아느냐 모르느냐에 따라서 다른 법칙을 따르게 된다. 그런데 이 집단의식은 서로 끊임없이 영향을 주고 받는 개인들의 의식의 합이 아니면 무엇이겠는가? 사회적 필요성에 대한 사상을 만들고 그것을 퍼뜨리려고 노력하는 것, 그것은 집단 심성에 새로운 효소를 집어넣는 것이다. 그것은 집단 심성을 조금 바꾸는 기회가 되며 그 결과 최종적으로는 인간의 심리에 의해서 조정되는 사건의 추이를 약간 바꾸는 것이다. 무엇보다도 우리는 역시 일상의 일에 매여 있었다. 대부분의 경우 우리는 우리가 좋은 노동자였다는 말을 할 권리밖에 없다. 언제나 우리는 충분히 좋은 시민이었는가?

내가 이 후회들을 즐거운 마음으로 늘어놓고 있는 것은 아니다. 죄과를 고백했다고 해서 그것이 덜 무거워지지는 않는다는 점을 경험이 가르쳐주었다. 나는 내 글을 읽을 사람들, 물론 내 아들들과 다른 사람들, 혹시 어느 날 읽게 될 젊은이들을 생각한다. 나는 그들에게 선배들의 잘못에 대하여 생각해보기를 권한다. 그들이 그것을 아직 신선한 정신으로 가차없이 엄격하게 판단하거나, 또는 떠오르는 세대가 나이든 사람에게 자주 베푸는 오만한 은전으로 놀리듯이 관대하게 생각하거나, 아무래도 괜찮다. 중요한 것은 그들이 잘못을 저지르지 않기 위해서 아는 것이다.

우리는 오늘 프랑스의 운명이 프랑스인에게 달려 있지 않은 참혹한 상황에 처해 있다. 우리가 무기를 단단히 잡고 있지 못하여 그것이 우리 손에서 빠져나간 후 우리 나라와 문명의 장래가 투쟁의 목표가 되었으나, 거기에서 우리는 모욕당하는 관람객이 되었을 뿐이다. 만일 불행하게 영국 또한 패한다면 우리는 어떻게 될 것인가? 우리의 국민적 재건은 물론 훨씬 늦어질 것이다. 단지 늦어질 뿐이다. 나는 그 점을 확신한다. 우리 국민의 깊은 원동력은 파괴되지 않은 채이고, 튀어오를 준비가 되어 있다. 반면 나치즘의 힘은 현재 독일의 지배자들이 부과하는 점점 늘어나는 긴장을 무한대로 견딜 수 없을 것이다. 끝으로 "외국에서 들어온" 체제가 우리 나라에서 어느 기간 동안은 살아 있을 수 있다. 그러나 그것은 자존심 강한 국민의 배척 앞에서, 사형수가 잠깐 누리는 휴식 같은 것일 뿐이다. 이미 점령의 상처가 매일매일 더욱 잔인하게 우리의 살을 파고드는 것이 보이지 않는가? 초기의 표면적 친절에 아무도 속지 않는다. 히틀러주의를 판단하기 위해서 우리 여론은 그것이 살아가는 모습을 보기만 하면 된다. 그러나 나는 영국의 승리를 생각하는 것이 훨씬 좋다! 우리가 연합군 덕분에 우리 자신의 운명을 다시 지배하게 될 때가 언제일지는 모른다. 그렇게 되면 우리는 국토가 차례로 일부분씩 해방되는 것을 보게 될까? 지원병의 물결이 계속 일어나 위기에 처한 조국의 새로운 부름에 따르게 될까? 어디에서인가 독립된 정부가 나타나 기름이 퍼지듯이 퍼질까? 또는 총체적인 솟구침으로 우리가 갑자기 일어나게 될까? 늙은 역사가는 머리 속에서 여러 상상을 해본다. 그것들 중 어느 것을 선택해야 할지 그의 빈약한 학문은 도와주지 않는다. 나는 솔직하게 고백한다. 여하튼 나는 우리가 아직도 흘릴 피가 있기를 바란다는 것을. 그것이 나에게 매우 귀중한 사람의 피일지라도 말이다(나는 내 가족을 말하고 있는 것이 아니다. 나는 그들에게 그렇게 높은 가치를 부여하지는 않는다). 왜냐하면 희생이 없이는 구원이 없기 때문이다. 그리고 만일 국민적 자유를 얻기 위하여 스스로 노력하지 않으면 충만한 자유를 얻지 못할 것이다.

내 나이의 사람들은 조국의 재건을 담당하지 못할 것이다. 패배한 프랑스의 정부는 노인들의 정부였다. 그것은 당연한 일이다. 새로운 봄을 맞는 프랑스는 젊은이들의 것이어야 한다. 지난번 전쟁의 선배들과 비교하여 그들은 승리 후에 오는 게으름을 경계하지 않아도 된다는 슬픈 이점을 가질 것이다. 최종적 승리가 어떤 것이든 간에

1940년의 커다란 참패의 그림자는 쉽게 지워지지 않을 것이다. 이와 같이 분노하면서 일하지 않으면 안 되는 상황이 아마 좋을지도 모른다. 나는 그들의 프로그램을 만들 정도로 교만하지 않다. 그들 스스로 그들이 머리와 가슴 속 깊은 곳에서 법칙을 끌어낼 것이다. 그들이 사건의 교훈에 따라서 그 윤곽을 그릴 것이다. 우리는 단지 그들에게 정치체제의 삭막함을 피하라고, 즉 대중에게 알리지 않고 그들과 공감대를 나누지 않으면서 그들을 지배하려고 하는 것을 피하라고 호소하고 싶다. 우리 국민은 믿을 만하고 비밀을 알려도 될 만한 사람들이다. 우리는 그들이 새로운 일을 많이 하면서도 우리의 진정한 유산과 관계를 끊지 않기를 기대한다. 이 유산은 소위 전통의 주창자들이 그것을 보관하려고 하는 곳에 있지 않거나 아니면 적어도 전부가 거기에 있지 않다. 히틀러가 어느 날 라우슈닝에게 말했다. "우리가 인간의 덕성보다 악에 투자한 것이 옳았다. 프랑스 혁명은 덕성에 호소했다. 우리는 그 반대로 하는 것이 나을 것이다." 한 프랑스인, 즉 한 문명화된 인간 —— 왜냐하면 그것은 하나이기 때문에 —— 이 이 말보다 대혁명이나 몽테스키외의 가르침을 선호하는 것을 용서해주기 바란다. "민중국가에는 추진력이 필요하다. 그것은 덕성이다." 그렇게 해서 일이 더 어려워져도 상관없다! 자유로운 국민의 목표가 고귀하면 이중의 위험이 있다. 그러나 전장에서 병사들에게 모험의 두려움을 가르쳐야 하는가?

게레-푸제르(크뢰즈)에서 1940년 7-9월

제2부

마르크 블로크의 유서

클레르몽–페랑에서 1941년 3월 18일

내가 어디에서 죽게 되든지, 그것이 프랑스에서이건 외국 땅에서이건 그리고 그것이 언제가 되건 간에, 나는 내 사랑하는 아내와 그녀가 없을 경우는 내 아이들에게 그들이 적당하다고 생각하는 방식으로 나의 장례식을 행해줄 것을 부탁한다. 그것은 전적으로 종교의식을 배제한 장례식이 될 것이다. 내 가족은 내가 다른 의식을 원하지 않을 것이라는 점을 알고 있다. 그러나 나는 그 날 장례식장이나 묘지에서 한 친구가 다음과 같은 내용을 읽어주기 바란다.

유태교 기도문의 가락이 내 조상과 아버지의 장례식에 사용되었어도, 나는 내 무덤에서 유태교 기도문이 바쳐지는 것을 바라지 않는다. 나는 살아오면서 최선을 다하여 표현과 정신의 성실함을 위해서 노력해왔다. 나는 그것이 어떤 핑계로 포장이 되건 간에 거짓에 대한 영합을 가장 더러운 마음의 문둥병이라고 생각한다. 나보다 훨씬 위대한 인간에게 하는 것처럼 나는 "Dilexit veritatem('그는 진리를 사랑했다')"이라는 간단한 말을 내 묘석의 비명으로 써주기를 바란다. 모든 사람이 자신의 삶을 정리해야 하는 마지막 이별의 시간에 내 이름으로 내가 그 신조를 믿지 않는 정통성의 발로에 호소하는 것을 받아들일 수가 없기 때문이다.

그러나 이 정직한 행위를 비겁하게 태생을 부인하는 행위로 보는 사람이 있다면 그것은 나에게 매우 치욕적인 일일 것이다. 그래서 나는 필요하다면, 죽음 앞에서 내가 유태인으로 태어났음을 확인한다. 그리고 내가 그것을 부인할 생각을 한 일이 없으며, 또 부인해야 할 이유도 없다는 것도 확인한다. 가장 참혹한 야만에 점령된 세상에서 기독교가 그중 가장 순수한 것을 받아들여서 확대한 히브리 예언자의 관대한 전통은 우리가 살아가고 믿고 싸우는 가장 중요한 이유로 남아 있지 않은가?

모든 인종적 연대의식이나 종교적 형식주의와 관계가 없는 나는 내 생애 동안 무엇보다도 먼저 그리고 단순히 프랑스인이라고 느껴왔다. 이미 오랜 가족 전통에 의해서 내 조국에 결합되어 있고, 그 정신적 유산과 역사로부터 자양분을 취했으며 진실로 내가 편하게 숨쉴 수 있는 다른 조국을 생각할 수 없는 나는 조국을 많이 사랑했고 내 모든 힘을 다해서 조국에 봉사했다. 내가 유태인이라는 점은 이런 감정에 어떤 장애도 되지 않았다. 두 차례의 전쟁 중 나는 프랑스를 위해서 죽지 못했다. 적어도 나는 진실하게 이 말을 남길 수 있다. 나는 선량한 프랑스인으로 살아온 것처럼 선량한 프랑스인으로 죽는다.

그리고 텍스트를 구할 수 있다면 내가 받은 다섯 개의 표창장을 읽어주기 바란다.

마르크 블로크

제3부

지하출판물

1

나는 왜 공화주의자인가?[21)](21)

    내가 왜 공화주의자인가를 묻는 것, 그것이 이미 자신이 그렇다는 것을 인정하는 것이 아닐까? 그것은 사실, 권력의 형태가 시민이 충분히 심사숙고한 후에 내리는 선택의 대상이 될 수 있으며, 공동체가 인간을 억압하지 않으며, 공동체가 교육과 인종에 의해서 인간의 가장 내밀한 태도까지 필요에 따라 자격을 부여하지 않으며, 사회가 인간을 위해서 존재하고 그의 목적을 달성하도록 도와주어야 하는 것이므로 인간이 자신이 속한 그룹을 검토해도 신성모독이 되지 않는다는 것을 인정하는 것이 아닐까?

    이러한 신조를 공유한 모든 사람들은 정치적인 측면에서 공동의 원칙을 받아들이고 있다. 국가가 개인을 위해서 존재하므로 권력은 그들의 신뢰 위에 근거해야 하고 여론과 끊임없이 접촉을 가져서 그것을 유지하도록 노력해야 한다. 물론 여론은 지도를 받아야 하지만, 폭력적으로 다루어져서도 안 되고 기만당해서도 안 된다. 지도자는

---

21) 『정치 노트(*Les Cahiers politiques*)』, C.G.E.(전국 레지스탕스 연구회) 비밀 기관지, nº 2, 1943년 7월, p. 9, "한 역사가의 답변".

이성에 호소하여 여론에 신념을 심어주어야 한다. 또한 지도자는 무엇보다도 국민의 항시적인 저변의 열망을 파악하여 국민이 때로는 혼란 속에서 거부하고 있는 것을 명확히 표현하고 그것을 자신에게 인식시키도록 해야 한다. 그와 같은 논의는 안전한 상태에서만 이루어질 수 있다. 국가는 개인을 위해서 존재하며 그들을 억압하거나 이용해서는 안 되고, 그들이 알지 못하는 목적을 위해서 맹목적인 도구로 사용해서도 안 된다. 그들의 권리는 안정된 사법질서에 의해서 보장받아야 한다. 집단적 열정에 의해서 우두머리와 연결된 부족이 이때부터 법이 통치하는 국가로 바뀐다. 법의 지배를 받고 법으로부터 권위를 부여받은 행정관이 우두머리 —— 스스로 살아 있는 법이며 그의 기분이나 열정이 공동체에 모든 추진력을 주는 —— 에 대항하게 된다.

그러나 이로써 법이 규제하는 국가는 필연적으로 공화정의 형태여야 하고, 세습군주국의 굳건한 바위 위에 안정적인 정치질서를 건설한 합법적인 군주정은 생각할 수 없는 것인가? 여러 외국 국민들, 특히 우리의 이웃인 영국인들이 이와 같은 일에 성공하지 않았는가? 그들을 본받는 것이 유리하지 않은가? 아직도 일부 프랑스인들이 그와 같은 의문을 가진 듯하다. 그러므로 거기에 대답하고 1943년의 프랑스에서 정치질서라고 부를 만한 것은 공화정의 형태 외에는 없다는 것을 설명할 필요가 있다.

과거란 이미 이루어진 것으로, 우리가 그것을 좋아하건 불평하건 비난하건 칭찬하건 간에 그것을 다시 할 수는 없는 것이다. 이 나라의 역사가 이미 흔적을 남겼고 그것을 다시 만드는 것은 불가능하다.

군주정이 프랑스를 통일하기 위하여 봉건시대에 나타난 수많은 지역 권력을 복종시켰다는 것은 사실이다. 군주정은 그들을 지배하는 것으로 만족하고 그것을 파괴하려고 하지는 않았다. 그리하여 사람들 사이에서 왕권에 대한 서로 대립되는 개념이 충돌했다. 그 하나는 국왕을 일반 이익의 봉사자로 생각하고 그가 모든 사람에게 봉사하기 때문에 그들 위에 있으며 모든 특권과 법의 예외를 없애야 한다는 것이다. 반대로 다른 하나는 국왕을 모든 획득된 권리의 보호자, 사회구조와 그 안에 있는 다양한 기능을 가진 수많은 기구들의 대들보라고 생각하고, 선거로 뽑히는 것이 아닌 이 권력은 그 존재만으로도 국가 안의 계서제 원칙을 강화하며 간단히 말해서 특권의 보호자가 된다는 것이다.

　군주정은 이 두 개념 중 어느 하나를 선택하지 못했다. 군주정이 무기력하자 특권층이 그것을 에워싸 위험에 빠뜨렸다. 예전에 민중이 군주정을 영주에 대항하는 보호자로 생각하던 시절에는 인기가 있었으나, 18세기 말경에는 이미 국민의 신뢰의 상당 부분을 잃었다. 결정적인 위기가 닥쳐서 프랑스가 정신을 차리고 법 앞의 평등을 기반으로 하는 새로운 사회질서를 세우려고 하자 군주국은 기울어져 있던 쪽으로 넘어갔다. 그것은 민중에 반대하여 특권층의 편을 들었고, 그들을 위해서 외국의 도움을 청하는 것도 주저하지 않았다. 이후 왕권과 국민주권 사이에 문제가 발생했고, 루이 16세의 머리를 자른 칼날이 동시에 이 비극적인 논의를 해결했다. 이 순간부터 왕정으로의 복귀는 프랑스의 유죄를 선언하지 않으면 안 되었고, 반면 국민주권의 인정은 국왕의 배반을 내리친 징벌의 정당함을 인정하는 것이었다.

이와 같은 선택을 하지 않으면 안 되었던 점은 확실히 프랑스 민중에게 커다란 시련이었다. 더욱이 그것으로부터 벗어나는 것은 우리에게 달려 있지 않다. 국민이 전체적으로 법 앞의 평등과 국민주권을 선언했다는 점을 우리는 인정해야 한다. 불행하게도 소수가 이 결정에 따르기를 거부했다. 몇몇 사람들이 어떻게든지 상층 계급의 특권을 계속 요구하려고 했다. 좀더 많은 사람들은 특권에 근거한 사회질서가 신성한 성격을 가지며 그것을 벗어나는 것은 경건하지 못한 일이라고 생각했다. 이와 같이 프랑스에는 프랑스 역사의 흐름에 반대하는 파당이 조직되었다. 이 파당은 계속해서 패배했으나 그 실패로 날카로워져서 점차로 국민에 반대하여 생각하고 느끼게 되어 프랑스의 참패라는 궁극적인 성공을 기대하는 지경에 이르게 되었다. 1814년과 1815년부터 이들은 외국의 침입을 군주제와 그것이 상징하는 사회질서를 수립하는 기회로 환영했고, 뒤이어 여론에 직접적으로 반대하는 정치로 이 질서를 유지하려고 노력했기 때문에 복고왕정을 전복하는 데에 사흘밖에 걸리지 않았고, 그것을 옹호하기 위해서 전국에서 아무도 일어나주지 않았던 것이다.

1870년의 참패로 다시 한번 권력의 공백상태가 되자 이 문제를 더욱 명백하게 제기하는 기회가 되었다. 왕위 계승 요구자인 샹보르 백작은 군주정의 개념을 극단적인 형태로 반혁명의 전통과 연결시켰다. 국민의 의견 수렴이 없이 신의 의지에만 근거하는 계서제 사회를 수립하려고 했다. 그는 이와 같은 주장을 펴다가 왕관을 잃었다. 폭력을 수반하지 않은 길고 평화로운 논의를 통해서 국민은 공화정을 선택했고, 그러므로 그보다 더 명백하고 심사숙고한 결정은 없을 것이다. 그 후 시간이 지나고 많은 환상이 생기게 되었다. 프랑스의 지도적 계급이 군대와 국가의 행정을 지배하면서 애국심을 그들만의 것으로 독점했고 사람들은 그들의 과거 배반의 흔적이 모두 없어진 것으로 생각하게 되었다. 이 오류는 쉽게 무너졌다. 귀족의 애국심은 그들이 국가를 지배하는 동안, 민중을 국가에 복종시키려는 의도에서 나온 태도였음이 밝혀졌다. 1932년, 그들이 지배권을 상실할 위험이 있다고 생각하면서 그리고 1936년, 그들의 두려움이 확인되면서 인민에 대항하여 외세에 호소하려는 본능을 다시 발휘했다. 그들의 승리에 대한 의지 결핍은 나라 전체를 패배의 분위기로 몰아넣었고 결국 참패를 당하자 그들은 일종의 안도감을 느끼면서, 적의 보호 아래에서 적을 위하여 권력을 행사할 준비를 했다.

펜 한 번 움직이는 것으로 이 과거를 없애버릴 수는 없다. 싫든 좋든 군주제는 모든 프랑스인의 눈에 명확한 의미로 나타난다. 그것은 모든 체제와 마찬가지로 그것을 지지하는 당파의 체제이며, 프랑스에 대항해서 승리하기를 바라는 프랑스인들의 체제, 국민들과 구별되기를 바라고 그들에 대하여 진정한 지배력을 행사하기를 바라는 프랑스인들의 체제이다. 이 지배가 받아들여지지 않으리라는 것을 알고 그들은 인민을 억압하고 구속하기 위해서 인민에 대항하여 그것을 수립하려고 했고 절대로 인민을 위하여 수립하려고 하지는 않았다. 한 개인이 아무리 마음이 넓고 호의적이라고 하더라도 이와 같은 사실을 바꿀 수는 없다.

반면 공화제는 프랑스인들에게 모든 사람의 체제로 인식된다. 그것은 모든 국민적 대의에서 인민의 생각을 고양시킨 위대한 사상이다. 1793년의 위협적인 침입을 물리친 것도 그것이고, 1870년에 적에 대항하여 프랑스의 애국심을 불러일으킨 것도 그것이며, 1914년부터 1918년까지 4년 동안 가장 힘든 시련을 넘어 프랑스의 단결을 유지한 것도 그것이었다. 공화국의 영광은 우리 인민의 영광이고, 그것의 패배는 우리의 고통이다. 프랑스인들에게서 공화국에 대한 신뢰를 빼앗아버림에 따라서 그들은 모든 열정과 열성을 잃고 이미 패배의 위협을 받고 있다고 느꼈다. 그리고 그들이 적의 속박에 대항해서 일어남에 따라서 자연적으로 "공화국 만세"라는 외침이 그들의 입술 위에 다시 나타났다. 공화국은 인민의 정체(政體)이다. 모든 사람의 노력에 의해서 스스로 해방된 인민은 모든 사람의 끊임없는 노력에 의해서만 이 자유를 지킬 수 있을 것이다. 오늘 그 사실이 증명되었다. 외국에 대한 국가적 독립과 국내적 자유는 분리될 수 없이 연결되어 있고 그것은 하나의 같은 운동의 결과이다. 인민에게 반드시 지배자가 있어야 한다고 생각하는 사람은 오래지 않아서 이 지배자를 외국으로부터라도 받아들일 것이다. 국민주권, 즉 공화국이 없이는 국민의 자유도 없다.

2

식량과 국제무역, 핫스프링스 토론[22)]

1. 1943년 5월 18일부터 6월 3일 사이에 미국 버지니아의 핫스프링스에서 루스벨트 대통령의 초대로 44개국의 대표들이 모여 국제연합의 첫 회의를 개최했다. 이 회의에서는 영양상태의 개선, 농업생산의 방향, 국가간 개인간에 토지 생산물의 좀더 나은 분배 등의 문제에 관하여 국제적으로 합의된 행동을 할 수 있는 가능성을 모색하려고 했다.

우리가 여기에서 취급된 또는 제기된 문제를 모두 이야기할 수는 없으나 그중 두 가지 문제가 무엇보다도 장래를 바라보고 준비하는 사람의 주의를 끌 것으로 보인다. 그것은 식량 정책과 국제무역 정책에 관한 것이다.

2. 회의는 국제연명의 연구결과를 참조하고 때로는 그것을 명확히 하면서 현재 인류사회에 항시적으로 영양부족 상태에 있는 광범위한 그룹이 존재한다는 사실을 다시 한번 확인했다. 한편으로는 특히 아

22) 『정치 노트』, n° 4, 1943년 11월, p. 20.

시아 지역에 사는 사람들 중 국민 전체가 그런 경우도 있고 다른 한편으로는 서양 문명권 국가들 내에서도 광범한 사회 그룹이 그런 상태에 있다. 우리 중에는 "영양부족"의 희생자들인 "허약한" 그룹에 속하는 어린이, 청소년, 임신부 등의 수가 더욱 많다.

영양부족 상태에 있는 국민의 구호(救護)는 국제무역 정책에 관련된 것으로 곧 이어 언급될 것이다. 반면 각 국가 내에 "영양부족" 또는 "영양실조" 상태에 있는 그룹의 존재는 국가의 식량 정책의 문제이다. 이 정책은 여러 가지 기준에 의해서 설정될 수 있다. 그러나 그것은 무엇보다도 식료품의 생산과 분배를 체계적으로 조직해야 하는 문제이다. 그리고 농업은 소비자의 구매력보다는 오히려 그들의 실제 필요에 맞추어야 한다. 전쟁 중에 이 길을 택한 두 나라가 전승 후에도 그것을 계속하려고 결정한 듯하다. 러시아와 영국이 그 나라들이고 영국의 경우가 더 주목할 만하다. 그런데 그와 같은 정책을 추진하려면 경제를 상당 부분 통제해야 하고 그것이 아마도 국제무역의 커다란 자유에 저촉된다는 사실은 말할 필요가 없을 것이다.

3. 이와 같이 국내 문제도 결국은 국제 문제를 야기시킨다. 그러나 이 후자가 직접적으로 취급되었고 커다란 반대를 노정시켰다.

1) 문제 제기

크게 보아서 세계는 세 범주의 국가나 지역을 포함하고 있다.
a) 영국이나 서유럽 국가들과 같이 국민소득이 높은 공업국가.

b) 자연자원에 비하여 인구밀도가 낮은 부유한 농업국가. 이들의 국민소득은 공업국가와 같은 수준이거나 때로는 더 높다. 예를 들면 오스트레일리아와 뉴질랜드가 이런 국가에 속한다. 미국과 캐나다는 이 범주와 그 앞의 범주에 속한다.

c) 자연자원에 비하여 인구밀도가 매우 높은 빈곤한 농업국가. 중국, 인도, 폴란드 등.

빈곤한 농업국가는 식량이 가장 부족한 나라들이다. 그들의 상태는 자유주의적 자본주의 시대에 매우 서서히 개선되었을 뿐이다. 자유는 그들에게 매우 제한된 범위에서 영향을 미쳤을 뿐이고 관세장벽의 단순한 폐지는 그들의 경제에 별 영향을 미치지 않는다는 것이 오늘날 확실해 보인다. 그들은 공업국가와 부유한 농업국가의 적극적인 도움을 필요로 하고 있다. 공업국가들은 그들이 우선 공업기술을 개선하고 특히 경공업(식료품 가공업, 섬유공업 등)을 창출하고 잉여 농업인구를 줄이기 위해서 필요한 자본을 제공해야 한다. 부유한 농업국가들은 그 과도기 동안 삶의 조건을 즉시 개선하기 위해서 필요한 식품을 제공할 것이다. 끝으로, 인구가 적은 공업국가와 부유한 농업국들은 국경을 개방하여 빈곤한 농업국가에서 오는 이민을 받아들여야 할 것이다.

그러므로 핫스프링스 회의에서 빈곤한 농업국가들은 주로 요구하는 입장이었다. 그러나 모순으로 생각되겠지만, 그들만이 그 입장을 취한 것은 아니었다. 부유한 농업국가들 역시 불평자에 속했고 그들의 주장은 경청할 만한 것이었음을 인정해야 한다. 그들이 공업국가에 토로하는 주된 불평은 전쟁 전에 공업생산품과 농산물의 교환이 농업국에 불리했으며 그러한 상황은 기본적으로 공업국가들이 독점적 위치를 차지하고 있기 때문이라는 것이다. 자연적 이점이나 역사적 우연에 의해서 근대 공업생산에 필수적인 첫 자본을 축적하고 강력한 공업을 발전시킬 수 있었던 세계의 지역은 농업국가에 대하여 유리한 위치를 누릴 수 있는 입장이 되어서 자신들의 생산품을 판매할 때 그들이 제시하는 조건을 강요할 수 있는 입장이 되었다. 반면 농업국가들은 자신들의 생산물의 가격을 올리려고 하면 그들의 시장이 사라지는 경험을 했다. 농업은 공업에 비하여 자본이 훨씬 적게 들어서 공업국가들은 마음만 먹으면 거의 언제나 자신들의 농업생산을 증가할 수 있다.

게다가 농업국가들은 식료품의 수요가 신축성이 없음을 불평했다. 생산이 약간 증가하거나 수요가 약간 줄어도 파국적인 가격 하락이 나타난다. 이런 현상은 수확이 좋거나 공업국가에, 비록 가벼운 것이라도, 불황이 오면 일어난다. 불경기가 오면 농산물 가격이 공산품보다 훨씬 빨리 떨어지는 이유가 거기에 있다. 따라서 농업국가들은 자국 생산물의 가격을 올리는 데에 공업국가들의 동의를 얻으려고 노력하게 되고 농산물 가격을 높은 수준으로 유지하는 국제기구를 만들려는 의지를 가지게 되었다. 한마디로 말해서 그들은 공업국가들이 누리고 있는 자연적 독점 —— 생산자들 사이의 협약으로 이루어지는 인위적 독점경제에 의해서 완성되는 —— 에 대칭을 이룰 독점경제 형태를 지향하는 것이다. 그러므로 핫스프링스 회의에서 농업 생산자들이 자신들의 생산품을 좀더 나은 조건으로 교환하기 위하여 협조하는 것을 기대해볼 수 있다.

문제가 공업국가와 부유한 농업국가의 관계에 국한되는 한 그것은 부차적인 문제이다. 이 두 범주의 국가들에서 주민들은 이미 생활수준이 높은 단계에 이르러, 그들의 영양상태는 생리학자들이 최소 영양상태라고 규정한 상태보다 상당히 높은 수준을 누리고 있다. 그러나 독점제도가 공업으로부터 농업으로 확산되면 빈곤한 농업국가들에게는 파국적 결과를 초래할 것이다. 사실 독점은 생산의 제한을 의미하고 따라서 가장 불리한 위치에 있는 다수 사람들의 존재조건을 개선할 수 있는 풍요로운 경제에 대한 희망도 사라지게 되는 것이다. 세계경제는 정체상태가 되거나 또는 매우 느리게 발전하는 상태로 나아갈 것이고, 이것은 공업국가나 부유한 농업국가에게는 견딜만 하겠지만, 빈곤한 농업국가들의 비참한 상태를 영속화시킬 것이다. 그러므로 핫스프링스 회의의 결과를 검토하면서 다음과 같은 문제를 염두에 두는 것이 중요하다. 제시된 해결책이 긴축경제를 지향하는가, 풍요로운 경제를 지향하는가?

2) 회의의 결의

식료품을 수입하는 공업국가와 식료품을 수출하는 부유한 농업국가는 조절용 비축분 문제로 대립했다. 주요 농산물의 시장과 가격을 조절하는 기구를 만들어야 한다는 필요성에 대하여 회의에서는 만장일치로 동의했다. 두 차례 세계대전의 사이 기간에 특징적이었던 무질서한 상태로 되돌아가고 싶은 사람은 아무도 없었다. 그러나 이 기구의 성격을 규정하려고 하자 의견차가 나타났다. 농산물 수입국들은 이 기구가 풍작일 때 가격이 폭락하는 것을 막고 흉작일 때 가격이 치솟는 것을 막는 데에 필요한 권력, 즉 한마디로 기후조건의 변화에 따른 영향으로부터 가격변동이 생기지 않도록 하는 데에 동의했다. 프랑스 소맥국이 기능하는 것과 같은 원리였다. 이론적으로 이 기구는 공급과 수요의 자유로운 작용에 의해서 수립되는 것보다 더 높은 가격을 유지하려고 하지 않는다. 그것은 기본적으로 풍년일 때 비축량을 마련하여 보관하다가 흉년에 당시의 생산보다 높은 수준의 소비를 하도록 하는 것이다. 이와 같이 준비된 조절용 비축량은 가격수준이 변함없기 때문에 소비자 국가의 이익에 해를 끼치지 않는다. 그것은 생산국을 급격한 변동으로부터 보호하므로 이들의 안전도 높여줄 것이다. 수입국들도 흉작 때에 조절용 비축분이 개입하는 데에 동의했다. 실제 어떤 이유에서이건 지구상의 어떤 지역에서 경기침체가 오면 그것의 효과가 확대되는 것을 방지하는 것이 중요하다. 여기에서 구상하고 있는 기구가 경기침체에 대한 조치가 효과를 발휘하는 데에 필요한 기간 동안 농산품의 가격을 지지할 수 있다면 농산물 수출국의 구매력은 유지되고 전반적인 가격수준의 하락은 완화될 것이다.

그러나 농산물 수출국들은 그 이상을 요구했다. 그들은 조절용 비축분을 관리하는 기구가 동시에 정상적인 시기에도 농산물 가격이 공산품 가격에 비하여 지나치게 낮을 때는 매입 기능을 가질 것을 요구했다. 공산품 가격과 농산물 가격의 관계가 어떠해야 하는가에 대해서는 아무도 결정할 수 없었다. 그러나 농업 생산자들은 전쟁 전에 존재하던 관계가 자신들에게 지나치게 불리하다고 생각하고 있었고 게다가 전쟁 전의 경험으로 보아서 농산물의 가격을 올리기 위해서는 생산을 제한해야 하므로 농산물 수출국의 대표들은 새로 설립되는 농업기구가 생산량이나 수출량을 정할 권한을 가질 수 있어야 한다고 주장했다.

그러므로 주로 다음과 같은 딜레마가 제기되었다. 세계생산기구의 규제가 생산량 확대에까지 미친다면 그것은 무조건적인 자유경제 체제보다 우월한 체제를 의미하게 된다. 문제가 단순히 무조건적인 자유와 다른 한편으로 생산 증가를 지향하는 세계적 생산계획 사이에서 선택하는 것이라면 생산계획 쪽을 선택해야 할 것이다. 그러나 핫스프링스에서는 시장에 어느 정도 질서를 가져올 수 있는 조치를 포함하는 완화된 자유와 제한적 성향이 두드러진 조직체제 사이에서 선택을 해야 했다. 이런 조건에서 선택은 망설일 필요가 없다. 무엇보다도 장기적으로 세계경제의 성장을 위협하는 농업분야의 독점체제를 막는 일이 중요하다.

물론 제시된 결정들은 소비자들에게도 조절용 비축분을 관리할 기구에서의 발언권을 부여하고 있다. 생산국들은 이 발언권이 그들의 발언권과 동등한 데 대하여 아마 어떤 반대도 하지 않을 것이다. 그러나 이 소비자의 발언권은 제한적 경향을 방지할 힘이 전혀 없을 것으로 보인다. 그것은 주로 다음과 같은 이유 때문이다. 생산의 제한에 대하여 입장이 이중적이지 않은 나라는 세계에서 거의 없을 것이다. 어느 나라든지 소비자의 이익과 생산자의 이익을 동시에 보호해야 한다. 예를 들면 일부 식량을 수입해야 하는 국가가 다른 종류는 수출하는 경우가 그렇다. 또는 필요로 하는 식료품을 모두 수입하는 대신에 생산체제가 식료품과 유사한 다른 상품, 특히 원료들을 수출하는 나라도 있다. 즉 각 국의 내부에 소비자와 생산자의 이해관계의 대립이 있다는 의미이다. 그런데 지난 20년간의 경제적 경험에 긍정적인 면이 있었다면 그것은 생산자가 정치적 우위권을 가졌다는 점이다. 그들은 소비자보다 잘 조직되고 강력하여 자신들의 주장이 거의 언제나 관철되도록 했다. 간단히 말해서 조절용 비축분의 관리를 맡은 기구에서 식량을 수입하는 국가들의 대표가 소비자의 의견을 강력하게 옹호하리라는 것이 결코 확실하지 않다는 점이다. 일부 생산자들의 영향 아래 놓여서 식량 생산국의 대표들과 거래를 할 가능성이 크다. 그들은 그들이 수출하고 있는 상품 가격의 인상을 대가로 생산국 대표들에게 식료품 가격의 인상을 허용할 것이다.

비록 조절용 비축분에 관한 최종 의견이 여러 가지 의미로 해석될 수 있는 구절을 포함하고 있으나, 전체적으로 보아서 세계농업기구가 제약적인 경향을 띨 위험은 당분간은 피할 수 있게 되었다. 이와 같은 결과를 얻을 수 있었던 것은 특히 영국 대표들의 활동 덕분이다.

회의의 중요한 주제가 되었어야 할 문제, 즉 "가난한 농업국에게 국민의 영양상태를 개선하는 데에 필요한 구매력을 줄 수 있는가" 하는 문제는 피상적으로 검토되었을 뿐이다. 프랑스 대표는 이와 같은 국가들의 농업 근대화, 공업화, 자연자원이 가장 빈곤한 지역의 인구압력을 줄이기 위한 충분한 인구 이동, 공업국가 내에서 독점 관행을 종식시키기 위한 조처들을 포함하는 계획안을 내놓았다. 이와 같은 제안은 최종 결의에 포함되기는 했으나 한 번도 심도 있게 논의되지 못했다. 아마도 이런 문제들은 핫스프링스 회의의 범위를 넘어서는 것으로 다른 국제회의에서 논의되어야 한다고 말할 수도 있다. 그러나 그것이 이 첫번째 회의 의제의 주요 문제였다는 사실은 여전히 남는다.

3) 핫스프링스에서 각 강대국이 취한 입장

생산통제 이론을 주장한 나라들은 식료품과 원료의 수출국들, 주로 중앙 아메리카와 남아메리카 국가들, 쿠바, 오스트레일리아를 비롯한 영연방 소속 국가들이었다. 그들은 그것이 규제경제로 확대되지 않도록 삼가면서 조심스럽게 통제를 주장했다. 그것은 기술의 가능성이 무한대라는 점이 특징인 현재 세계에서 경제적 맬서스주의가 점점 인기가 없어진다는 것을 보여주는 그 자체로 고무적인 징조이다. 수출국들이 양심의 가책을 받고 있다고까지 거의 말할 수 있을 것이다. 그들의 반대자들이 생산통제 조치를 최종 결의에 공공연하게 포함시키지 않도록 하는 데에 성공한 것은 이와 같은 난처함이 일부 작용했기 때문일 것이다.

영국이 규제반대 투쟁을 이끌었다. 우리가 다른 곳에서 얻은 정보에서도 알 수 있는 바와 같이, 핫스프링스에서 영국 대표의 태도는 영국이 식료품 생산국들의 제휴를 두려워하고 있다는 점을 보여주었다. 그렇게 되면 이 상품의 가격을 공업생산품과 비교하여 전쟁 전 가격보다 훨씬 높은 수준으로 올릴 것이기 때문이다. 그 결과 영국은 같은 양을 수입하기 위하여 훨씬 많은 양의 자국 상품을 내주어야 할 것이다. 영국 상품시장이 전후에 아마도 축소될 것이므로 영국은 수지균형을 맞추기 위하여 큰 어려움을 겪게 될 것이다.

그러나 규제 경향에 대한 영국 대표의 공격은 영연방 자치령들이 반대편에 속한다는 사실 때문에 난처해졌다. 조절용 비축분 문제를 담당하는 위원회 안에서 서로 반대되는 입장의 두 대표가 한편은 영국이고 다른 한편은 오스트레일리아였다는 사실은 흥미있는 일이다. 자국의 이해관계와 자치령의 이해관계가 대립하는 상황에서 영국이 전체의 경제정책을 수립하려면 훨씬 어려워질 것이라는 점을 핫스프링스 회의를 보면서 잠정적으로 결론지을 수 있다.

미국 대표는 자연히 식료품 수출국의 앞장을 서게 되었다. 그들은 이들 국가 대표들을 지지하는 쪽으로 대부분 발언했다. 이와 같은 태도는 이해하기 쉬운 일이다. 우선은 미국 자신이 식료품 수출국이고 다른 한편으로는 그들의 대(對) 남아메리카 정책 때문에 그 국가들의 경제를 옹호해야 하기 때문이다.

그러나 핫스프링스에서 미국인들은 거의 항상 영국인들에게 양보했다. 이 두 제국의 장래를 위협하는 미묘한 문제들이 전쟁이 끝날 때까지는 제기되지 않도록 영국과 미국 사이에 적어도 암묵적인 합의가 이루어진 것으로 보인다.

4) 프랑스의 입장과 전망

핫스프링스 회의에서 프랑스 대표의 입장은 프랑스의 뚜렷한 이해관계에 의해서 규정되었다. 논의된 문제의 측면에서 보면 프랑스는 영국과 마찬가지 입장이다. 물론 프랑스는 식료품을 소량만 수입하지만, 농산물 원료는 많이 수입하고 있다. 그중에는 특히 핫스프링스의 결의에서 취급된 목화도 들어 있다. 다른 한편 프랑스는 필요로 하는 채굴 원료와 석유의 대부분을 외국으로부터 얻고 있다. 그런데 식료품에 관한 국제적인 해결책이 이들 생산품에도 역시 적용될 것이고, 여하튼 그것이 선례가 될 것이므로 프랑스 대표들은 제한적 경향을 띠는 계획인 생산조직계획에 반대했다. 그러나 그것이 임시적인 입장이었다는 점은 확실하다. 다른 분야와 마찬가지로 이 분야에서는 프랑스는 보수적인 입장을 취해서는 안 된다. 그러므로 지금부터 성장지향의 국제조직을 위한 조건을 연구하고 이 개념이 승리할 수 있도록 하는 기회를 포착하는 일이 중요하다. 그와 같은 작업에서 프랑스는 다른 나라들은 말할 것도 없고 영국과 미국 여론의 다수의 지지를 얻을 수 있을 것이다.

3

진정한 심판자의 계절[23)]

　작은 책 한 권이 출판되자마자 사람들이 그것을 사려고 서점으로 몰려들었다. 그것이 재기 넘치는 책이기 때문만은 아니다. 일반적으로 재기라는 말이 무시하거나 하찮은 의미로 사용된다고 하더라도, 우리 중에 아무도 몽지 씨의 그 부러워할 만한 특권을 부인하려는 사람은 없다. 더할 수 없이 번득이는 기지, 가장 교활한 짓궂음으로 그와 같은 성공을 얻기는 어려울 것이다. 그 책은 무엇보다도 오랫동안 억눌려온 일종의 집단적 억압을 만족시키는 것으로서 인기를 끌었다. 왜냐하면 이 팜플렛은 처음부터 끝까지 비시 정부의 경찰국가 체제를 비난하고 있기 때문이다. 실제로 무시무시한 팜플렛이다. 페탱 원수까지도 욕설보다 더 모욕적인 암시의 대상이었다. 그러므로 생각해보라. 각자가 매일같이 가장 더러운 전횡이라고 생각하는 것을 인쇄된 상태로 읽기 위해서 지금까지는 조심스럽게 지하 소책자를 만들어 비밀리에 읽어야 했던 것을, 이제부터는 가장 겁이 많은 프랑

---

23) 『정치 노트』, nº 4, 1943년 11월, p. 28.

스인도 길모퉁이 가게에서 23프랑 50상팀만 주면 살 수 있게 된 것이다. 그와 같은 책이 남부지역의 진열대 위에까지 전시되는 것, 비시 정부가 그것을 금지할 용기가 없었거나 금지허가를 얻지 못한 것이 바로 이상한 시대의 징후이다.

그러나 그 책자가 용기 있는 행위였다거나 무사무욕했다고 떠들지는 말자. 그와 같은 유혹으로부터 벗어나기 위해서 몽지라는 이름만으로도 충분할 것이다. 그 책은 출마행위이다. 그것은 거의 배반행위이다. 물론 프랑스인을 억압하고 귀찮게 구는 독재정치에 대한 일치된 혐오감에 비위를 맞추면서, 그를 잘 아는 사람들이 보통 "늙은 창녀"라고 부르는 몽지 씨는 우리에게 정치적 처녀성을 다시 얻기를 바라고는 있다. 그러나 그는 권좌에 오르기 위해서 우선 독일인에게 의지하고 있다. 도리오(1898-1945, 프랑스 정치가. 1934년 공산당에서 축출된 후 1936년에 파시스트 경향을 띠는 프랑스 인민당〔P.P.F.〕창당. 제2차 세계대전 중 나치 독일에 협력했고, 러시아 전선에서 프랑스 의용대〔L.V.F.〕를 지휘했다/역주)나 뷔카르(1895-1946, 프랑스 정치가. 제1차 세계대전 참전용사로 1933년 극우 단체인 프랑스주의단 조직. 1941년부터 나치 독일에 협력. 제2차 세계대전이 끝난 후 사형선고를 받고 처형되었다/역주)와 마찬가지이다. 그들처럼 우리의 적으로부터 지원을 기대하면서, 그가 그들과는 다른 당파에 그것을 기대한다는 사실은 우리가 상관할 일이 아니다. 아베츠(1903-1958, 독일 외교관. 독불 협력을 주장하며 파리에서 프랑스 지식인 사이에 침투하다가 1939년 축출되었다가 1940년 프랑스가 항복한 후 독일 대사로 복귀. 라발 총리나 다를랑 제독 등을 나치 독일에 협력하도록 했다/역주)나 히믈러(1900-1945, 독일 정치가. 게슈타포 대장, 경찰청장, 내무장관을 역임하면서 나치 정권에 반대하는 세력을 탄압하고 유태인 학살을 조직했다/역주)에 대한 우리의 증오심에는 차이가 있을 수 없다. 『뢰브르』지나 『마탱』지의 파렴치한 기자와 마찬가지로, 그가 비시 정부에 대항하여 내걸고 있는 독립성은 베를린에 대한 더 큰 굴종 때문에 가능한 것이다. 리옹에서의 재판이 매도되고 있는 것은 전에 1914년의 전범들을 인도하기를 거부한 독일의 "자존심"과 비교해서이다. 비시 경찰의 직권남용이 격렬한 비난의 대상이 된 것은 게슈타포의 범죄를 감추는 침묵의 대가이다. 만일 이 침묵이 완전했다면 그것을 용서하기가 덜 어려웠을 것이다. 가장 교활한 사람이 가끔 빠지는 서투른 재치로 몽지 씨는 침묵하는 것보다 더 잘하려고 생각했다. 게슈타포는 이 책의 몇몇 쪽에서 언급되고 있다. 그것은 저자 자신이 점령지역과 비점령지역을 나누는 경계선을 넘으면서 범한, 우리로서는 알 수 없는 어떤 가벼운 잘못으로 하룻밤을 보냈다는 랑공에 있는 후한 감옥의 형태로 나온다. 집단수용소, 비밀감옥, 고문실은 레지스탕스 순교자를 위한 것이니 사실 정확한 상이 아닌가? 오, 고인의 가족들이여, 어떻게 생각하십니까?

우리는 여기에서 미묘하다못해 순진하기까지 한 그의 술수를 보여주려고 노력하지는 않겠다. 또 몽지 씨에게 휴전체제가 경찰의 억압 없이 어떻게 유지될 수 있는가에 대한 견해를 묻지도 않겠다. 왜냐하면 인기 있는 우두머리에게 부드러움은 아마 쉬운 일일 것이기 때문이다. 그러나 피통치자 대다수가 멸시하는 정부가 적어도 엄한 감시인이 없으면 어디에 의지를 하겠는가? 그러면 페루통(1887-1983, 비시 정부의 내무장관. 알제리 총독/역주), 퓌쇠(1899-1944, 프랑스 정치가. 비시 정권의 내무장관 역임. 1942년 비시 정부에서 물러나 아프리카 북부로 갔으나 드골 임시정부에 의해서 체포되어 처형당했다/역주), 부스케(1909-1993, 비시 정부의 경찰서장을 역임했다/역주)는 이렇게 대답할 것이다. "적어도 당신들도 항복에 동의하지 않았는가 —— 그것도 박수까지 쳐가면서. 또한 적어도 당신들은 대독 협력을 받아들이지 않았는가 —— 그것을 지휘하지 못하는 것을 후회하면서. 당신 같으면 우리 위치에서 약간의 말재주를 부리는 것 외에 무엇을 했겠는가?" 본질적으로 일시적인 이 모든 것을 다시 한번 무시하자. 원칙적으로 내일을 지향하는 우리의 『노트』는 그 책이 장래 쪽에 영향을 미치려고 하기 때문에 관심을 두는 것이다. 사실 그 책은 확실히 당장을 넘어서는 프로그램을 제시하고 있다. "관용"이라는 말이 한마디로 그런 태도를 요약하고 있다.

먼저 국내에서의 관용이다. 진정한 죄인 또는 소위 죄인이라는 사람을 위해서, 좋은 사람과 마찬가지로 정말 나쁜 사람을 위해서, 부당하게 박해를 받은 사람에게 광범위한 사면, 거대한 끄덕임을 하자는 것이다. 암시장 거래인들을 위해서(재판관에게 효과적으로 말하는 방법을 알고 있는 몽지 씨는 우선 송사리에 관심을 두는 척한다. 그러면 거물은 나머지와 함께 넘어갈 것이다), 적어도 게슈타포가 직접 그들의 일을 담당하지 않는 한에서 오늘날 비시 정부의 적들을 위해서, 내일의 앞잡이들을 위해서, 그들의 잘못이 무엇이든 간에 전쟁 전의 정치가들을 위해서, 배반자들이 권력의 정상에서 쫓겨날 경우 그들을 위해서. 물론 거기에는 상당한 교활함과 개인적인 이유가 숨어 있다. 그것은 너무나 지쳐 있어서 쉬운 해결책 쪽으로 기울지 않을 수 없다고 몽지 씨가 미리 판단하고 있는 국민에게 내민 미끼이다. 그것은 몽지 씨 자신을 위해서 최선의 안전 보장책이 될 것이다. 1939년 이전의 그의 활동이나 휴전 후의 그의 역할에 대하여 어떤 방법으로 그를 공격하든 간에 거드름을 피우면서 하는 소리가 미리 들리지 않는가. "체! 우리 모두 화해한 것을 알지 못하십니까?" 그러나 용서로 기운 이 허약한 마음이 늙고 비꼬인 영혼의 가장 진솔한 부분을 표현하고 있다는 점을 인정하는 것을 두려워 말자. 분노하고 처벌하기 위해서 1793년 우리 조상들이 태부리지 않는 언어로 덕성을 말하던 것을 조금 생각해보면 된다. 아무도 몽지 씨가 이런 종류의 광신주의에 빠지는 것을 비난하지 않을 것이다.

더욱이 사람들은 그것에 속지 않을 것이다. 비록 그 결과가 명확하게 나오지는 않았지만 몽지 씨가 생각하는 광범위한 일시적 화해는 확실히 프랑스에 국한된 것은 아닐 것이다. 독일에도 충분히 똑똑한 사람들이 있어서 지금부터 패배가 확실하다는 것을 모르지 않을 것이다. 피해를 줄이는 것이 이후 그들의 유일한 희망이다. 그것을 위한 첫번째 조건은 비시 정권을 연합국이 받아들이도록 하는 것이라고 그들은 생각한다. 비시가 박해자로 보이면 모든 호감을 잃게 된다. 그러나 쇠약해진 프랑스를 온건하게 다스리는 부드럽고 관대한 비시는 평화를 위한 최상의 중재자가 되지 않겠는가? 이 평화 역시 물론 승리자도 패배자도 없는 부드럽기 짝이 없는 "백지" 평화로 이해하면 된다. 한마디로 말해서 몽지 씨의 독일 친구들이 간절히 바라는 평화이다. 그의 측근들이 말하기를 그 자신이 "서기" 노릇을 하기를 바란다는 평화이다.

이와 같은 프로그램에 대해서 입장을 표명해야 하는가? 그러나 이미 답은 나와 있다. 백지 평화에 대하여 연합국 정부는 대답을 했다 : "무조건 항복"을 원한다. 국내의 가짜 평화에 대하여 우리의 정부인 전국해방위원회는 "페탱과 그의 추종자들을 고소한다"고 답했다. 프랑스인 연합에는 찬성한다. 그러나 제발 진정한 프랑스인들 사이에서만 하자. 배반자의 처벌은 인민의 양심의 깊숙하고 정당한 요구에 답하는 것이다. 인민의 양심을 실망시키면 장기적이고 위험한 씁쓸함을 남기게 될 것이다. 샤토브리앙(낭트 북쪽에 있는 프랑스 도시. 낭트 주재 독일군 사령관이 암살되자 그 대가로 프랑스인 22명이 그곳에서 1941년 10월 총살되었다/역주)의 사형집행인들과 그들의 희생자 가족들 사이의 화해가 정말 가능하다고 생각하는가? 우리를 위해서도 이 정당한 징벌이 우리 자신을 향하여, 세계를 향하여 우리의 명예를 복수하는 유일한 길이다. 물론 그것은 범한 잘못에 비례할 것이다. 그것은 의식적인 죄인과 단순하게 길을 잃은 사람을 구별할 것이다. 그것은 절도 있게 그리고 공평하게 처벌할 것이다. 그러나 필요한 곳에서는 엄벌에 처할 것이다. 이와 같이 그것은 놀란 국민들에게 패배와 수치 속에 무릎을 꿇는 잘못된 프랑스의 이미지를 감히 제시한 형편없는 자들과 우리와의 공모관계를 씻어줄 것이다. 우리의 친구들이 장래에 국가의 대열에 참여하기를 기다리는 프랑스는 그런 프랑스가 아니다. 새로운 프랑스는 힘있고 강건한 프랑스, 프랑스를 팔고 속이고 암살한 자들과의 연대를 거부할 수 있는 프랑스, 과거의 범죄를 가차없이 대하고 몽지 씨가 감동적인 친절을 베풀려는 모리배들에게 공동체를 보호하는 공평한 법을 현재 엄격하게 적용하는 것을 두려워하지 않는 프랑스일 것이다. 천만에, 몽지 씨, 우리는 당신이 생각하는 것만큼 지치지 않았다. 전쟁과 레지스탕스, 우리 국민의 점점 더 많은 다수가 공감하는 레지스탕스가 우리에게 혁명정신을 불러일으켰다. 그것은 그 나름으로 아마도 사랑의 정신이지 허약함은 아니다. 당신은 당신의 "심판자의 계절"을 잘못 제시했다. 우리는 현재 간수의 계절을 맞고 있을 뿐이다. 미안하지만 진정한 심판자의 계절은 내일 찾아올 것이다. 그리고 그것은 공정한 심판자의 계절이 될 것이다.

4

어느 상류층 철학자[24)

서양에는 어릿광대가 있다. 오늘 여기에 도덕질서의 곡예사가 있어 그를 소개하려고 한다. 알베르 리보 씨는 학사원 회원이고, 소르본 대학과 자유정치학교의 교수이자, 『자본』과 『두 세계 잡지』의 기고가이며, 전임 대학총장이다. 대단한 인간이고 두뇌이고 하나의 교의이다!

리보 씨는 예언자로 자처하면서, 『두 세계 잡지』의 최근호(1943년 11월 1일자)에 철학교육과 시대의 불행, 교수들의 책임, 질서기구를 세우는 방법 등에 대하여 통찰력 있는 연구를 내놓았다. 그는 전문가로서, 다시 말하면 사상가로서 다음과 같이 이야기를 이끌었다. 교육이 겪고 있는 커다란 문제는 공화국이 가난한 자들을 문화에 초대하고, 바로 가난하기 때문에 그런 특권을 누릴 자질이 없는 그들에게 그것을 나누어 주려고 한 데에서 오는 것이다. 교육은 "여유의 시작"이고 아무에게나 주어져서는 안 되는 것이라고 이미 티에르가 말한

---

24) 『정치 노트』, n° 5, 1944년 1월, p. 27.

바 있다. 사람들은 이 유익한 경고를 무시했다. 그러자 얼마나 큰 혼란이 일었는가! 전국에 건전한 교의를 전파하는 사람이 되는 대신, 너무 성급하게 신의 비밀을 알게 된 젊은 철학교사들은 권력에 대하여 계산서를 요구하고, 사회적 불평등에 대하여 반성하기를 고집하며, 가장 신성한 원칙을 의심하면서 무질서의 챔피언이 되었다. 어떤 사람들은 끔찍하게도 민중의 요구의 이론가로 자처하기를 주저하지 않았고 공산주의로 기울기까지 했다 —— 리보 씨는 전쟁에서의 패배가 대학의 이런 사상적 오염에서 오는 고통스러운 결과라고까지는 쓰지 않았다. 그러나 결국 프랑스 철학교육이 프랑스를 망치는 데에 기여했다. 그러므로 방향을 전환하는 것이 중요하며 상황도 준비되어 있다. 여기에 건설적인 계획이 있다. 철학교수들의 역할은 더 이상 학생들로 하여금 사상이나 제도를 비판적으로 검토하게 하는 것이 아니라, 그들에게 강력한 국가를 만드는 원칙들을 단단히 심어주어서 현존 질서를 존중하고 복종하도록 격려하는 것이다. 이런 일은 철학교사 자격시험을, 사고력 있는 머리 속에 도덕질서의 종교 —— 여기에서는 에두아르 에리오가 어느 날 "헌법적 유심론"이라고 재치 있게 표현한 —— 를 강하게 넣어주는 기계로 만들어놓은 빅토르 쿠쟁의 혼령이 기뻐할 일이다.

그러나 능력 있고 믿음직한 엘리트에게 이와 같이 특별히 선택된 교육을 하기 위하여 어떻게 할 것인가? 그 방법은 매우 간단하다. 앞으로는 교사들을 그들이 해야 할 역할에 맞추어 뽑는 것이다. 재능 있는 자에게만 개방되고, 총명한 자들만 겨루는 시험은 없앨 것이다. 진정한 엘리트를 제외시키는 야만적인 방법들 따위가 뭐냐. 가능한 한 일찍부터 프랑스 젊은이들 중에서 장래 정통성을 지킬 사람들을 구별하도록 노력할 것이다. 그들을 지목하여 밀어주고 그들에게 혜택을 준다. 그리고 대학입학 담당자 —— 그 역시 확실한 사람인 리보 씨 자신이 되지 말라는 법도 없다 —— 가 출발점에서 좋은 씨앗과 가라지를 구별하지 못할 리 없다. 분별력이 없는 사람은 제외될 것이다. 도덕적으로 평가를 받은 사람만이 가르치는 영예를 누릴 것이다.

이와 같은 강력한 주장이 잘 쓰여진 문장으로 우리에게 발표되었다. 거기에는 재치 있는 재담들이 많은데 그중 지나가면서 하는 유태인에 대한 미묘한 언급도 무시할 수 없는 것이다. 그런 언급을 포기하는 것은 잘못하는 일일 것이다. 그것은 매우 쉬운 일이고 유행이기도 하다. 상류계 인사가 이 부분을 빼놓는다면 에티켓을 모르는 예의 없는 사람이라는 의심을 받지 않을 수 없다. 게슈타포의 감옥에서 그것은 고문과 학살을 자초할 것이다. 학문의 전당에서 그것은 손가락에 끼는 반지나 손안경처럼 쉽게 바꿔칠 수 있는 것이다. 물론 사람의 이름을 들어서 말하지는 않는다. 과학적 사고에서는 칠판 위에 손으로 그린 삼각형이 아니라 일반적인 삼각형의 속성에 대하여 말한다. 적지 않은 수의 유태인 교수들이 프랑스를 너무나 사랑한다는 이유로 독일에 잡혀 있거나 프랑스에서 쫓기고 있는 것은 거의 고려되지 않는다. 그러나 도대체 리보 씨는 누구를 생각하는 것인가? 앙리 베르크손(1859-1941, 프랑스 철학자. 유태인으로 사상적으로 가톨릭 쪽으로 기울었으나 나치 독일 점령 시 박해받고 있는 유태인과의 연대의식을 버리지 않기 위하여 세례받기를 거부했다/역주)인가 또는 레옹 브룅슈비크(1869-1944, 프랑스 철학자. 실증주의적 관념론자/역주)인가? 아마도 아닐 것이다. 오히려 교사자격을 가진 젊은 사람들인 것 같다. 그러나 누구? 리보 씨는 잘 알고 있다는 듯한 태도를 취한다. "찾아보세요. 그러면 아실 것입니다. 그리고 당신이 아무도 발견하지 못하더라도 내가 옳은 것입니다. 나는 아무 이름도 대지 않았으니까요. 그러나 내가 알고 있다는 것을 내가 압니다." 교활한 사람 같으니라고! 이 훌륭한 솜씨는 여기에서 이론의 여지가 없으나, 거기에 위대함은 없다. 1914년의 전쟁이 "유태인과 그 도당들"에 의해서 촉발되었다고 설명하는 나치 독일 대관구의 지사와 리보 씨의 차이는 과연 무엇인가? 그것은 뉘앙스의 차이이다. 그러나 뉘앙스 감각은 프랑스 정신의 특권이 아닌가? 흔적도 남기지 않고 독을 퍼뜨리는 점잖은 거절, 시기 적절한 암시적 간과나 감언이설보다는 데아(1894-1955, 제2차세계대전 중 나치 협력자/역주) 같은 사람이 빠져 있는 노예적 광란이 오히려 받아들이기 쉽다. 장관님, 그것 보기 좋지 않습니다! 당신은 독자들에게 플라톤이 비난하는 사악한 소인배, 즉 "프시카리온(psycharion)"을 생각하게 합니다(『공화국』 519a, 교사).

그러나 리보 씨는 교수 분위기보다 정치가의 분위기를 내고 있다. 지위가 높으면 덕도 높아야 한다. 이 탁월한 머리 속에는 실은 거대한 계획, 궁극적인 동기, 건설적인 사상, 은혜로운 계서제의 정의가 들어 있다. 민중은 견해가 짧다. 그들이 원하는 것은 즉각적인 자유, 즉각적인 평등, 즉각적인 정의, 억압의 종식이다. 그 점에 대하여 예언자는 본색을 드러낸다. "이 딱한 사람들아, 자네들이 그렇게 원하면 그것이 모든 것의 끝이라는 것을 모르시는가? 모든 것의 끝이라고 내가 말했네. 그리고 자네들은 들은 체도 않았지!" 특권을 깨트리는 사람의 행동에 약간의 야만성이 있다는 것은 사실이다. "아시아적"이라고 당신은 말할 것이다. 리보 씨가 그렇게 높이 올라가 앉아 있는 나무를 흔들기 위해서 영원한 캘러밴(서민. 르낭의 희곡 『캘러밴』에 나오는 주인공. 셰익스피어의 『템페스트』에서 빌려왔다/역주)의 팔이 아니면 안 될 것이다. 그러나 권력의 경고가 혁명을 결코 막지 못했으므로 카산드라(재난의 예언자. 트로이 왕 프리아모스의 딸. 트로이의 함락을 예언했으나, 아무도 그녀를 믿지 않았다/역주)는 빈정대게 된다. "그것을 원합니까? 그러면 할 수 없지요! 당신들은 주인을 바꾸게 될 뿐이고 그 과정에서 손해를 보게 될 것입니다." 우리 중 이 신랄한 언술을 모르는 사람이 있는가? 어렵게 생각할 필요가 없다. 착취자는 언제나 노예에게 노예상태로 남아 있으라고 권고하고 권력을 강화하려고 한다. 필리프 앙리오도 같은 이론을 폈다. "당신들은 속박 안에서 거의 행복하기까지 하다. 해방을 요구하다니 미치지 않았는가? 당신들이 불평하고 있는 사슬이 바로 당신들이 심연으로 떨어지는 것을 막아주고 있다." 어느 날 지위가 높은 사람이 동정하는 어조로 나에게 말했다. "가난한 사람이 아니면 누가 혁명의 대가를 치르겠는가! 그들은 거리에서 살육되고 집 안에서 굶어죽을 것이네. 부유한 사람들이야 저장해놓은 것이 있으니 위기에서 살아남을 것일세. 그러니까 질서를 지키세!" 보라! 높은 지위에 있는 사람은 그처럼 확신을 가지지 못하고 있다. 그가 언제나 자신의 이익을 사상의 허울로 가리는 데에 능란하고 그것을 교의로 가장해온 것처럼, 두려움 때문에 그는 자선운동의 옷을 입는다. 사실 그는 진지하기도 하다. 왜냐하면 아주 오래 전부터 그의 생각 속에서 이익과 사상은 항상 함께 있었고 이 완벽한 혼합물 속에서 이익의 부분과 사상의 부분을 구별하는 것이 그에게는 불가능하기 때문이다. 나는 그를 성실한 사람이라고 말하겠다. 그는 어느 날 매우 보수적인 잡지에 이 방면에서는 모델이 되고 모든 면에서 신중한 자들의 동의를 받을 만한 자신의 생각 깊은 글을 싣는다.

철학자여, 나는 당신에게 플라톤에게 돌아가라고 권한다. 그는 인간의 명예는 이데아가 "바라는" 것만을 행하는 것이라고 생각했다. 이 아름다운 말은 소피스트 안에 있다. 나는 당신에게 두려움 없이 생각된 사상, 즉 관대함만이 유일한 잣대라고 생각하는 데카르트로 돌아가라고 권한다. 나는 당신에게 진리를 위해서 사는 것만이 덕이라고 생각한 스피노자에게 돌아가라고 권한다. "이상주의자들이라고 당신은 말할 것이다. 그런데 나는 직업적으로 그들을 너무 잘 알고 있다." 바로 그것이다. 유토피아의 힘으로 결국 현실이 나타나는 것이다. 맨 밑바닥으로 내던져져 노예가 된 국가에서 저항의 헛된 노력을 광범한 자발적 조직망으로 만들려는 생각만큼 유토피아적인 것이 있겠는가? 그러나 레지스탕스가 태어난 것은 그렇게 해서이다. 영웅적인 미친 짓, 젊음의 미친 짓인 지하 무장군보다 더 유토피아적인 것이 있겠는가? 그리고 이제 믿음의 힘으로 지하 무장군이 현실이 되었다. 그것은 존재한다. 그것은 미래 건설의 한 요소가 되었다. 당신은 기독교 신자인가? 탐욕과 권력을 중시하지 않는 성령의 지배를 큰 소리로 외치는 것보다 더 유토피아적인 것이 있는가? 이 미래의 질서 속에서 공산주의자들도 그들의 몫을 가질 것이다. 왜냐하면 그곳에서는 각자의 자유로운 발전이 모두의 자유로운 발전의 조건이 아니겠는가? 아마도 그들은 거기에서 발전에 필요한 것을 보려는 사치를 누리려고 하지 않는가? 그러나 이 점에서 리보 씨 당신은 그것을 현학적으로 반박하지 않았는가? 그러나 미래는 선량한 사람들의 지칠 줄 모르는 연대에 의해서 앞으로 나아가고 있다. 당신에게는 하나의 자원밖에 없다. 그것은 관대함을 틀린 것이라고 하고 자유의 힘이 또한 패배의 힘이라는 것, 그리고 모든 것이 악화되고 있다는 것을 학문적으로 설명하는 것이다. 당신에게는 확실히 그렇고, 그것이 정의이다. 학문적 우아함에 의해서가 아니라 정의를 위해서 감히 싸운 사람들의 용기로 준비되고 있는 내일의 프랑스는 현재 진행되고 있는 사태를 관장하는 신에게, 아니 오히려 당신 마음에는 아직 충분히 진행되지는 않았겠지만, 그런 신에게 아첨하는 자들과는 다른 봉사자들을 필요로 하고 있다.

사람들은 인민의 적을 그들이 주장하는 교의의 근본에서 알아볼 수 있다. 그에게 본질을 실토하게 하려고 크게 노력할 필요가 없다. 그 본질이란 혁명이 미친 짓이고 민중이 무엇이 자신들에게 유리한지를 모른다는 점, 그리고 그들이 복종하도록 하고, 그들을 학문적 예언자를 위해서 반짝이는 우월한 빛을 따르도록 인도해야 하는데, 이 빛은 당신들이나 나 같은 사람, 농민, 노동자, 모든 가난한 자들에게는 보이지 않는다는 것이다. 그런데 인민의 적에는 두 종류가 있다. 소리를 지르는 자와 혐오감을 일으키는 자이다. 리보 씨는 두번째 범주에 속한다. 문인이나 철학자 등의 소모임에서 말을 잘하는 그는 이야기의 세련됨으로 보수주의자들의 환영을 받고 있다. "그는 구변이 좋아. 내용도 훌륭하고. 특히 마음에 드는 것은 그 넘쳐흐르는 재치야. 그러나 무엇보다도 그 얼마나 강력한 교의인가!" 사기꾼 같으니라고.……

5

잘 알려지지 않은 책에 대하여[25)]

1938년 군사서적 출판사인 베르제-르브로 사에서 예비역 장성인 쇼비노의 이름으로 『침략이 아직도 가능한가?(*Une invasion est-elle encore possible?*)』라는 제목의 책이 출판되었다. 질문이 제시된 방법으로 보아도 알 수 있듯이 대답은 부정적이었다. 재판이 발행되었음에도 불구하고(우리는 1940년에 출판된 제2판을 가지고 있다), 이 책은 그리 많이 알려지지는 않았다. 그러나 우리가 확인한 바에 의하면 그 책은 서점에서 언제나 구할 수 있다. 1940년의 사건도 저자에게 어느 정도 삼가도록 하지는 못한 듯하다.

그러나 이 책은 꼭 읽어볼 필요가 있다. 순전히 역사적인 관점에서 우리의 패배 직전에 프랑스 군 지휘부에서 어떤 기술적 개념을 가지고 있었는가를 아는 것은 중요하다. 그런데 쇼비노 장군의 책은 이 부류 사람들의 정신상태를 정확히 보여주고 있는 것 같다.

그리고 무엇보다도 페탱 원수가 그 책의 서문을 썼다. 페탱 원수

---

25) 『정치 노트』, nº 8(실제로는 nº 6), 1944년 4월, p. 22.

의 신중함과 자신이 하는 일을 비밀로 하기 좋아하고, 크게 책임을 지기 싫어하는 성격 등으로 미루어볼 때 이 사실은 중요하지 않을 수 없다. 그 서문이 겉치레로 하는 형식적 행위가 아니라는 점으로 보아 그것은 더욱 의미심장한 일로 보인다. 열일곱 페이지에 달하는 의외로 긴 내용, 페탱 원수가 쇼비노 장군의 이론을 매우 호의적으로 정성들여 요약하고 있는 점, 필요한 경우에 자신의 책임을 회피하려는 몇 군데의 주의에도 불구하고 저자의 결론을 조심스럽지만 확실하게 지지하고 있는 점[26] 등 모든 것이 원수가 이 책을 독자들에게 보증하고 있다는 가정을 하게 한다. 독자에게 발표하고 싶어서 그가 주도적으로 쇼비노 장군을 대변인으로 삼아 자신의 깊은 생각을 발표하게 한 것이 아닌가 하는 의심이 날 지경이다. 서문의 마지막 구절(p. XXI)을 읽어보면 이런 인상을 더욱 가지게 된다.

책을 다 읽고 난 뒤에도 같은 인상을 받는다. 실제로 여러 군데에서 쇼비노 장군은 조프르 장군이나 포슈 장군을 비판함으로써 반대로 페탱 장군의 역할을 돋보이게 하고 있다. 이 여러 지휘관들 중에서 그는 확실히 편을 택한 것으로 보인다(특히 74페이지부터 83페이지까지 걸쳐 있는 "커다란 전략적 교훈"이라는 제목이 붙은 제5장 전체). 그의 책에는 다른 내용과 함께 조프르 원수와 포슈 원수가 살아 있을 때 그들의 회고록에서 페탱 원수의 군사활동을 비난한 내용

---

26) 간단히 인용해보자: "지상작전 초기에 관한 쇼비노 장군의 견해는 매우 현명한 것이다."(p. XIV) "결국 이 책에서는 항공활동에 대한 몇 군데 누락을 제외하면 근본적인 오류는 하나도 발견하지 못했다(p. XVIII과 XIX). 연속적인 전선이 역사의 교훈과 무기와 요새의 기술적 성격에 근거하고 있다는 점을 보여준 것이 쇼비노 장군의 귀한 공로일 것이다."(p. XXI)

에 대하여 대답하려는 의도가 엿보였다. 앞의 내용과 마찬가지로 이 점에서도 우리와 관계 있는 것은 페탱의 이론이다.

대중도 이 이론의 대강은 알고 있다. 이전에 군사학교의 포병학 교수였고(1908년부터 1910년까지) 포격 문제의 전문가인 페탱 원수는 화력에 대하여 깊은 인상을 간직하고 있었다. 쇼비노 장군도 마찬가지였다. 요새와 화력을 결합할 수 있게 하는 근대적 기술 덕분에 영토의 어느 지점에서건 연속된 전선을 따라서 넘을 수 없는 방어선을 건설할 수 있다고 그는 생각했다. 따라서 전술이 점점 큰 중요성을 띠게 되어 전략은 거의 필요 없는 상태로 줄어들었다.[27]

이상한 현상에 의해서 이 방어기술의 찬양은 공격에 관한 것에 대한 크나큰 무시로 나타났다. 제2부 제2장에 나오는 공격용 탱크에 관한 부분 전체(92페이지부터 109페이지까지)를 읽어보면 131페이지의 간결한 말로 요약될 수밖에 없다. "우리를 단기전으로 이끌 탱크로 말하자면 그 실패는 확실하다." 더욱 이상한 것은 비행기에 대한 평가이다. 쇼비노 장군의 이야기를 들어보면, 적의 비행기에 대항하여 싸우기 위해서 각국은 점점 더 강력하고 비싼 전투기를 건조하게 될 것이고 따라서 그 수가 적어질 것이며, 바다에서 구축함이 그렇게 된 것처럼 그것을 위험에 빠트릴 수 있는 전투에서는 감히 사용하지 못할 것이라는 것이다. 미래를 확신하면서 쇼비노 장군은 하늘에 전투기가 없을 것이라고 했다. "장래에는 우리 공군부 장관이 엄청난 가격의 비행기들을 조심스럽게 보호되는 지점에 묶어놓을 것

---

27) p. 80과 p. 81의 첫째줄에서 다섯째줄 참조.

이다. 이 비행기의 수는 끊임없이 줄어들 것이고 반격용으로 사용되기 위하여 그곳에 보관될 것이다. 왜냐하면 공군은 더 이상 주도권을 가지고 공격작전을 펴지 못할 것이기 때문이다.……" 자신의 예언에 자신감을 가지고 장군은 비꼬기까지 한다. "그러나 카페나 들락거리는 사람들은 적을 물리치기 위하여 비행기 일만 대가 필요하면 완전히 무장된 것을 그들의 머리 속에서 어렵지 않게 끌어낼 것이다.……" 그후 아마도 장군은 함부르크나 쾰른을 폭격한 비행기들이 카페 이외의 거점을 가지고 있다는 사실을 알 수 있었을 것이다.

현실이 쇼비노 장군이 틀렸음을 명백히 입증했고 또한 장군의 예견을 대중 앞에서 지지한 페탱 원수의 잘못도 확실하게 입증했으므로, 그 점에 대하여 더 이상 언급할 필요는 없을 것이다. 그와 같은 오류로 인한 우리의 패배에서 그들이 져야 하는 무거운 책임을 감추려는 것은 쓸데없는 일이다. 이런 상황에서, 페탱 원수가 자신도 비행기와 특히 탱크의 가치를 부인하는 사람을 지지했으면서 프랑스에 탱크와 비행기를 충분히 갖추지 못했다는 이유로 다른 사람을 비난하는 공식적 선전을 지원하고 있으니 기막힌 일이다. 그러나 그것으로 내 글의 결론을 맺을 수는 없다. 또한 쇼비노 장군의 저서가 오늘날 비교적 거론되고 있지는 않으나 그것의 독자가 없는 것도 아니다. 정보를 조금이라도 얻고 있는 프랑스인 중에서 우리가 방금 지적한 "오류"와 그것의 군사적 영향에 대하여 들어보지 않은 사람이 없다.

그러나 여기에 지금까지 별로 이야기되지 않은 다른 차원의 문제가 있다. 쇼비노 장군의 저술은 순전히 군사기술의 문제에만 국한하고 있지 않은데 이것이 그의 작업의 독특한 점이다. 그는 군사기술을 넘어서 외교 문제를 다루고 있다. 그의 저서의 마지막 부분(168페이지부터 끝까지)에서 그는 진정한 대외정책안과 심지어는 국내정치에 대하여도 논하고 있다.

모든 나라에서 국가의 정치에 전반적인 방향을 정하는 것이 정부의 일이라는 점은 명백하다. 그리고 정치의 전반적인 방향이 외교관계와 동맹의 선택을 지배한다. 이와 같이 결정된 상황으로부터 사령부가 해결해야 할 문제가 나오는 것이다. 유명한 클로제비치가 말하는 것도 그런 의미이다. "전쟁은 다른 수단으로 행하는 정치이다." 그러므로 군대는 국민에게 책임을 지는 정부에 봉사해야 한다.

쇼비노 장군의 개념은 전혀 다르다. 그는 군사기술이 동맹의 선택을 좌우하고 국민에게 외교를 강요한다고 생각한다. 그것은 군대의 지휘관들에게 국가의 전반적인 지도와 정부의 통제를 맡기는 것이 된다. 그것은 군국주의를 강력하게 표명한 것이고, 프로이센식 군국주의에 전혀 손색이 없는 것이다. 그런 책을 준비하는 데에 동의하고 그것을 국민 앞에 보증하는 데에 동의함으로써 페탱 원수는 그때부터 자신의 야망을 표출했고, 아마도 자신도 모르는 사이에 모든 시민에게 중대한 경고를 한 것이다. 이 결과와 쇼비노 장군의 이론이 충분히 각광을 받지는 못한 듯하다.

그러나 제시된 이론의 구체적 적용은 더욱 흥미롭다. 연속된 난공불락의 전선 이론은 쇼비노 장군에게 프랑스 외교정책 전체를 무너뜨리고 완전히 새로운 것을 만들도록 한다.

무엇보다도 먼저 국제연맹은 유용성이 없다. "열강 그룹은 연속된 국경을 가질 수 있는 특혜를 누리는 나라 중 하나에 더 이상 자신들의 의지를 강요하지 못할 것이다. 왜냐하면 이 나라는 자국이 어떠한 공격으로부터도 끄떡 없으리라는 점을 확신하고 있으므로 외교적 압력에 영향을 받지 않을 것이기 때문이다."[28]

이와 같이 연속된 전선은 "인류에게 집단안전 조약을 엄격하게 준수하면 일어나게 되어 있는 동맹에 의한 전쟁을" 회피하게 해준다.[29]

게다가, 멀리 있는 나라에 도움을 주는 것은 불가능하다. "미국 군대의 유럽 개입은 같은 원칙에 따르면 효과가 제한되어 있다."[30] 그리고 "그것을 이해하지 못하여, 우리 외교는 프랑스를 극도로 위험한 상황에 말려들게 했다. 1918년 이후 우리 외교는 우리가 도울 수 없는 멀리 떨어져 있는 나라들에 도움을 약속했다.……우리는 왜 위험해진 동맹을 비난하지 않았는가? 고전적인 전략의 입장에서는 놀랄 수밖에 없다."[31]

더구나 이 작은 나라들에 대하여 왜 관심을 가져야 하는가? 장군은 우리에게 다음과 같이 설명한다. "작은 나라를 그대로 방치하여 그 나라 국민의 생활이 매우 비참해진다면 대국이 그 나라를 보호하고 식량을 공급할 수 있다.……" "민족자결권(그대로 인용한 것이다)은 한 민족이 그들의 자유를 다른 민족에게 강요할 수 있는 힘이 있을 때는 필요 없는 것이고, 그 반대의 경우에는 위험한 것이다. 선량한 사람이 카나리아의 새장을 열어주면서 새들에게 잘해주는 것이라고 확신한다면, 부득이한 경우에 그 생각을 용납할 수 있다. 그러나

---

28) p. 179.
29) p. 180.
30) p. 185.
31) p. 190.

조약의 체결자들이 인간집단의 생존 가능성에 대해서도 그렇게 단순한 생각을 가진다면 매우 심각한 문제이다.[32]

우리는 여기에서 열정에 들뜬 장군이 엄밀한 의미의 군사적 영역을 넘어서 정치철학 분야로 약간 경도된 것을 볼 수 있으며, 그 문제에 관하여 그가 말하는 것이 새로운 것은 별로 없다. 우리가 이미 전에 들은 것 같은 내용인데, 장군의 이론과 독일의 이론의 별난 일치를 보고 놀라지 않을 수 없다. 진실로 페탱 원수가 일반적으로 책임을 지기 싫어하는 습성 때문에 그의 서문에서 장군의 결론 뒤에 숨는 태도를 취하기는 했지만, 쇼비노 장군의 저술을 프랑스 독자에게 내놓으면서 그가 깊이 연루되었다고 생각하지 않을 수 없다.

왜냐하면 오스트리아를 합병하고 뮌헨 협정이 체결된 1938년에 쓰여진 그런 내용을 보고 그것이 어디로 가는지를 짐작하지 않을 사람이 있겠는가? 프랑스가 러시아는 물론 미국과 관계를 맺는 것을 금지하여 동맹국을 없이 함으로써[33] 그것은 동유럽 전체에서 독일에게 백지 위임장을 주고, 프랑스에는 유일한 안전책으로서 연속적인 전선 이론과 가중되는 군비만을 남겨놓았다. 그것이 바로 독일이 바라는 바였고, 독일이 우리에게 끝까지 강요하려던 것이며, 체코슬로바키아를 파괴하고 1918년에 프랑스가 구축한 동맹을 해체함으로써 독일이 우리를 고립시켜 확실하게 짓밟을 수 있도록 한 체제이다.

그와 같은 결론은 매우 중요하여 그 저자도 그것을 인식하지 않을 수 없었다. 그가 그것에 동의하는 것을 단지 군사기술만으로는 설명

---

32) p. 190과 p. 191.
33) p. 191.

할 수가 없다. 우리는 거기에서 군사기술로부터 상황 논리를 빌려 그 가면 속에 숨어 있는 정책을 볼 수 있으며, 이 정책은 독일이 우리에게 권하는 것이기도 하다. 사람들이 지금까지는 페탱 원수가 쇼비노 장군의 책을 지원하면서 어리석은 내용을 지지했을 뿐이며 그가 단순한 군사적 오류에 동참한 정도로 생각했다. 우리는 여기에서 페탱 원수가 평범하다는 점을 반박하려고 하지는 않으나 그것이 적을 돕는 정치공작에 이용되는 것을 막지 못하여 진정한 배반의 죄를 지게 되었다는 점을 인식하는 것은 중요하다.

실로 우리 나라에서 1933년부터 1939년까지 우리 손으로 우리의 동맹체제와 우호국을 파괴하면서 로마-베를린 추축에게 유럽의 지배를 넘겨주기 위하여 진행된 음모를 밝힐 날이 올 것이고, 아마도 그리 멀지 않을 것이다. 프랑스 군대의 책임은 이 점에서 라발 같은 정치인, 브리농 같은 신문기자, 크뢰조 회사 사람들 같은 기업인, 1934년 2월 6일의 선동가 같은 하수인들의 책임과 분리될 수는 없을 것이다. 그러나 그들의 책임이 유일한 것은 아니지만 그것이 가장 위험하고 이 광범한 전체에 이끌려 들어갔다는 점에서 그 죄가 가장 크다. 광범한 반역행위에 대한 재판을 열기 위한 조사에서 쇼비노 장군의 책은 오늘부터 매우 중요한 자료가 된다.

6

교육개혁에 대하여

전국 레지스탕스 연구회(C.G.E.)가 업무계획에 포함시킨 이 가장 중요한 문제에 대하여 『정치 노트』는 일련의 기사와 보고서를 발표할 예정이며, 그것은 글을 쓴 저자들의 견해임을 밝힌다.

교육혁명에 대한 의견서

국가적 불행에 직면하여 무엇보다도 스스로를 반성해야 할 것이다. 그 다음에는 (개선의 노력 없는 반성은 자기만족적인 쾌락일 뿐이므로) 개혁안을 만들어야 한다. 앞으로 승리한 후에 자유로워진 국토에서 우리 프랑스 사람들끼리 모이게 되면 새로운 프랑스를 다시 만드는 것이 우리의 막중한 의무일 것이다.

그런데 많은 것들을 재건해야 하는 중에서도 우리 교육제도의 재건은 뒤로 미룰 수 있는 성질의 것이 아니다. 그것이 전략에서건, 행정관행에서건, 또는 단순히 도덕적 저항에서건 간에 우리의 와해는 무엇보다도 우리 지도자들과 그리고 (그것을 자백할 용기를 내지 못할 이유가 무엇인가?) 우리 민중 대부분의 지적인 그리고 동시에 정신적인 패배였다. 그것은 근본적인 원인들 가운데 우리 사회가 젊은 이들에게 하는 교육의 불충분함이 가장 일차적인 원인이었다는 의미이다.

이와 같은 폐단을 시정하기 위해서 소규모의 개혁은 효과가 없을 것이다. 옛 관행을 대충 손질하여 한 나라의 교육을 새롭게 할 수는 없다. 혁명이 필요하다. 우리가 주의하지 않으면 더러운 체제가 위장하려고 선택하여 사용한 이 말 자체의 신용이 떨어지게 되는 사실에 동요되지 말자. 교육 문제에서, 어디에서나 마찬가지지만, 소위 국가적 혁명은 언제나 아주 낡아빠진 관행으로 돌아가거나 우리 민중의 성격과는 맞지 않는 제도의 비굴한 모방 사이를 왕래했다. 우리가 하려는 혁명은 우리 문명의 가장 정통적인 전통에 충실하게 남아 있을 수 있을 것이다. 그리고 그것은 새로운 것을 만들 것이므로 혁명이 될 것이다.

그 일에 대하여 잘못 생각하지 말자. 그 일은 매우 어려울 것이다. 고통이 없이는 안 될 것이다. 선생들에게 그들이 오랫동안 정성스럽게 행해온 방법이 최상의 것이 아닐 수도 있다는 점을 설득하는 것, 어른들에게 그들의 아이들이 그들 자신이 교육받은 것과 다른 교육을 받게 하는 것이 유리하다는 점을 설득하는 것, 그랑제콜 출신들에게 추억과 우정을 나눈 특권적인 기관이 폐지되어야 한다는 점을 설득하는 것은 언제나 어려운 일이다. 그러나 그 분야에서도 다른 곳과 마찬가지로 미래는 용감한 사람의 것이라는 점을 의심하지 말자. 그리고 교육을 담당한 사람에게 가장 큰 위험은 그들이 점차로 편안해지는 제도에 영합하는 일일 것이다.

이 필요한 혁명에 대하여 단 몇 페이지로 그 프로그램을 논의할 수는 없을 것이다. 나중에 필요에 따라서 그리고 다른 사람들과 협력하여 좀더 자세한 내용을 말하게 될 것이다. 현재는 몇 가지 주요 원칙에 국한하여 말하겠다.

한 가지 사전조건이 반드시 필요하다. 그것은 절대적인 것이라서 그것이 채워지지 않으면 아무것도 진지하게 이루어질 수 없다. 전체 시민의 문화수준의 계속적인 발전뿐 아니라 젊은이들의 교육을 위해서, 내일의 프랑스는 지금까지 해온 것보다 훨씬 많은 지출을 감당할 줄 알아야 한다.

이 면에서 패전으로 인하여 권력을 잡게 되었으나 다가올 승리에 의해서 머지 않아 추락할 사람들의 전쟁 전의 태도를 극명하게 보여주는 두 가지 에피소드가 있다. "번영"을 장관인 앙드레 타르디외가 광범위한 "국가설비" 계획을 수립할 때 그는 행복한 프랑스가 필요로 하는 설비에서 모든 과학장비를 단번에 없애버렸다(내가 잘못 아는 것이 아니라면, 나중에 마지막 순간에 회개하여 그는 실험실을 위한 약간의 예산을 배정했다. 왜냐하면 기술자들이 유용하다는 것을 〔독일 중공업이〕 전혀 모를 리는 없기 때문이다. 반면 도서관은 여전히 무시되었다. "현실주의자들"이 책에 대하여 관심이 있는가? 그리고 너무나 가난한 프랑스인들이 그들이 읽을 책을 스스로 사야 할 필요가 있는가?). 강력한 긴축정책을 주장하는 피에르 라발 총리가 간접적으로 임금을 줄이기 위하여 공화국의 지출을 삭감하기로 결정하자 프랑스 정부는 문명국 정부 중 유일하게 지적인 활동 쪽에서 절약을 하려고 한 정부가 되었다. 전에 한 노르웨이 친구가 나에게 이렇게 말했다. "우리가 귀국의 정부에 대하여 놀라는 것은 지적인 활동에 별로 관심을 두지 않는다는 점입니다." 그 말은 충격적이었다. 그것이 영원히 들을 만한 가치가 없는 말이 되기를 바란다.……

그러므로 우리는 새로운 자원을 필요로 한다. 우리 실험실을 위해서 그리고 우리 도서관을 위해서 더욱 그렇다. 왜냐하면 이 후자는 지금까지 큰 피해를 입은 희생자였기 때문이다(학술도서관과 소위 대중도서관이라는 것 역시 그렇다. 영국, 미국, 독일에 비교하여 그것의 비참한 상태는 우리 나라의 최악의 수치 중 하나이다. 소도시는 이야기하지 않더라도 대도시 도서관의 목록을 살펴보고, 구입도서가 점차로 줄어드는 것을 보고, 50년 전부터 문화가 쇠퇴하는 것을 보고 비애를 느끼지 않을 사람이 있겠는가? 소위 개명했다는 부르주아지도 더 이상 책을 읽지 않는다. 그리고 형편이 어려운 계층 출신으로 읽고 싶은 마음이 있는 사람에게 책들이 와서 관심을 끌어주지 않는다). 연구를 하는 우리 기업을 위해서. 청결하고 쾌적한 분위기가 유지되는 우리 대학, 중고등학교, 초등학교를 위해서. 그곳에서 우리 젊은이들이 더럽고 어두운 곳의 갈라진 벽 사이에 갇혀서는 안 될 것이다. 또한 거짓으로 수치스러운 척하지 말고 말하자. 새로운 자원은 모든 단계의 교사들이 사치스러운 생활을 하기 위해서 요구되는 것이 아니라(우리가 꿈꾸는 것이 사치스러운 프랑스는 아니다) 그들이 물질적 불안으로부터 충분히 벗어나고 생계를 위하여 부업을 하지 않아도 될 수 있도록 해줌으로써 그들이 가르치는 일이나 학문적 연구를 하는 데에 마음이 자유스럽고, 정신적으로 예술과 과학의 활발한 원천으로부터 계속해서 활력을 얻을 수 있도록 하기 위해서도 필요하다.

그러나 이 필수적인 희생은 완전히 일신된 교육을 상대로 하지 않으면 헛된 일일 것이다.

우리의 제도의 가장 해로운 결함을 요약하는 끔찍한 어휘가 있다. 그것은 시험공부라는 말이다. 그것이 가장 덜 침투한 곳은, 완전히 벗어난 것 같지 않아 염려가 되기는 하지만, 확실히 초등교육 쪽이다. 중등교육과 대학, 그랑제콜은 그것으로 가득 차 있다.

"시험공부." 다시 말해서 시험과 등수에 연연하는 것이다. 더욱 나쁜 것은 단순히 교육의 가치를 검증해보는 시금석이 그 자체로 목적이 되고 이후로는 모든 교육이 그쪽으로 지향하고 있다. 어린이와 학생들에게 지식을 습득하게 하고 시험제도가 그것을 잘 습득했는가를 평가하게 하는 것이 아니라, 그들에게 시험을 준비하도록 요구하는 것이다. 서커스에서 재주를 부리는 개는 많은 것을 아는 개가 아니라 미리 선택된 연습을 통해서 알고 있는 듯한 환상을 주도록 훈련된 개이다. "여러분은 분명히 내년에는 교사자격증을 따게 될 겁니다. 올해는 시험준비가 충분히 되어 있지 않군요"라고 교사자격 시험관이 순진하게 내 학생들에게 말했다. 20년 전부터 이런 잘못이 끔찍한 피해를 끼쳤다. 대학을 졸업한 학생들이 이후 자격증을 얻기 위하여 매번 어려움을 겪었다. 국민혁명(1940년 8월 비시 정부가 새로운 도덕질서를 수립하기 위하여 선포한 운동. 허위의식, 개인적 이기주의,

사치, 여가, 취미를 버려야 하며 전통적 덕성과 노동, 가족, 조국의 가치를 고양시켜야 한다고 주장했다/역주)을 한 이후로는 추가로 시험을 보지 않고는 변호사가 될 수 없었다. 고등학교는 교육의 정규과정을 중단하고 "바칼로레아(대학입학자격시험) 준비반"으로 조직되었다. 파리의 의학서적 전문서점들에서는 준비된 인턴 시험문제집을 팔고 있어 그냥 외우기만 하면 되었다. 일부 사설학원에서는 교과과정을 주제별로 나누고 매우 정확한 교과반을 운영하여 그 기관에서 공부한 지원자들은 항상 시험에서 그렇게 준비되어 풀어보고 교정을 받은 문제만 만나게 된다고 자랑한다. 위로부터 아래까지 모든 단계에서 앞으로 있을 시험이 영향을 미친다. 수많은 어린이들이 교육적으로 적절하지 않게 그리고 때로는 건강을 상해가면서 너무 어린 나이에 상급반으로 들어간다. 왜냐하면 어떻게든지 뒤처지는 것을 막아 나중에 그랑제콜의 연령제한에 걸리지 않기 위해서이다. "우리 중등교육의 모든 학습 프로그램은 폴리테크닉 학교에 들어가기 위해서 만들어진 것입니다"라고 어떤 의사가 나에게 말했다. 그리고 고등학교에서의 끊임없는 시험은 경쟁심(그나마 잘못 이해된)을 키우기보다 성급하게 일하는 버릇을 길러준다. 그리고 후에는 우리의 불쌍한 청소년들이 삼복중에 찌는 듯한 교실에서 고통을 당하는 것을 보게 될 것이다.

  나는 그와 같은 시험 편집증이 가져오는 지적인 손실에 대하여 강조할 필요는 없다고 생각한다. 그러나 그것의 도덕적 결과에 대하여 우리는 충분히 인식했는가 : 학생과 마찬가지로 선생도 자발성을 두려워하게 된다 ; 자유스러운 호기심은 부정되었다 ; 성공이 앎에 대한 관심을 대신하게 되었다 ; 배운다는 자유로운 즐거움이 있어야 할 곳에 반대로 끊임없는 두려움과 공격적 태도가 자리했다 ; 요행에 대한 믿음(왜냐하면 시험관의 양심이 아무리 공정하다고 해도 시험은 본질적으로 우연적인 성격이 강하다 : 피에롱과 로지에가 한 흥미롭고도 끔찍한 조사, 대학의 고위직자들에 의해서 조심스럽게 은폐된 조사를 상기해주기 바란다 : 그것은 시험관에 따라서, 게다가 같은 시험관이라도 시험보는 날에 따라서 평가점수가 우려할 만큼 다르다는 것을 밝혀냈다) ; 끝으로, 그보다 비교할 수 없을 만큼 심각한 부정행위에 대한 믿음을 들을 수 있다. 왜냐하면 교실에서 학생들은 "컨닝"을 한다. 시험보면서 학생들은 당국자들이 공식적으로 인정하는 것보다 훨씬 자주 그리고 성공적으로 컨닝을 한다. 물론 정직한 사람도 있다는 것을 나는 알고 있으며 그 점에 대해서 감사하게 생각한다. 나는 그들의 수가 많다는 데에도 동의한다. 그들은 칭찬받아 마땅하다. "너 정말 컨닝 잘했나봐." 내가 아는 한 학생이 일등을 하자 그의 친구 중 하나가 부러워죽겠는 투로 그렇게 말하는 것을 들었다. 이런 분위기에서 젊은이들을 교육시켜야 하는가?

내가 여기에서 개혁안을 자세히 제시할 수 없다는 점을 이미 말한바 있다. 그것을 수립하는 것은 쉽지 않을 것이다. 어떤 것은 완전히 폐지해야 할 것이다. 바칼로레아, 선별의 가치, 이 불확실한 속성 재배용 온실의 지적인 효율성을 믿는 사람이 아직도 있을까? 물론 다양한 선별방법이 그래도 필요할 것이다. 그러나 좀더 합리적으로 조직되고 이후로 그 횟수도 훨씬 줄여서 초등학생과 그 위 단계의 학생들이 더 이상 강박적인 시험의 반복에 갇히지 않도록 해야 할 것이다. 나는 여기에서 매우 단순하고 처음부터 적용하기 쉬운 제안을 해 보겠다.

내 동료들처럼 나도 답안지를 채점하고 지원자에게 구두시험을 보게 했다. 모든 사람과 마찬가지로 나도 틀릴 수 있다는 점을 인정한다. 그러나 아주 잘 쓴 답안지와 아주 못 쓴 답안지를 혼동하는 경우가 있는가? 아니, 아주 잘 쓴 답안지와 중간 정도 쓴 답안지를 혼동하는 경우가 있는가? 내가 생각하기로 그런 경우는 아주 드문 것 같다. 그러나 어떤 시험관이 역사나 철학이나 또는 수학의 답안지를 20점 만점에 13 1/4점을 주고 다른 것은 13 1/2 점을 준다면 나는 아무리 공손하게 하려고 해도 웃기는 일이라고 외칠 수밖에 없다. 한 인간이 역사 논술이나 수학문제 설명의 가치를 1.2퍼센트 정도 차이를 두고 평가할 정도로 정확한 균형을 가질 수 있는가? 우리는 —— 다른 여러 나라의 예를 따라서 —— 평가단계를 즉시 동일한 다섯 개의 큰 범주로 나눌 것을 간곡하게 요구한다. 1점 또는 "아주 나쁨" 2점 또는 "나쁨", 3점 또는 "괜찮음", 4점은 "좋음", 5점은 ("완벽함"이 아니라) "매우 좋음"(인간적 한계 때문에 완벽함은 있을 수 없다). 적어도 동점자가 나와도 크게 문제가 없는 곳에서는 어디에서나 그렇게 해야 한다. 몇몇 한정된 자리를 위한 경쟁시험의 문제는 수학자에게 연구하도록 맡겨야 한다. 그 경우에도 지나치게 어렵지는 않아야한다. 우리는 그것에 너무 오랫동안 습관이 되어 그 부조리함을 인식하지 못하게 되었다. 부당함으로 변하는 어리석은 짓보다 더 나쁜 것은 없다.

그러나 시험의 폐단은 아마도 좀더 심각한 오류가 외적으로 표출된 것뿐일 수도 있다. 이 점에 대하여도 나는 초등학교에 대해서는 많은 이야기를 하지 않겠다. 내가 아는 한에서도 —— 나는 고등학교나 대학교에 비하여 그곳과 덜 친숙하다는 점을 고백한다 —— 초등학교에 결함이 없는 것은 아니다. 그러나 초등학교는 다른 두 단계의 학교보다 그 본래 목적에서 훨씬 덜 벗어나 있는 것으로 보인다. 중등교육과 대학의 잘못된 점은 명백하다. 그것은 다음과 같이 요약될 수 있을 것이다.

고등교육은 나폴레옹식의 특수학교에 잠식되었다. 대학의 학부도 나폴레옹식 고등교육이라는 이름 외에는 다른 가치가 없다. 폴리테크닉이 엔지니어나 포병을 양성하는 공장이듯이 문과대학은 교사를 양성하는 공장이 아니면 무엇이겠는가? 그로부터 역시 한심한 두 가지 결과가 나타났다. 첫째는 우리가 학문 연구를 제대로 준비하지 못한다는 점이다. 그리고 우리 나라에서 연구상태가 점점 나빠지는 것이다. 이 점에 대하여 예를 들면 의사나 역사가에게 물어보라. 그들이 진지한 사람들이라면 그들의 대답은 거의 다르지 않을 것이다. 덧붙여 말하자면 그로 인해서 우리의 국제적 명성이 심각한 타격을 입게 되었다. 우리 대학들이 외국 학생들에게는 관심을 끌지 못하는 직업준비 시험만 시키기 때문에 여러 분야에서 그들이 더 이상 우리 나라에 오지 않게 되었다. 다른 한편, 지나치게 일찍 전문화된 우리 지도 그룹에게 우리는 고급의 일반 교양교육을 시키지 못하고 있는데, 그것이 없이는 행동가는 인부감독밖에는 안 된다. 우리는 좋은 기술자이지만(나는 그 사실을 인정해주고 싶다), 인간적 문제에 대한 진정한 인식이 없는 기업의 우두머리들, 세상을 모르는 정치가, 새로운 것에 거부감을 가지는 행정가들로 교육시키고 있는 것이다. 어느 누구에게도 우리는 비판의식을 가르치지 않는다. 그것을 위해서는 자유로운 탐구의 관행과 실행만이 두뇌를 훈련시킬 수 있을 것이다. 여기에서 앞에서 언급한 두 가지 결과가 서로 만나게 된다. 끝으로 우리는 집단의식이 자라나는 폐쇄적인 작은 사회를 쉽게 만들고 그 것은 포용력이나 시민정신을 발전시키지 못한다.

치유책? 다시 한번 이 최초의 계획안에서 세세한 내용은 그대로 넘어가야 한다. 단지 간단하게 우리가 진정한 대학의 재구성을 요구한다는 점만을 말하자. 대학은 이후로는 각기 전문분야로 생각하는 경직된 단과대학으로 구분되지 않고 여러 분야가 유연한 그룹으로 모여 있는 상태가 될 것이다. 그리고 이 커다란 개혁과 동시에 특수학교를 폐지해야 한다. 그 대신 일부 직업을 위해서 최종적인 준비를 할 수 있는 기술을 가르치는 연구원을 만들어야 한다. 그러나 이 단계를 마친 후에 대학은 반드시 거치도록 해야 한다. 일부 특정 분야 기술자들의 독자적인 교육을 완성하기 위해서 예를 들면 토목학교가 필수적이다. 교양교육은 대학의 일로 폴리테크닉같이 방수벽으로 둘러싸인 학교에서 제공할 필요가 없다.

우리가 우리 정치사의 서로 반대되는 두 순간에서 공평하게 선택할 두 가지 예가 아마 우리가 끊어버리고자 하는 관행과 우리가 지향하는 새로운 방향을 긴 이야기보다 더욱 잘 이해하도록 해줄 것이다.

우리는 전에 고위행정직의 요람으로 정치학교가 거의 독점적인 지위에 있는 것을 인민전선 정부가 무너트리려고 하는 것을 보았다. 정치적으로 그 생각은 건전한 것이었다. 정부는 언제나 전통적으로 거의 모두가 그 정체에 적대적인 그룹에서 공무원을 모집하지 않을 권리가 있다. 그러나 당시 정부에 있던 사람들은 무엇을 생각했는가. 그들은 영국의 훌륭한 공무원 채용시험과 같은 민간 행정관료 시험 제도를 생각할 수 있었을 것이다. 영국과 마찬가지로 행정의 모든 분야에 적용되고, 영국과 마찬가지로 일반교양 시험을 기준으로 하고 자유선택제를 도입하여 개인적 호기심에 커다란 중요성을 부여하며, 끝으로 영국과 마찬가지로 자유로운 정신의 대학에서 준비하도록 할수 있었을 것이다. 그러나 그들은 새로운 특수학교, 경쟁학교보다 더욱 폐쇄적인 정치학교를 세우는 안을 만드는 쪽으로 기울었다.

비시 정부는 사범학교들을 폐지했다. 의심할 여지없이 그것은 주로 정치적인 조치였다. 그들이 가면으로 사용하는 어처구니없는 불평에 속는 사람은 아무도 없을 것이다. 사범학교는 초등학교 교사들에게 일반 교육과 역시 견고한 방법적인 교육을 해왔고 아마도 앞으로도 그렇게 할 것이다. 그러나 약간 폐쇄적이며 그 프로그램이 필연적으로 경직될 수밖에 없는 이 교육기관을 졸업하고 난 후 이 젊은이들이 다양한 학생들과 만나고 좀더 비판적이고 유연한 교육 형태를 만날 수 있도록 하는 것이 필요 없는 일이 아니라는 점을 인정할 것이다. 비시 정부가 계획한 것처럼 사범학교를 고등학교로 바꾸는 것은 넌센스이다. 그곳에서 장래의 교사들은 옛 사범학교에서 잘 가르치던 것을 잘못 배우게 된다. 그러나 나는 사범학교가 복구되면 그들이 대학에서 자유롭게 1년 동안 연구하는 것으로 그들의 과정을 마치는 것이 좋다고 생각한다.

수십 년 전부터 중등교육은 끊임없이 개편되었다. 아마도 최근 3년 동안의 이상한 부조화는 아무것도 만들지 못하고 조정하지도 못하는 정부의 근본적인 무능을 보여주는 것 이외 다른 것이 아닐 것이다. 그러나 불균형은 더 오래 된 것이다. 그것은 더 깊은 원인으로부터 온 것이다. 옛 인문주의 교육제도가 살아남아 있다. 그것이 교체되지 않았다. 그로부터 날카로운 불편함이 남아 그것이 여러 형태로 나타난다. 나쁜 학생이다가 나중에 지식과 교양을 갖춘 사람이 되는 경우는 언제나 있다. 오늘날 그런 경우가 예외가 아니라고 말해도 크게 틀리지 않는다고 나는 생각한다. 반대로 소위 좋은 학생이었던 사람들이 책 한 번 열어보지 않게 된다. 진실로 그들은 공부하는 동안 "발췌된 내용" 외에 다른 책을 열어본 일이 있는가? 또한 젊은이들이 교육에 흥미를 잃는 것은 부인할 수 없는 일이다. 나는 회상을 할 만큼의 나이는 든 사람이다. 40년 전에 사람들은 즐거운 마음으로 고등학교에 들어갔다. 거기를 나올 때는 덜 기뻐했다. "보이스카우트" 운동의 성공에는 여러 가지 원인이 있다. 그중에 가장 먼저 들 수 있는 것이 공교육의 실패라는 점은 확실하다. 보이스카우트의 소년대나 연장대 속에서 어린이는 점점 학교가 그에게 주지 못하는 것을 다시 찾게 된다. 훌륭한 단체정신, 가까이에서 느끼는 우두머리, 신선한 두뇌의 자발성을 이끌어들이고 집중시킬 수 있도록 잘 준비된 "관심의 대상" 등이다.

이런 비판을 계속하는 것보다는 간단하게나마 우리가 바라는 것을 말하는 것이 아마 더 나을 것이다.

우리는 매우 개방적인 중등교육을 원한다. 그것의 역할은 출신이

나 재산에 관계없이 엘리트를 양성하는 것이다. 그것이 계급에 근거한 교육이기를 그치거나 다시 그렇게 되는 것을 그만두어야 하므로 선별은 불가피할 것이다. 입학시험은 아마 계속 필요할 것이다. 그것은 매우 간단하고 어린이에게 적절해야 할 것이다. 지식을 시험하기보다는 지능을 테스트하는 것이어야 한다. 그러나 매해 할 필요는 없다. 한 어린이나 청소년을 그가 12개월 동안 한 일을 가지고 평가하려는 것은 성장 심리학을 알지 못하는 것이다 —— 그의 생리상태를 거부하는 것이라고 말하는 것이 나을 것이다. 때로는 그의 발전단계에서 이 몇 개월이 도대체 무엇인가!

우리는 학급의 학생수가 더 적고 규율이 좀더 완화되기를 바란다. 그 규율은 내가 조금 앞에서 그 존재를 언급한 정신 생리학의 큰 원칙들을 배운 교사나 행정가들이 행하는 것을 말한다. 초등학교 교사들이 그것을 배우기를 바란다. 중등교사들이 현재 완전히 무시할 수 있는 권리가 있는(그는 그 권리를 포기하지 않는다!) 규율을 말한다. 어린이를 가차없이 동일한 체제에 맞추려고 할 것이 아니라 우리는 그의 취미와 나아가서는 그의 기벽까지 개발시켜주려고 노력할 것이다. 비시 정부가 일반 교육이라는 이름으로 변형시켜서 통합해버린 여가 지도는 매우 풍요로운 것이었다. 젊은 직원들의 도움으로 그것을 다시 시작하는 것이 좋을 것이다. 체육 교육이 큰 비중을 차지할 것이다. 그것은 모든 이상한 지나침과 상관없이, 그리고 엘리트 체육에 대한 건전하지 못한 또는 자기만족적인 칭찬과는 상관없이, 단순히 육체와 그러므로 두뇌를 강화하는 수단, 단체정신과 충성심을 불러일으키는 수단이라는 본연의 것이 될 것이다.

우리는 교육 내용의 선택이 매우 자유스럽게 이루어질 것을 요구한다. 이후로는 시험의 틀을 폐지함으로써 많은 다양성을 시도해볼 수 있으므로 더욱 큰 자유를 누릴 수 있을 것이다. 프랑스가 현재 바칼로레아 때문에 모든 교육적 실험, 보편적이라고 즉시 인정을 받지 못하는 새로움이 실질적으로 불가능한 드문 나라 중의 하나라는 점을 사람들은 인식하고 있는가? 라틴어가 모든 사람에게 의무인 것은 부조리하다. 마찬가지로 수학교육 내용이 일률적으로 너무 고급인 것도 그렇다. 어떤 사람들은 본성적으로 그것에 맞지 않는 사람이 있고 그것을 안타깝게 생각할 수는 있으나 그렇다고 그들을 낙인찍어 버려서는 안 된다. 더구나 우리는 인문주의 전통을 버리자고 하는 것이 아니다. 당연한 이야기지만, 현대어와는 별도로 라틴어도 계속 가르칠 것이다. 그것을 아는 것은 역사적인 성격을 띠는 모든 분야에서 필수적이다. 그것은 영향력이 없어지지 않은 문학으로 통하는 길을 열어준다. 특히 종합적인 성격의 언어를 배우는 것은 지능 발달에 거의 다른 것과 바꿀 수 없는 훈련이 된다. 그러나 이 공부가 열매를 맺기 위해서는 그것에 충분한 시간을 배정하는 것부터 시작하여 진지하게 해야 한다. 오늘날 흔히 보는 것처럼 라틴어를 서투르게 더듬거리며 하는 것보다는 라틴어를 전혀 배우지 않는 것이 낫다. 교육에서는 무엇보다도 대강이라는 것을 피해야 한다. 그렇기 때문에 그리스어가 지적, 미적으로 훌륭한 가치를 지니고 있음에도 불구하고 나는 예외적으로가 아니라면 그것을 유지하기가 어렵다고 생각한다. 라틴어 반 킬로그램과 그리스어 몇 개보다는……나는 라틴어를 실하게 가지는 것이 낫다고 생각한다. 뿐만 아니라, 번역에 대하여 근거

없는 수치심을 가지지 말 것이다. 고등학교를 졸업하기 위해서 모든 학생들은 고대의 고전을 접해야 할 것이다. 『오디세이(*L'Odyssée*)』나 『오레스트(*L'Orestie*)』의 번역본 전체를 읽는 것이 20-30개의 시를 원문으로 어렵게 설명하는 것으로 만족하는 것보다 백배 낫다. 탈망 데 레오에 의하면 18세기의 한 법관은 예수회 학교에 다니는 아들이 『황금 전설(*Légende dorée*)』을 보내달라고 하자, 그것 대신에 아미오가 번역한 『풀루타르크 영웅전』을 보냈다고 한다. "아들아, 이것이 신사들이 읽는 성인전이다"라고 그는 편지에 썼다. 나는 이 고등법원 판사가 성인전에 내린 평가에 대하여는 언급하지 않겠다. 그가 아미오의 번역본처럼 잘 알려진 프랑스어로 번역된 그리스어 고전에 대하여 내린 평가에 동의하지 않을 사람이 어디 있겠는가?

우리는 과학 교육이 광범위하고 심도 있기를 바라며, 그것이 과감하게 기술적 훈련과목을 폐지하기 바란다. 중등교육은 정신을 훈련시키는 것이 목적이다. 그것은 미리 기사나 화학자 또는 측량사를 기르는 것이 아니다. 이들은 나중에 다른 곳에서 그들이 필요로 하는 학교를 찾을 것이다. 우리는 특히 열네 살이나 열다섯 살까지는 과거보다는 훨씬 큰 비중을 관찰과목에 두기를 바란다. 그중에서도 땅 위에서 행하는 식물학 같은 것이 중요한 역할을 할 수 있는 것으로 생각된다. 우리는 수학자들이 중등교육, 예를 들면 기하학이 지식의 축적으로서보다는(그중 많은 부분이 일반 학생들에게는 쓸데없는 것이 될 것이다) 논리를 훈련하는 훌륭한 도구라는 것을 기억해주기 바란다. 우리는 사실이 지나치게 많은 화학 같은 과목의 프로그램을 훨씬 줄여줄 수 있다고 생각한다.

우리는 광범위한 역사와 지리 교육을 통해서 —— 나는 적어도 역사는 완전히 새로운 것이어야 한다고 말하겠다 —— 우리 젊은이들에게 세상의 진정한 폭넓은 이미지를 제시하도록 노력하기를 바란다. 최근 몇 년 동안에 나타난 경향처럼 역사를 시간적으로 우리에게 가까운 유럽의 정치적 사건에 국한하지 않도록 하자. 오래 된 과거는 인간들의 차이에 대한 개념과 그에 대한 존중을 불러일으켜주는 동시에 인간의 운명에 대한 시적인 감수성을 세련되게 해준다. 현재 프랑스의 장래 시민들에게는 인도나 중국의 문명에 대하여 정확한 이미지를 가지는 것이 "권위주의적 제국"이 소위 "자유주의적 제국"으로 전환한 것을 자세히 아는 것보다 중요하다. 여기에도 역시, 자연과학에서와 마찬가지로 새로운 선택이 필요하다.

요약하여 말하자면 우리는 전체적으로 가치체계의 합리적인 변화를 요구한다. 기나긴 교육의 변화과정에 포함된 프랑스의 전통, 즉 그것의 인간적 취향, 정신적 자발성과 자유에 대한 존중, 우리 정신의 풍토인 예술 형태와 사상의 계속성은 우리에게 귀중하다. 그러나 우리는 그것에 진정으로 충실하기 위해서 그것 자신이 우리에게 미래 쪽으로 열려 있도록 명령하고 있다는 것을 알고 있다.

| 부록 |

1

제1군의 보급에 대한 보고서

　여기에 제출하는 보고서는 제1군의 참모부 제4국 소속의 장교가 경험한 결과로부터 나온 것이다. 본인은 1939년 10월부터 전투가 끝날 때까지 유류보급 관계의 일을 담당했다.

　이 보고서가 작성된 조건을 가늠하기 위해서는 휘발유 담당부서의 모든 서류들, 특히 집행서집과 보고서들이 1940년 5월 28일 프리우 장군의 명령에 따라서 제1군의 모든 문서와 함께 파괴되었다는 점을 기억해주기 바란다. 따라서 앞으로 나올 의견에 필요한 세부적으로 정확한 내용은 제시할 수 없을 것이다.

　다른 한편 나는 이 보고서를 제1군의 유류보급 부대의 지휘관인 라샹 대위와 함께 작성할 수 있기를 원했다. 나는 그와 함께 전 전투 기간 내내 완벽한 조화를 이루며 일했다. 나는 이 보고서를 시작하면서 제1군의 표창을 받은 바 있는 그의 활력과 능력에 대하여 존경을 표하고 싶다.

　라샹 대위의 협력은 그가 오래 전부터 석유개발의 전문가로서 내가 개인적으로 가지지 못한 기술적 능력을 겸비하고 있었기 때문에

더욱 소중했다. 불행하게도 점령지역과 비점령지역 사이의 교통통신
이 어려워 그와 함께 보고서를 쓰는 일이 어려웠다. 나는 가능하다면
내 보고서와 동일한 보고서를 그에게 요청했으면 하는 기대를 표명
할 수밖에 없다.

1) 부서 활동의 일반 조건

두 시기로 명확히 구별하여야 한다.

1. 5월 10일까지는 준비기간, 기다리는 기간이었다. 어떤 군단도
이 시기에는 전투상태로 들어가지 않았다.

2. 5월 10일부터는 전투기간이었다. 여기에서는 당연히 두번째 기
간을 더욱 중점적으로 다룰 것이다. 그러나 첫번째 기간과 관계된 준
비의 문제도 소홀하게 다루지는 않을 것이다.

전투기간도 두 부분으로 나누어진다.

독일군이 뫼즈 강 전선을 뚫고 그 후 우아즈 강 쪽으로 들어오기까
지 유류보급은 대체로 규정과 전투계획에서 예정한 대로 진행되었
다. 벨기에 전방에 설치된 휘발유 통들과 저장소들, 이것들은 미리
지정된 장소에 설치되었는데, 처음에 지도상에만 표시되었던 이 입
지가 경험한 바로도 작전 —— 벨기에 참모부와 합의하여 몽스의 민
간 저장소 징발 —— 의 필요에 완벽하게 들어맞는 곳으로 판명되었
다. 준비기간 동안 설치한 후방 저장소의 사용이나, 조절 역할을 하
는 역으로부터 (대형 탱크 상태나 통으로 포장된 상태로) 기차를 이
용한 규칙적 보급 또한 그러했다.

대략 5월 19일부터는 적의 위협을 받는 저장소들은 차례로 파괴한 후에 버려야 했다. 전선에서 멀리 떨어진 지역으로부터 오는 기차 보급은 불가능해졌다. 임시변통 수단으로 보급하는 수밖에 없었다. 카르뱅의 종합정유 공장의 징발(그곳의 저장 탱크도 그 후에 파괴해야 했다), 릴의 민간 저장소와 북부지방 철로 역에 있는 기차의 몰수, 됭케르크에 있는 자원에 지원요청(그곳의 저장소도 적의 폭격으로 정유공장에 화재가 일어나 곧 사용할 수 없게 되었다), 주유소의 휘발유 징발. 다행히 이 공업지대의 자원은 풍부했고, 휘발유 부족으로 전투가 중단된 적은 없었다.

2) 부서의 일반 조직

나는 평화시의 규정에 의해서 수립되었다가 1939-40년 겨울 총사령부의 새로운 지시에 의해서 변경된 조직의 대강을 간략하게 언급하겠다.

저장소의 관리와 각 부대의 보급은 유류저장 부대(P.E.I.)가 맡고 있었다. 그것은 참모진과 인원수가 상당히 많은 관리부대로 구성되어 있었고, 그 후에 전투가 시작되자 총사령부의 배려로 장교와 사병이 더 배치되었다.

보급부대 소속의 연료수송 부대(유조차와 소수의 일반 트럭)가 군조직에 속했고, 그 사용은 유류저장 부대 지휘관의 지휘권 아래에 있었다. 총사령부 휘하에 있는 같은 형태의 제2부대가 전투 대기기간부터 같은 조건에서 사용되도록 군에 배치되어 있었다. 이 부대는 전투기간 내내 군 휘하에 있었다. 총사령부는 전투 초부터 제3의 연료 수송 부대를 군에 배치했다. 그러나 그 부대는 캉브레 지역에 주둔하고 있다가 독일군이 우아즈 강 쪽으로 밀고 오자 숙영지의 지휘부로부터 후퇴하라는 명령을 받았다. 이 명령에 따라 솜 강 쪽으로 후퇴하여 그때부터 군이 사용할 수 없게 되었다.

유류저장 부대는 보급과 휘발유 부서의 최고 지휘관을 통해서 군의 포병 총사령부 지휘부의 명령을 받았다.

이 조직에 대하여 다음과 같은 설명이 필요하다.

1. 유류저장 부대는 포병부대에 소속된다. 보급부대 소속의 연료 수송 부대는 앞에서 말한 바와 같이 그들의 활동을 위해서는 포병 지휘부에 소속된다. 그러므로 때로는 권한의 소속이 어느 한쪽으로 정확히 규정되지 않아서 명령의 이중성이 생기기도 한다. 이 부대들을 한쪽에 소속시킴으로써 단순하게 할 수 없었을까 하는 의문을 가져볼 수 있다. 전투 중에는 이 문제 때문에 심각한 어려움이 전혀 발생하지 않았다는 점을 덧붙여 말해야 할 것이다.

2. 내가 말한 바와 같이 전투가 시작되자 강화된 운영부대는 전투 중에 쓸데없이 수가 많고 둔하다는 점이 밝혀졌다. 사실 대부분의 저장소를 포기함으로써 생겨난 특별한 조건 때문에 이 점에 대하여 일반적인 결론을 내리기 어렵다. 왜냐하면 부대의 임무인 저장소 운영의 숫자가 급속히 줄었기 때문이다. 그러나 운영부대 인원을 적게 하고 다른 한편으로 유류저장 부대 산하에 "밀" —— 은폐된 우묵한 땅에 감추어놓은 휘발유 통들을 가리키는 암호 —— 이라고 부르는 저장소의 설치작업과 동시에 기차의 짐부리기를 전문으로 하는 공병부

대를 두는 것이 좀더 적절하지 않았나 생각해볼 수 있다. 그런 작업을 위해서 계속 군단의 소속부서인 공병부대에 신청해야 하는데 그것이 여러 차례 연락이 잘 안 되어 지연을 초래한 것 같다. 게다가 매번 설치작업에 대하여 알고 있는 부대에 장교와 사병을 배치해야 하는 일이 지정된 작업의 수행에 유리한 것 같지 않다.

3. 그러나 특히 지휘조직이 수정되어야 할 것으로 생각된다. 하나의 예를 들면, 만일 각자의 권한을 문자 그대로 지켰다면 전투가 진행되는 동안 예정된 단계의 과다가 초래했을 위험을 드러냈을 것이다.

군 사령부가 발랑시엔에 주둔하고 있을 때, 아마 5월 16일이었던 것 같은데, 전차부대 소위가 연락장교로 내 사무실로 왔다. 그는 모르말 숲에서 전투하고 있는 자신이 속한 여러 분대가 연료 부족으로 전투를 중지해야 할 위험한 상태에 있다고 했다. 그의 상관들이 긴급히 보급을 해달라는 요청을 하기 위하여 그를 파견했다. 정상적으로는 연료수송 부대를 움직이기 위해서 군 참모부의 명령이 군 포병대 총지휘관을 통해서 기병대장, 보급 및 휘발유 담당부서의 장, 유류 저장 부대 지휘관을 거쳐야 한다. 사실 전투 대기기간 동안은 그런 과정을 거쳐서 일했다. 내가 방금 전에 이야기한 상황에서 그것이 초래할 지연에 대해서는 더 이야기할 필요가 없을 것이다. 내 상관들이 추인해주리라고 확신하고 나는 즉시 한 연료수송 부대에 전화하여 유류수송 차량을 지도에 표시된 지점으로 보내도록 명령했다. 그리고 전차부대 장교가 그곳으로 가서 수송차량을 목적지로 보낼 것이다. 그 일은 그렇게 시행되었다.

이와 비슷한 일화를 많이 들 수 있다. 실제 전투 중에 군 참모부가 거의 항상 유류저장 부대에 직접 명령을 했다. 게다가 유류저장 부대의 지휘관과 협의하여 그 기능이 자주 바뀌기도 했다. 긴급한 경우에는 여러 차례 군 참모부의 연료보급 담당장교가 저장소나 연료수송 부대를 통하지 않고 직접 명령을 내렸다.

적이 급속한 리듬으로 행하고 있는 전쟁의 성격 때문에 불가피해진 이와 같은 방법은 군 포병 총지휘관과 보급 및 휘발유 부서를 맡은 부대의 지휘관의 넓은 마음씨와 라샹 대위가 끊임없이 보여준 희생정신과 동료애가 있었기 때문에 가능했다. 그러나 준비기간이나 전투의 속도가 비교적 느린 속도로 진행되던 시기에도 상당히 부정적인 측면이 있다는 점이 경험에 의해서 밝혀진 지휘조직을 그대로 유지한다면, 정말로 활발한 전투가 시작될 경우 위험성이 있는 것으로 생각된다. 현재 보고서를 작성하고 있는 본인은 분명히 훨씬 광범한 개선안에 포함되어야 할 재조직안을 제시할 위치에 있지 않다. 여기에서는 단지 연료보급 부서가 유류저장 부대를 지휘하는 장교에게 집중되도록 하고 그를 군 사령관의 직속 아래 놓는 제도를 생각할 수 없는가를 묻고 싶다. 순전히 행정적인 문제는 제외하고 적어도 엄밀한 의미의 보급에 관계된 문제에 관해서 그렇다는 것이다. 다른 한편 구입과 보급의 회계가 현재 제도와 같이 유류저장 부대에서 1차로 하고, 보급 및 휘발유 부서에서 다시 하는 이중 제도를 계속해야 할 이유가 없어 보인다. 현대전에서 연료공급은 너무나 중요해서 보급 부서나 포병부대에 부속적으로 소속된 일이라고 할 수 없다. 특히 전쟁의 현 상황이 무엇보다도 극도로 신속한 결정과 대응을 요구하므로 지휘체계의 필요 없는 단계의 중복을 불가능하게 한다.

덧붙여서 이와 같이 해서 절약된 인원으로 군 참모부는 연료보급 문제를 전문으로 하는 장교를 한 명 대신 두 명을 쓸 수 있다는 점을 말하고 싶다. 그것은 군수품 공급을 위해서 제1군이 실시하고 있는 예를 보아서도 그렇게 할 수 있다. 현재의 제도는 전투 중에 연료담당 장교가 계속 사령부에 남아 있어야 하므로, 다른 연락업무와 저장소 시찰을 할 수 없게 한다. 그러나 부서 업무를 잘 파악하기 위해서는 필요를 충족시켜주어야 하는 부대와 그것을 충족시키는 일을 맡은 부속부대와 직접적인 관계를 가질 가능성이 있어야 할 것으로 생각된다.

3) 연락조직

전투 초기부터 유류저장 부대 지휘관이나 나는 군 참모부와 유류저장 부대 그리고 군단 사이의 좋은 연락제도가 매일 속도가 강화되는 조건에서도 보급을 가능하게 할 수 있다는 점을 인식할 수 있었다. 원래 군대의 벨기에 진격을 예상하고 세운 조치를 일반화함으로써 우리는 이런 종류의 제도를 만들 수 있었다. 그것이 만족할 만한 결과를 가져왔고 이 문제에 대하여는 규정이 없는 것 같으므로 그때 실시된 것을 설명하는 것이 불필요하지는 않을 것이다.

유류저장 부대의 장교 한 명이 자동차와 함께 항상 군 참모부에 나와 있었다. 그 위에 연료수송을 담당하는 두 중대 모두에서 군 참모부에 오토바이 병을 또한 파견했다. 각 오토바이 병은 물론 자신이 속한 중대의 위치뿐만 아니라 유류저장 부대 지휘부의 위치를 미리 알고 있었다. 이런 방법으로 명령의 전달과 시행사항의 보고가 군 연락사무실을 번거롭게 하지 않으면서 부서 내부에서 언제나 유지될 수 있었다. 연료의 이동은 연락이 끊어지는 일이 없이 행해질 수 있었다. 전투 마지막날 중에 있었던 예가 이와 같은 방법의 유용성을 이해하게 할 것이다. 5월 27일에서 28일로 넘어가는 밤에 프리우 장군이 릴에 있는 저장소의 파괴를 명령했고, 그 명령은 우선 두 오토바이 병을 통해서 보내졌다. 폭격을 받아서인지 이 연락병은 목적지에 도착하지 못했다. 그가 사령부로 돌아오지 않는 것을 보고 두번째 명령서가 자동차를 가지고 있는 유류저장 부대 연락장교에게 맡겨졌고 그것은 중요한 파괴를 시간 내에 실행할 수 있도록 시간에 맞게 도착했다.

다른 한편, 유류저장 부대는 매일 그리고 어떤 때는 하루에도 여러 차례 군단과 기갑부대에 연락장교를 보냈다. 관련된 큰 부대에는 언제나 같은 장교가 파견되므로 그는 신속하게 이 부대의 특수한 필요를 알게 되고, 우선은 연락하러 가기 전에 그리고 그 다음에는 그것이 시행된 후에 규칙적으로 군 참모부에 나왔다. 이와 같이 보급은 큰 부대의 요구와 부서의 공급 가능성에 맞추어 쉽게 해결될 수 있었다. 이 연락담당 장교가 여러 번 일반적 성격의 정보를 가져와 그것이 즉시 군 참모부 제3국에 전달된 일이 있음을 덧붙여 말하고자 한다.

4) 군수품

(1) 무기

유류 저장소 운영부대 병사에게 개인적으로 무기를 공급하는 일은 실질적으로 거의 없었다. 연료수송 부대는 트럭 위에 설치된 몇 개의 기관총을 가지고 있었다(각 부대에 두 개였던 것 같다). 그러나 개인적으로 소지하는 무기는 거기에서도 매우 부족했다. 앞으로는 유류 저장 부대의 장교와 사병이 모두 무기를 소지하는 것이 훨씬 바람직한 일일 것이다. 사실 사기의 면에서 무장한 병사만이 진정한 군인으로 느낄 것이라는 이유 때문만은 아니다. 현재의 전쟁에서는 옛날처럼 전투부대와 후방 지원부서 사이의 절대적인 구분이 있을 수 없다. 유조차 부대는 기갑부대 바로 뒤에서 벨기에로 들어갔는데, 이들은 여러 차례 전선 가까이까지 보급을 해야 했다. 저장소 관리부대는 독일군이 전선을 뚫고 들어오자 적의 직접적인 공격에 노출되게 되었고 특히 두에에서는 적의 낙하산 병들이 그들과 가까운 곳에 떨어지기도 했다. 캉브레에서 보병대대 지휘관이 방어를 조직할 때 그는 저장소 관리부대 병사들이 무기가 없었기 때문에 그들을 이용할 생각을 포기해야 했다.

(2) 연료수송 자재

유조차는 거의 전적으로 징발한 것이다. 일반적으로 그것들은 매우 유용하게 쓰여졌다. 사실 5월 19일 이후로는 특히 그 차들 덕분에 보급이 이루어질 수 있었다. 그러나 총사령부가 제3중대에 배정한 차들은 대부분이 지나치게 무거운 트럭들이어서 그것이 일부 교량이 감당할 수 있는 중량을 위험하게 초과하여 모든 길에서 이용되기에 어려웠다는 점을 지적해야 한다.

그러나 전투부대의 공급을 신속하게 하기 위해서 통에 들어 있는 것을 일반 트럭에 실어 수송해야 하기도 한다. 그런데 연료수송 부대에 배치된 트럭은 5월 10일 당시 보유표에서의 예상보다 적었다. 이 예상 대수도 실제 필요한 수보다 훨씬 적었고 그것은 트럭의 상당 부분이 다른 원료(윤활유, 세척유)를 수송하는 데에 사용되어야 했기 때문에 더욱 그렇게 되었다. 이 위험한 부족은 5월 13일과 14일에 발랑시엔의 공업 지대에서 트럭을 징발하여 어느 정도 메울 수 있었다(트럭은 원래는 징발된 민간인이 운전하다가 며칠 후에는 부대에서 차출한 인원에게 맡겨졌다). 전투에 들어간 일부 부대는 이 시의 적절한 징발 덕분에 연료의 부족을 겪지 않았다. 그러나 그것은 공업이 특별히 발전한 지역이 자원을 군대에 제공할 수 있었다는 우연에 의해서 가능했다. 그리고 처음 조직상태의 결핍을 메운 임시방편은 겨우 부족을 메웠다. 이 점에서 필요한 예상을 충족시키고 그것을 실시할 수 있도록 유의해야 할 것이다.

다른 한편, 전장에서 빈 통을 수거하기가 매우 어렵다. 그러므로 영국 군대처럼 통을 훨씬 가볍게 하여 그 가격도 싸게 들게 하고, 미리부터 잃어버릴 것을 예상하고 거의 일회용으로 만들 것을 제안한다.

5) 보급의 조직

(1) 벨기에에서의 보급

벨기에의 휘발유 자원에 대한 조사는 전투를 기다리는 동안 군단의 참모부 제2국의 동의 아래 그리고 개인적으로 얻은 정보 덕분에 할 수 있었다. 그 조사결과는 전투가 시작되었을 때 제1군과 인근

군들의 자료를 보충하고 정확히 하고 고칠 수 있도록 했다. 그것은 딜 강과 샤를루아 운하에서 전투가 있었을 때 보급조직을 원활하게 할 수 있도록 했다. 같은 시기 동안 벨기에 영토 내에서 휘발유 징발에 대한 지시안이 총사령부에 제안되었고, 총사령부는 이 문제에 관한 최종적인 명령에서 그것의 대부분을 채택했다.

(2) 유조차를 사용하는 보급의 조직

군이 파견하는 유조차량으로 직접 대부대의 차량들에 실시하는 공급은 충분히 은폐된 장소에서 그리고 폭격에 노출된 지점으로부터 떨어져 있는 (따라서 교차로, 대로변, 다소 중요한 인구밀집 지역과 떨어져 있는) 곳에서 이루어져야 한다는 점은 명백하다. 그 위에 안전을 위한 같은 이유에서 그것은 일반적으로 밤에 수행된다. 그런데 흔히 그와 같은 장소는, 특히 어두울 때 수송대를 이끄는 사람이 틀리지 않고 찾아갈 수 있도록 미리 지도에 표시하기가 어렵다. 그리고 유류 수송대의 지휘관에게 지형을 정찰한 후 당시의 상황(폭격, 도로의 상태)에 따라서 최종적인 장소를 결정할 자유를 주는 것이 낫다.

경험에 의하면 다음과 같은 방법이 가장 추천할 만하다.

연료수송 부대의 연락관과 보급을 받아야 하는 부대의 연락관에게 미리 만날 장소를 알린다. 이 지점은 보통 마을의 교회 앞으로 정한다(시청은 밤에는 알아보기 어려워 피한다). 물론 양측 수송대의 어느 쪽도 마을로 들어가서는 안 된다. 수송대 지휘관들만 서로 접촉을 하고 그때 마을 근처의 적당한 장소를 보급지점으로 정한다.

6) 파괴

제1군이 후퇴하지 않으면 안 되었으므로, 물러나면서 군이 포기할 수밖에 없는 연료가 적의 손에 그대로 들어가지 않도록 하는 조치를 취해야 했다.

파괴의 방법은 전투 대기기간 동안 면밀하게 검토되었다. 휘발유나 디젤유에 타르나 설탕 등을 섞어서 사용 불가능하게 만드는 방법은 편리한 방법이 아닌 것으로 밝혀졌다. 영국군이 선호한 것으로 보이는 이 방법은 사실 결정적인 방법이 아니라는 불편함이 있었다. 통속에 주입한 성분이 시간이 지나면 통 밑으로 가라앉을 위험이 있었다. 그것이 가라앉지 않는다고 해도, 다시 한번 정제하면 그 연료는 다시 모터에 넣을 수 있게 된다. 불을 놓는 것이 정말로 효과적인 파괴의 유일한 방법으로 채택되었다.

그러므로 포기한 휘발유 통이나 저장 탱크는 차례로 불로 파괴되었다. 파괴는 유류저장 부대의 장교, 하사관, 사병들의 헌신적 노력에 의해서 인명피해 없이 규정에 맞게 진행되었다. 독일군이 진격해 올 때 유류저장 부대의 통제에서 벗어난 생-캉탱의 저장소와 릴의 저장소 중의 한 군데만이 예외였다. 이 후자는 영국 군대가 운하의 다리를 끊어버리고 그곳을 건너지 못하게 해서 파괴 임무를 받은 파견대가 그곳까지 갈 수가 없었기 때문에 그렇게 되었다. 이 두 저장소를 제외하면 벨기에 영토에서 릴 지역에까지 이르는 저장소 중에 군대가 사용을 포기한 것 중 적이 사용할 수 있는 곳은 한 군데도 없다는 것을 확인할 수 있다. 프리우 장군의 구두 명령에 따라서 5월 28일에서 29일 사이의 밤에 마지막 군대가 릴 지역에서 해안으로 퇴각하기 전에 유조차량도 비웠고 그 탱크에는 구멍을 냈다.

*

끝으로 유류저장 부대와 연료수송 부대의 장교, 하사관, 사병 중 다수가 표창을 받았음을 언급할 수 있다. 제1군 참모부에서 이 문제를 담당한 장교는 군단령으로 블랑샤르 육군 장군에 의해서 표창을 받았고 군단 사령관은 1940년 6월 29일 장군령 7호에 의해서 다음과 같은 이유로 표창을 받았다.

"벨기에 전투 중 연료공급을 조직하여 실행하는 중책을 담당했다.

---

* 1990년판의 주에 의하면 1940년 9월 18일 비시에 있는 전쟁부 장관 소속 육군 참모 총장실은 다음과 같은 편지를 마르크 블로크에게 보냈다고 한다.

"친애하는 블로크 씨,

여기 동봉하여 당신이 나에게 보내준 보고서와 타이프로 친 것 한 부를 보냅니다. 종이의 질을 용서해주시오. 종이가 궁합니다.

나는 제3국과 제4국에도 각각 한 부씩 보냈고 비스바덴에 있는 비뇰 대령에게도 한 부 보냈습니다.

우리가 제1군에서 한 전투에 대하여 그렇게 명확하게 관찰하고 기록해준 데에 대해서 감사드립니다. 육군 참모부 제4국은 이 보고서를 받아 대단히 반가우며 그것은 다른 군대의 보고서와 비교 대조될 것입니다.

조제프 뒤샤틀레."

1940년 8월 24일 육군 참모부는 "가능한 한 전쟁의 교훈을 이끌어낼 필요에 따라서", "특히 전투 중에 사용된 군수품의 질과 결함에 대하여 필요한 정보를 수집하도록" 요구했다. 그 결과 참모부가 제7, 9, 12, 13, 14, 15, 16, 17구역의 지휘를 맡은 장군들에게 "1940년 5월 10일부터 6월 24일까지 지휘관이었던 장교들과 이 문제에 대하여 실상을 밝힐 수 있는 의견을 낼 수 있는 장교들에게 자신들의 부대에서 사용된 물자에 대하여 특별 보고서를 제출하게 할 것"을 요청했다.

항상 어려운 조건 아래에서 사려 깊게 안전한 방법을 생각하고 끈질긴 힘을 발휘하여, 지휘부가 결정한 작전을 수행할 수 있게 했다."

이 표창이 지금까지는 무공훈장을 주는 조건이 되지는 않지만 표창대상인 장교는 자신이 쓴 보고서의 결론으로 이와 같이 북부 전투 중 제1군의 연료수송의 수행에 대하여 지휘부가 표시한 만족함을 언급해야 한다고 생각했다.

푸제르, 부르-당(크뢰즈) 코뮌,

서명 : 마르크 블로크

마르크 블로크

참모부 예비역 대위

파리 대학 문학부 교수

2

마르크 블로크가 받은 군대 표창, 1915-40

1915년 1월 19일 일반 훈장 제2호 :

보병 제350여단 여단장 이르드망 대령은 여단 훈장을 수여하여 보병 제72연대의 특무상사 마르크 블로크를 표창한다. "자신의 소대를 매우 활동적으로 지도했고 위험을 개의치 않았다."

1916년 4월 3일 사단 훈장 제15호 :

보병 제125사단 사단장은 사단 훈장을 수여하여 보병 제72연대 제4중대 특무상사 마르크 블로크를 표창한다. "이미 여단령으로 표창을 받은 훌륭한 소대장이다. 그는 위험한 임무일 경우는 자발적으로 수행할 준비가 되어 있다. 1916년 3월 24일과 25일 사이의 밤에 그의 중대와 인접해 있는 중대가 적의 참호를 기습공격할 때 재치 있고 냉정하게 척탄병 분견대를 이끌어 적의 주의를 다른 방향으로 돌리게 했다."

1917년 11월 17일 사단 훈장 제47호 :

보병 제87사단 사단장 아를라보스 장군은 사단 훈장을 수여하여 보병 제72연대 중위 마르크 블로크, 뱅자맹 레오폴드를 표창한다. "뛰어난 정보장교이다. 1917년 10월 마지막 전투 중에 사단 구역 내의 정찰업무 중에 현명하게 그리고 매우 용감하게 지칠 줄 모르고 활동했다. 그의 관측소가 적의 포탄에 무너져 특수포탄의 공격을 받았음에도 불구하고 참호에서 노출된 상태로 임무를 계속 수행하여 부대원에게 용기와 냉정함의 모범을 보였다. 지휘부에 전투의 특징에 대하여 귀중한 정보를 제공했다. 이미 두 차례 표창을 받은 바 있다."

1918년 7월 6일 사단 훈장 제115호:

보병 제87사단 사단장 데르 장군은 사단 훈장을 수여하여 보병 제72연대 연락장교인 마르크 블로크, 뱅자맹 레오폴드 중위를 표창한다. "뛰어난 애국심을 가지고 있으며 연대장교로 일하면서 높은 능력을 보였고 열심히 일하고 위험을 개의치 않는 탁월한 장교이다 ── 〔……〕공격 시에는 여러 차례 위험한 정찰을 감행했고, 그 도중에 심한 폭격을 받고 있는 지역을 여러 차례 지나야 했다. 이와 같이 하여 전투를 성공적으로 이끄는 데에 도움이 되는 귀중한 정보를 부대장에게 전달했다. 그 위에 임무를 수행하면서 용기와 냉정한 판단력의 모범을 보여주었다."

1940년 6월 29일 일반 훈장 제7호:

제1군단장 블랑샤르 장군은 군단 훈장을 수여하여 제1군 참모부 제4국의 블로크 대위를 표창한다.

"벨기에 전투 중 연료보급을 조직하여 실행하는 중책을 담당했다. 항상 어려운 조건 아래에서 사려 깊게 안전한 방법을 생각하고 끈질긴 힘을 발휘하여, 지휘부가 결정한 작전을 수행할 수 있게 했다."

3

『이상한 패배』의 제사(題詞)[*]

"나는 생을 증오하지 않는다. 그 이미지를 좋아한다. 그러나 그것은 노예 냄새를 풍기는 집착이 없는 이미지라야 한다."

『폴리왹트』 V, II.

"내 도덕의 요점 중 하나는 죽음을 두려워하지 않고 삶을 사랑하는 것이다."

데카르트

1639년 1월 9일 메르센에게 보낸 편지

"살기 위해서는 죽자고 말할 줄도 알아야 한다."

라므네

1828년 12월 19일 코리올리스 후작에게 보낸 편지

거기에 오늘날(1943년 6월) 현실감 있게 들리는 라므네의 이 구절

---

* 마르크 블로크가 MEA(나의 것)이라는 표제를 붙여 1940년 10월부터 쓰기 시작한 수첩의 첫 페이지에 적혀 있는 내용이다.

을 덧붙여야 한다. "애야, 전장이나 사형대 위에서 또는 감옥에서 끝 나지 않는 삶은 아름다운 삶이 되기에는 언제나 무엇인가가 모자란 단다."(앙리 하이네에게 보낸 것으로 됨이 인용. p. 317)

4

부대를 잃어버린 장군

군사학교의 낡은 의자 위에서
선생님, 저는 항상 성적이 좋았습니다.
제 군사(軍史) 교수는
널리 노래되는 장군에 대하여 가르쳐주셨습니다.

옛날에, 이 용감한 영웅이 한밤중에 등불을 손에 들고
자신의 부대를 찾으며 말했다:
"참 이상하다, 부대가 날아가버렸다;
정말 내 눈을 믿을 수 없구나."

아! 나의 형제, 불행한 수비즈 원수여,
불붙은 심지가 나에게도 필요할 것 같다.
왜냐하면 나 역시 어떤 북풍이
마지막 대대까지 불어갔는지 모른다.

오 나의 장교들, 젊고 기민한 부대,
어려서부터 크릭슈필(모의전쟁) 지도를 수놓는
주홍색 초록색 화살표를 그리는
기민한 기술을 훈련받은

너, 일등생, 내 노년의 기대,
참모장이여, 희망이 있던 어느 날
나는 무엇보다도 복도에서 일을 처리하는
너의 재주를 보고 뽑았다.

말해다오 : 군대가 어디로 갔는가를?
나의 탱크는 어디 있는가? 나의 보병들은 어디 있는가?
나의 시계는 어디에다 잃었는가?
나의 군수품을 어떻게 했는가?

"보십시오, 장군님, 여기 지도가 있습니다.
우리는 거기에 모든 것을 아주 잘 그려놓았습니다.
그러나 전장에서 —— 제기랄
저는 아무것도 발견하지 못하는 까닭을 모르겠습니다.

우리는 모든 것을 머리 속에 정리하고
전선을 백일까지 예상했습니다.
아! 그러나 적들은 말썽꾸러기입니다.

그들은 언제나 아무도 예상하지 못한 곳으로 갑니다."

그러나 길에서 나는 발소리는 무엇인가?
오 하느님! 그것은 독일군의 소리이다.
그들이 오고 있다. 괴로운 일이지만 나는 항복한다!
슬프게도 수용소 밥을 먹게 되었구나.

그러나, 사람들은 말하기를,
자유로운 정신의 덕으로 재치 있는 사람이
간수가 원하는 것을 약속하면서도
끝까지 나올 수 없는 그렇게 강한 감옥을 없다고 한다.

그리고 내가 마지막 병사까지 잃었으므로
더 이상 군대의 우두머리가 될 수 없으니,
아마 무장 해제된 프랑스에서
적이 나를 국가 수반으로 만들어줄 것이다.

1942년 4월 28일

5

마르크 블로크와 프랑스 유태인 전국연합

마르크 블로크의 서류 중에서 일부 편지의 사본과 비시 정부의 프랑스 유태인 전국연합(U.G.I.F.)의 창설에 대한 기록이 있다. 1941년 11월 29일 제정되어 1941년 12월 2일 『관보』에 실린 법은 다음과 같이 규정하고 있다.

"제1조

유태인 문제 전국사무국에 프랑스 유태인 전국연합을 설립한다. 이 연합은 특히 사회복지와 노후준비, 사회적 재배치와 관련된 문제에서 공권력을 대상으로 유태인을 대변하기 위한 것이다. 그것은 정부가 위임한 이 분야의 문제를 다룬다.

프랑스 유태인 전국연합은 법인격을 부여받은 독립적인 공공기관이다. 회장은 법적으로 그리고 법인의 행위에서 그것을 대표하며, 자신의 권한의 전부 또는 일부를 대리인에게 위임할 수 있다.

제2조

프랑스에 영구적이거나 일시적으로 거주하는 모든 유태인은 의무적으로 프랑스 유태인 전국연합에 가입해야 한다.

기존의 모든 유태인 단체는 합법적으로 구성된 유태인 문화협회를 제외하고 모두 해체된다.

해체된 유태인 단체의 재산은 프랑스 유태인 전국연합에 귀속된다 [……]."

우리는 여기에 『이상한 패배』와 마르크 블로크의 레지스탕스 가담을 밝혀줄 수 있고 특별히 관심의 대상이 될 만한 몇 개의 문서를 수록한다.

—— 1941년 4-5월 유태인회의의 연구소의 역할에 대하여 장 윌모와 교환한 편지

—— 앙리 레비-브륄과 조르주 프리드만의 편지 발췌문과 프랑스 유태인 전국연합의 정책을 비난하기 위하여 마르크 블로크가 작성하여 유명한 유태인 지성인들과 대학교수들에게 서명하도록 제안한 타이프로 친 편지. 이 세 가지 문서는 파리의 현대 유태인 자료보관소에 소장되어 있다. 그것들은 (비시 정부가 설립한) 유태인 문제 전국사무국 소속 경제적 아리아인화 부서의 툴루즈와 몽플리에 지역 문서보관소에서 나온 것이다. 그것은 마르크 블로크가 감시하에서 친척과 친지들에게 보낸 편지의 발췌를 베낀 것임에 틀림없다. 그것들은 1942년 2월 9일자로 되어 있다.

—— 마르크 블로크의 서류 중에 있었고, 『이상한 패배』의 저자가 이의를 제기한 바 있는 프랑스 유태인 전국연합에 대한 조르주 프리드만의 의견서는 마르크 블로크가 몇몇 유명인사에게 서명하게 한 편지와 일부 다른 의견을 보이고 있다.

—— 마르크 블로크의 서류 중에서 나왔고 프리드만의 의견서에 첨부되어 있던 서명자 명단은 분명히 1942년 3월 말 프랑스 유태인 전국연합에 대한 마르크 블로크의 편지에 서명한 사람들의 이름을 들고 있는 것이다.

편집자

1) 장 월모와 교환한 편지

클레르몽-페랑(퓌-드-돔)

제르고비아 대로 103

1941년 4월 2일

친애하는 선생님,

한 친구의 호의로 이 편지가 우체국을 거치지 않고 당신에게 전달되기를 바라고 있습니다. 두 부를 받으실지도 모르겠군요. 왜냐하면 제가 이것을 맡긴 친구가 현재로는 시골로 출발하기 전에 부활절 휴가 동안 리옹에 들를지 확실하지 않고, 여하튼 아직 여행날짜를 정하지 못하고 있기 때문입니다. 그동안 제가 다른 기회를 얻게 되면 그 편을 이용할 테니까요. 복본은 파괴해버리시면 됩니다.

지난번에 대화를 나눈 이후 제가 그 문제에 대하여 많이 생각했고 그것에 대한 입장을 글로 당신에게 명백히 하려는 데에 대해서 당신이 당연하게 생각하시리라고 저는 확신합니다. 제 편지가 가능하다면 이자크 씨와 그밖에 우리가 이야기한 문제에 관심을 둔 다른 분들에게도 전달되면 좋겠습니다.

1. 저는 다음과 같은 주장(그에 대한 진실을 우리는 알고 있습니다)을 증명하는 일에 전적으로 집중하지 않고 있는 문서수집의 노력을 매우 유감스럽게 생각합니다. 프랑스의 유태인들은 다른 사람들과 마찬가지로 프랑스인이며 대다수가 선량한 프랑스인입니다. 그러므

로 "유태인 문제", 유태주의의 특성 자체 등에 대한 전반적인 연구를 해서는 안 됩니다. 우리는 언젠가는 우리가 정신적으로 한 번도 떠난 일이 없는 프랑스 공동체 내에서 합법적인 위치를 요구하게 될 것입니다. 우리가 모아야 할 증거들은 오로지 이 정당한 요구를 뒷받침해 줄 수 있는 것들이어야 합니다. 우리를 어떤 형태로든지 게토에 가두려는 자들에게 무기를 제공하는 것을 피합시다. 그리고 더 이상 이렇게 말하지 맙시다 : 그와 같은 호기심은 가질 만한 것이다 ; 출판하지 않을 것이므로 우리가 수집할 서류들이 해를 끼칠 수는 없을 것이다. 이 논리의 근거는 이중으로 잘못되었습니다. 왜냐하면 1) 실질적으로, 비밀리에 일하는 것은 불가능합니다. 2) 어느 날, 통제 조치나 나아가서 몰수 조치가 없다고 확신할 수는 없습니다. 모든 비밀행동을 피하는 것이 신중하고 우리의 존엄성과도 맞는 일입니다.

2. 만일 제가 방금 정의한 대로 명확하고 온건한 방향으로 자료수집이 된다면 그것은 단지 유태인의 지원 아래에서만 이루어질 수는 없습니다. 여기에서도 역시 우리를 다른 프랑스인들과 별개의 그룹으로 만들려는 것을 염려해야 합니다. 개인적으로 저는 가능하다면 기독교 신앙을 가진 지식인들이 지도부에 참여하는 사업에만 가담할 수 있을 것입니다.

3. 당연히 정치적으로나 다른 면으로 참회하는 듯한 태도는 받아들여질 수 없습니다. 우리들 사이에서는 모든 견해가 대변되어 있습니다. 그것들은 모두 존재할 권리가 있습니다.

4. 출신국에서 박해의 희생자가 되어 우리 나라로 쫓겨온 피난민들은 인권선언의 국가에서 환영을 받아야 합니다. 그들의 대의가 정

확하게 우리의 것과 같지는 않습니다. 그것이 사실이기 때문에 우리는 그렇게 말할 권리가 있습니다. 우리는 그들이 프랑스인 중에도 가장 프랑스인다운 우리와 같은 대우를 받는 것에 화낼 필요가 없습니다.

5. 실질적으로 당신이 생각한 것과 같은 일은 규모를 줄인다고 해도 투자가 필요합니다. 다른 한편, 나 자신이 이 대단히 불공정한 행위에서 드물게 벗어난 사람의 하나로서 내가 법령의 희생자인 유태인 지식인들에게 그들의 취향과 존엄성에 걸맞는 형태로 지원이 이루어지기를 바라고 있다는 점을 믿어주십시오. 그러나 이 점에서도 비밀조직 같은 형태는 피해야 합니다. 마찬가지로 어느 날 사람들이 우리가 전적으로 금융가들의 대리인이었다거나 그들에게 매수되었다는 비난을 받지 않도록 주의해야 합니다. 이 점을 말하면서 내가 어떤 선입견에 빠져 있지 않다는 점을 믿어주십시오. 우리 중에 물질적 도움을 제공할 수 있는 사람은 그렇게 하는 것이 당연하며 우리는 그것을 고맙게 생각할 수밖에 없습니다. 그러나 옳건 그르건 간에, "상층 금융계"가 여론의 의심을 받고 있는 것도 사실입니다. 우리의 의무는 그 점을 고려하는 것입니다. "노동조합"의 유명한 비방을 기억해주십시오. 그러므로 1) 분명하고 투명한 회계, 2) 기금의 출자자는 유일한 조직인 유태인회의여야 하고, 그들이 공식적 기능을 가지고 공개적으로 일해야 합니다.

저는 제 생각을 제 능력을 다하여 명확하게 표현한 데에 대하여 사과할 생각은 없습니다. 그것이 당신이 원하는 바라고 생각합니다. 저는 우리가 모든 점에서 동의하고 그리하여 제가 힘이 있는 한 당신을 도울 수 있기를 간절히 바랍니다. 당신을 개인적으로 좀더 활발하게 도와드릴 수 없을 것 같아 걱정입니다. 왜냐하면 현재 제 건강이 좀 조심을 해야 하는 상태이고, 다른 한편 아직까지는 저는 초여름에 프랑스를 떠날 생각을 하고 있기 때문입니다. 게다가 당신이 짐작하시는 대로 저는 어떤 보수도 받을 수가 없습니다. 그러나 제가 당신을 도울 수 있는 사람들을 추천하는 것은 아마 그렇게 어려운 일은 아닐 것입니다. 저는 경제분야에서는 이미 한 사람을 생각하고 있습니다. 그리고 만일 당신이 제가 조금이라도 아는 이러저러한 문제에 제 의견을 물으신다면, 당연히 당신에게 언제나 답해드리도록 노력하겠습니다.

친애하는 선생님, 제 충실한 마음의 표현을 받아주시기 바랍니다.

제르고비아 대로 103

클레르몽-페랑(퓌-드-돔므)

마르크 블로크 씨께

리옹에서, 5월 7일

친애하는 선생님,

4월 2일 쓰신 편지에 대한 답장이 조금 늦어졌습니다. 당신이 제시하신 방향으로 얻은 첫번째 결과를 당신에게 보내기 위해서였습니다. 유태인회의 회장인 엘브로네 씨가 우리 센터를 유태인회의 연구소로 지정했습니다. 그는 그 사실을 제를리에 추기경께 말씀드렸고 추기경은 그것을 호의적으로 받아들여 성직자들이 거기에 협력하도록 허락하셨습니다. 리옹 가톨릭 대학 교수인 셴 신부의 협력은 확실합니다. 다른 한편 이자크 씨의 소개로 앙드레 마종 씨와 의사 파로디 씨가 접촉을 했고 저희들은 그들이 우리와 협력해주리라고 생각하고 있습니다.

현재 저희의 활동은 프랑스 공동체 문제에 집중되어 있습니다. 엘브로네 씨는 『두 세계 잡지』가 그에게 요구한 이 공동체의 역사에 관한 연구자료를 수집하도록 요구했습니다. 당신이 아시는 바와 같이 그것은 거의 공식적인 요구이고 그 이점은 분명합니다.

제가 당신에게 완전히 동의할 수 없는 유일한 문제는 연구주제를 엄격하게 제한하는 것입니다. 그 문제는 제가 의견을 물어본 여러분들도 바람직하지 않다고 생각했습니다.

그러나 저는 당신이 우리에게 협조해주시리라고 믿습니다. 그것은 우리에게 매우 귀중한 도움이 될 것입니다. 그렇지 못한 경우에는 당신의 협조자들 중에서 우리를 도울 수 있는 사람을 지명해주시리라고 믿습니다.

우리 일에 관심을 가져주신 데에 대하여 감사드립니다. 당신이 비판하신 것까지도 결국 우리에게 도움이 되기를 바라며 제 충실한 마음의 표현을 받아주시기 바랍니다.

J. 윌모

2) 프랑스 유태인 전국연합회에 관한 편지

브륄 씨에게 보낸 편지

〔……〕여기 동봉한 서류를 살펴보시겠습니까? 좀 늦었지만 제가

프리드만과 약 3주 전에 한 대화의 결과로 나온 것입니다. 우리 둘 모두 이스라엘인 연합의 운영위원회가 취할 행동과 동의와 제안이 광범위한 의미로 "시오니스트적" 방향이 되는 것에 대하여 염려했습니다. 특히 우리가 그것의 구성을 알고 있거나 짐작하고 있는 점 때문에 그렇습니다. 제가 보기에 거기에는 미래의 커다란 위험이 있습니다. 다시 말해서 당신이나 저는 무엇보다도 먼저 프랑스인이라고 생각합니다. 그래서 저는 소위 위원회의 회장에게 편지를 쓰기로 했고 여기 그 글을 보냅니다. 그것은 정부의 입장에서 보아 나무랄 데가 없는 것으로 보입니다.

프리드만 씨에게 보낸 편지

〔……〕이것이 제가 당신에게 제의하는 글입니다. 조금 늦게 보내게 되었습니다. 그래서 당신의 의견서를 받아볼 수 있었으니 후회는 하지 않습니다. 당신의 의견서는 매우 훌륭해 보여서 제가 글을 쓰는 데에 이용했습니다.

그러나 저는 너무 지체해서는 안 된다고 생각합니다. 당신의 반대가 있으면 원칙적으로 저는 그것을 기다리고 싶었습니다. 그러나 다른 반대가 다른 통신원에게서 제기될 수 있고 그것 역시 고려해야 할 것입니다. 생각해본 결과 가장 간단한 방법은 이렇게 하는 것으로 보입니다.

제가 생각하고 있는 텍스트를 당신에게 보내겠습니다. 당신이 그것으로 툴루즈와 그 주변지역에서 서명을 받는 일을 맡아주십시오. 만약 중대한 반대가 있으면 당신이 저에게 그 텍스트를 제시된 방향으로 고칠 수 있는 재량권을 주시기 바랍니다.

리옹에서는 제가 레비-브륄에게 편지를 쓰지 않으면 우정을 버리는 일이 될 것입니다. 그러나 당신은 당신대로 당신이 말하던 친구에게 편지를 쓰십시오. 더구나 저는 레비-브륄이 어떻게 반응할지 잘 모릅니다.

제가 클레르몽에 있는 (콜레주 드 프랑스의) 보에에게 편지를 쓰겠습니다. 마르세유에 있는 우알리드에게도 편지를 쓸까 생각했었습니다만 생각해보니 쓰지 않는 편이 나을 것 같더군요. 그가 위원회에 거론된 일이 있었으나 스스로 거절한 것으로 저는 알고 있습니다. 이 거절 후에 그가 충고하는 사람 중에 들어간다는 것은 그로서는 민감한 일이고 여하튼 좀 곤란한 일이라고 생각됩니다. 마르세유 의과대학의 올메르의 상황도 마찬가지입니다.

여기에서 저는 동료인 의과대학 리스본과 전 변호사협회장 밀로를 만나보도록 하겠습니다. 제 생각으로는 너무 많은 서명을 받을 필요가 없고 서명자를 위해서도 위험한 일인 것 같습니다. 우리가 개인적으로는 모든 두려움에서 초연하다고 해도 그들에 대해서 생각을 해야 합니다. 편지가 검열되고 있으니, 오늘 제가 당신에게 쓰고 있는 편지가 통보될 사람들에게 우리가 하고 있는 일이 머지 않아 알려지지 않을 것이라고 생각한다면 너무 순진하게 생각하는 것일 것입니다. 우리가 엄밀하게 현행법의 테두리 안에서 활동하고 있으므로 우리의 태도는 제가 생각하기에는 나무랄 데 없는 것입니다. 그러나 대규모의 의견 표명은 여론을 들끓게 할 염려가 있고 그에 따라서 우리가 하려는 일을 단번에 중단시킬 수도 있습니다.

그러나 저는 서명자가 모두 대학교수는 아니기 바랍니다. 한편으로는 이것도 당신에게 말할 필요가 있겠습니다! 저는 고위 금융계의 서명을 별로 원하지 않습니다.

연합회의(제가 앞에서 실수로 "위원회"라고 했습니다) 이사장은 제가 지금 직접 보고 있는 1941년 11월 29일 법 제7조에 특별히 명시되어 있습니다. 이 모든 것에 대한 당신의 생각을 저에게 말씀해주시기 바랍니다.

타이프로 친 서명지의 내용 :

선생님, 이스라엘계 프랑스인들인 우리는 1941년 11월 29일 법에 따라서 구성된 연합회의 이사장으로 정부가 임명한 분인 당신에게 호소합니다.

우리는 당신이 해야 할 일이 어려운 일이라는 것을 알고 있습니다. 우리는 이 민감한 위치에서 당신이 최근의 법에 관련된 모든 사람에게 해주실 봉사에 대하여 크게 감사드립니다.

우리는 또한 우리가 어떤 정신으로 현 상태와 연합의 역할 자체를 고려하고 있는지에 대해서 자신 있고 솔직하게 당신에게 말씀드려야 한다고 생각합니다. 우리는 모든 프랑스 유태인 중에서 우리가 가까이할 수 있었던 사람들에게서 여러 차례에 걸쳐 응답을 얻을 수 있었던 감정에는 어떤 모호한 점도 없다는 점이 중요하다고 생각합니다.

우리가 최선을 다해서 봉사해온 프랑스는 우리의 조국입니다. 프랑스를 위해서 우리 중 수많은 사람들이 해온 것처럼 우리는 내일도 우리의 피나 우리 아이들의 피를 기꺼이 바칠 것입니다. 우리에게는 가톨릭이나 프로테스탄트 국민 중에 매우 절친한 친구나 옛 전우가 많이 있는데 그들과 마찬가지로 우리는 이 공동 어머니의 충성스러운 아들이며 어머니에게 감사의 마음을 느끼고 있습니다.

프랑스의 희망도 슬픔과 마찬가지로 우리의 것입니다. 우리가 열정적으로 소속되어 있는 문명의 가치는 조국이 우리에게 가르쳐준 것입니다. 다양성 가운데 우리의 철학적, 정치적 또는 종교적 신념이 어떤 것이건 간에 프랑스 국민이 우리 국민입니다. 우리는 다른 것을 전혀 인정하지 않습니다.

그러므로 우리는 당신과 이사회의 당신 동료들이 우리 프랑스인 형제와 우리 사이에 가능한 한 밀접한 연합을 유지하고, 가장 존경받는 사람의 불행을 덜기 위한 것이라도, 그것이 직접적이건 아니건 우리를, 비록 법에 의해서 규제를 받더라도 충실한 구성원으로 남아 있기를 바라는 국민공동체와 정신적으로 분리하는 어떤 것도 제안하거나 시행하거나 시도하지 않으려고 노력하리라는 것을 믿습니다. 그리고 당신이 적절한 형태로 그리고 법적인 테두리 안에서 그와 같은 분리를 만들어내고 악화시키고 확인하는 제안에 반대하려고 노력하리라고 믿습니다. 우리는 구호사업의 필요성과 숭고함을 압니다. 우리는 전적으로 그것을 위해서 일하고자 합니다. 그러나 전혀 의도하지 않은 것이라도 그것이 프랑스 유태인의 밑바탕에 깔려 있는 감정에 반하여 분리의 도구가 되는 것을 무엇보다도 피해야 한다고 생각합니다. 게다가 근원이 다른 수많은 우리 국민들의 관대함은 너무 잘 알려져 있고, 우리는 그들로부터 너무나 감동적인 연대감의 표시를 받았으므로, 그와 같은 상호 부조 속으로 움츠러들려고 하는 것이 두

렵고도 필요 없는 일이 아니라고 생각할 수가 없습니다.

한마디로 현재 우리 중 다수의 운명이 얼마나 잔인한 것이건 간에, 어떤 위협이 우리 아이들을 짓누르건 간에 우리가 프랑스에 소속되는 것보다 더 중요한 관심사가 없습니다. 우리는 프랑스 사람입니다. 우리는 우리가 그렇지 않게 되는 것을 상상할 수가 없습니다. 우리나 우리 아이들을 위해서 우리는 프랑스의 장래 외에 다른 운명을 생각할 수가 없습니다. 바로 그 장래를 준비하고 보호해달라고 우리가 당신에게 요청하는 것입니다.

우리는 당신이, 그렇게 하는 것이 적절하다고 판단하신다면, 이 편지를 전달하는 것이 유익하다고 생각되는 당국에 알리시는 것을 전적으로 허용합니다.

선생님, 우리의 충실한 마음의 표현을 받아주시기 바랍니다.

마르크 블로크, 몽펠리에 대학에 파견된 파리 대학 문과대 교수. 레지옹 도뇌르 5등 군사훈장 수여 기사, 1914-18년 전쟁 십자훈장 수훈자 —— 군단 표창자(1940).

3) 조르주 프리드만의 의견서 프랑스 유태인 연합에 대하여

프랑스 유태인 연합이 1941년 11월 29일 법에 따라서 설립되었다. "프랑스 거주 유태인"이라는 이름으로 그것은 프랑스 국민과 다수의 다른 국적 소지자를 의무적으로 포함했다. 이와 같이 1941년 11월 29일 법은 조부모가 유태교 신자인 프랑스인에게 법적 차원에서 프랑스인의 자격을 박탈하는 새로운 단계를 마련했다. 만일 프랑스인들 사이에 그들의 정치적, 종교적 견해와는 상관없이 150년 이상 형성되어온 의식의 연결이 그 법에 의해서 깨진다면 프랑스 국민의 통일성은 크게 타격을 입을 것이다.

다른 한편 좀더 최근의 법인 1942년 1월 16일 법은 유태인 연합을 점령 당국의 약탈 조치와 연결시켰다. 우리는 무엇보다도 프랑스 유태인을 프랑스인 전체와 연결하는 정신적 가치의 보전에 관심을 가지므로 물질적 차원의 문제는 사건이 매우 비극적이라고 해도 거론하지 않겠다. 그러나 처음부터 있었던 불안감을 확인시키며 이 새로운 법은 구성법의 내용에 의해서 유태인 연합이 순전히 구호단체로서 존립하는 것을 금지했다는 점을 지적하지 않을 수 없다.

조상이 유태인인 프랑스인으로서 우리들은 연합 이사회의 이사들을 우리 대표로 인정할 수가 없다. 우리는 그들이 프랑스 전체 여론과 미래 앞에 져야 할 책임을, 아직도 할 수 있는 시간이라면, 환기시키고자 한다.

우리는 우리가 현재의 상황을 어떻게 생각하고 있는가를 강력하게 그리고 솔직하게 말하는 것이 절대적으로 필요하다고 생각한다. 우리는 여러 종류의 프랑스 유태인에게서 여러 차례에 걸쳐 응답을 얻을 수 있었던 감정에 어떠한 모호한 점도 있을 수 없다는 점이 중요하다고 생각한다.

우리가 최선을 다해서 봉사해온 프랑스는 우리의 조국이다. 프랑스를 위해서 우리 중 수많은 사람이 해온 것처럼 우리는 내일도 우리의 피와 우리 아이들의 피를 기꺼이 바칠 것이다. 우리에게는 가톨릭이나 프로테스탄트 국민 중에 매우 절친한 친구나 옛 전우가 많이 있는데 그들과 마찬가지로 우리는 이 공동 어머니의 충성스러운 아들이며 어머니에게 감사의 마음을 느끼고 있다. 프랑스의 희망도 슬픔과 마찬가지로 우리의 것이다. 우리가 열정적으로 소속되어 있는 문명의 가치는 조국이 우리에게 가르쳐준 것이다. 프랑스 국민은 우리 국민이다. 우리는 다른 것을 전혀 인정하지 않는다.

그러므로 우리는 우리의 형제인 다른 프랑스인들과 우리 사이에 가능한 한 밀접한 통합이 유지되기를 간절히 바란다. 우리는 어떤 제안이 가장 존경받는 사람의 불행을 덜기 위한 것이라도 그것이 직접적이건 간접적이건 우리를, 비록 법에 의해서 규제를 받더라도 충실한 구성원으로 남아 있기를 바라는 국민공동체와 정신적으로 분리시키는 결과를 가져오는 것이라면 그것에 대해서 미리부터 반대한다. 그것이 어느 쪽에서 오건 그리고 어떤 핑계로 장식을 하건 그와 같은 분리를 만들어내고 악화시키고 또는 확인하는 모든 제안에 반대한다.

우리는 구호사업의 필요성과 숭고함을 안다. 우리는 전적으로 그것을 위해서 일하고자 한다. 그러나 우리는 그것이 전혀 의도하지 않은 것이라도 프랑스 유태인의 밑바탕에 깔려 있는 감정에 반하여, 분리의 도구가 되는 것을 무엇보다도 피해야 한다고 생각한다. 게다가 수많은 다른 근원의 우리 국민들의 관대함은 너무 잘 알려져 있고 우리는 그들로부터 너무나 감동적인 연대감의 표시를 받았으므로, 상호 부조 속으로 그와 같이 움츠러들려고 한다면 그것이 두렵고도 필요 없는 일이 아니라고 생각할 수가 없다.

한마디로 현재 우리 중 다수의 운명이 얼마나 잔인한 것이건 간에, 어떤 위협이 우리 아이들을 짓누르건 간에 우리에게는 우리가 프랑스에 소속되는 것보다 더 중요한 관심사가 없다. 우리는 프랑스 사람이다. 우리는 우리가 그렇지 않게 되는 것을 상상할 수가 없다. 우리나 우리 아이들을 위해서 우리는 프랑스의 장래 외에 다른 운명을 생각할 수가 없다.

바로 그 장래를 준비하고 보호해달라고 우리는 프랑스 유태인에게 호소하는 것이다.

4) 마르크 블로크의 편지에 서명한 사람들

1942년 3월 31일 서명자

가스통 알렉상드르 : 툴루즈 상인. 1914-18년 전쟁 십자훈장 수훈자, 도 구호위원회(국민구호) 회계.

마르셀 알렉상드르 : 툴루즈 실업가. 1939-40년 전쟁 십자훈장 수훈자.

막스 아롱 : 스트라스부르 의과대학 교수, 과학박사. 참전용사 (1914-18), 레지옹 도뇌르 5등 훈장 수훈자, 전염병 연구 은메달 수상자.

에드몽 보에 : 전 스트라스부르 대학 교수, 전 콜레주 드 프랑스 실험실 부소장. 레지옹 도뇌르 5등 훈장, 1914-18년 전쟁 십자훈장 수훈자.

E. 벤베니스트 : 전 콜레주 드 프랑스 교수. 1939-40년 전쟁 참전 용사.

마르크 블로크 : 소르본 대학 교수. 레지옹 도뇌르 5등 군사훈장, 1914-18년 전쟁 십자훈장 수훈자, 군단 표창자(1940).

레몽 블로크 : 툴루즈 상인, 레지옹 도뇌르 5등 훈장, 군사 메달, 1914-18년 전쟁 십자훈장, 지원 참전용사 십자훈장 수훈자.

루이 카앵 : 전 우편/전신/전화국 엔지니어. 레지옹 도뇌르 5등 훈장, 1914-18년 전쟁 십자훈장 수훈자.

뱅자맹 크레미외 : 문인, 대학교수 자격증 소지자, 외무부 직원 (1920-40). 레지옹 도뇌르 4등 훈장(5등 군사훈장), 1914-18년 전쟁 십자훈장 수훈자.

조르주 프리드만 : 대학교수 자격증 소지자, 전 파리 기술대학 교수.

P. 그륀봄-발랭 : 참사원 명예직 부서장, 레지옹 도뇌르 3등 훈장 수 훈자.

아르놀 앙프 : 우편/전신/전화국 수석 엔지니어. 레지옹 도뇌르 5등 훈장, 1914-18년 전쟁 십자훈장 수훈자.

라몽 에스 : 파리 고등법원 변호사. 레지옹 도뇌르 5등 훈장 수훈자.

르네 위르스텔 : 툴루즈 상인. 1914-18년 전쟁 십자훈장 수훈자.

폴 레비 : 광산 총감독관, 폴리테크닉 교수, 전 프랑스 수학학회 회 장, 레지옹 도뇌르 4등 훈장 수훈자, 전 제6군 방공부대장(1917).

앙리 레비-브륄 ; 파리 법과대학 교수. 레지옹 도뇌르 5등 군사훈장, 1914-18년 전쟁 십자훈장 수훈자.

마르셀 리스본 의사 : 몽펠리에 의과대학 교수, 전 파리 파스퇴르 연구소 연구실장. 레지옹 도뇌르 5등 군사훈장 수훈자.

알프레드 리옹 : 의학박사, 툴루즈 의과대학 병원장. 1939-40년 전
쟁 십자훈장 수훈자.

뱅자맹 밀로 : 몽펠리에 고등법원 변호사, 전 변호사협회 회장, 전 몽
펠리에 시장, 레지옹 도뇌르 4등 훈장 수훈자.

레몽 밀로 : 니스 변호사단 변호사, 전 변호사협회 회장. 레지옹 도뇌
르 5등 훈장 수훈자.

르네 밀로 : 툴루즈 고등법원 변호사, 전 변호사협회 운영위원. 프랑
스 전몰용사(1914-18년)의 아들.

로제 나탕 : 공업생산부 기술위원, 레지옹 도뇌르 5등 훈장, 1914-18
년 전쟁 십자훈장 수훈자.

D. 올메르 의사 : 마르세유 의과대학 교수, 대학병원 임상의사. 레지
옹 도뇌르 5등 훈장, 1914-18년 전쟁 십자훈장 수훈자.

폴 라파엘 : 프랑스 교육연맹 이사, 1848년 혁명사 연구회 총무. 레
지옹 도뇌르 5등 훈장 수훈자.

자크 트레브 : 우편/전신/전화국 엔지니어, 레지옹 도뇌르 5등 무공
훈장, 1939-40년 전쟁 종려나무 십자훈장 수훈자.

폴 발 : 도로/교량 명예 총감독관, 레지옹 도뇌르 5등 무공훈장,
1914-18년 전쟁 십자훈장 수훈자(7회 표창. 그중 4회는 군단 표
창).

로베르 베츠 : 전 스트라스부르 의과대학 교수, 전 파리 종합병원
의사.

앙리 L. 베유 : 명예 광산 총감독관. 레지옹 도뇌르 4등 훈장, 1914-

18년 전쟁 십자훈장 수훈자.

다니엘 레비 : 전 프랑스 총영사, 레지옹 도뇌르 5등 훈장 수훈자,
1914-18년 참전용사.

6

괴벨스 박사가 독일 국민의 심리를 분석하다[34]

　우리는 여기에서 냉정하게 우리의 희망까지도 판단해보려고 노력
하겠다. 우리는 독일의 정신력이 확고부동한 것이 아님을 안다. "유
럽 요새"의 시멘트 역시 마찬가지이다. 그러나 우리는 베를린에서
전해온 근거가 없는 이야기를 듣자마자, 또는 기차 안에서 두 독일
군인이 하는 이야기를 듣자마자, 서둘러 독일의 붕괴를 외치는 사람
은 아니다. 아무것도 하지 않고 나무에서 떨어지기만 기다리면 되는
익은 과일처럼 승리가 우리 손 안으로 떨어지지는 않을 것이다. 그것
은 프랑스를 포함한 연합국의 고된 노력의 결과로 얻어질 것이다. 오
늘날 국내 프랑스도 국외에 있는 프랑스처럼 점점 더 효과적으로 연
합국 안에 포함되는 기쁨을 맛보고 있다. 심리적 붕괴는 찾아올 것이
다. 그러나 오로지 군사적 운명이 지시해주는 시간에 올 것이다.

　독일 국민의 감정적 반응이 벌써부터 그들의 현명한 지도자들을
우려하게 할 정도는 아니라는 점은 의심할 여지가 없다. 누구도 괴벨

---

34) 『정치 노트』, nº 4, 1943년 11월. 이 글은 오랫동안 마르크 블로크의 글이라고 생각
　되었으나 사실은 에드몽 베르메유가 쓴 것이다.

스 박사보다 더 위험의 성격을 잘 이해하고 위험정도를 더 잘 가늠하지는 못할 것이다. 『정치 노트』는 이 탁월한 협조자에게 기꺼이 지면을 할애하려고 한다.

여기에, 런던에서 입수한 서평 중 1942년 11월 괴벨스 박사가 한 연설의 가장 중요한 부분을 싣는다. 그 연설은 나치 당의 주요 신문의 편집자들이 참석한 기자회견에서 그의 부서의 국장들에게 한 것이다. 이미 10개월이나 지난 오래 전의 기사이지만, 그렇다고 의미가 없다고 할 수는 없다.

"선전은 군사적 사건이나 국제적 사건만 고려해서는 안 된다. 그것은 영국의 선전과는 달리 독일 국민의 심성을 고려해야 한다. 독일 국민의 인내력은 영국 국민의 인내력만큼 강하지 않다."

"영국이 전쟁에서 한번도 패배하지 않았고 또 매우 부유하기 때문에 한두 전투에서 져도 전쟁의 결과에는 영향이 없다고 영국인이 말하는 것은 쉬운 일이다. 독일은 여러 전쟁에서 패배했다. 우리 국민은 가난해졌고 제국주의적 전통도 없다. 그렇기 때문에 우리는 신중하게 행동해야 한다."

"1918년 11월 11일이라는 날짜는 독일 국민을 무겁게 짓누른다. 그 부담이 독일인의 심성의 기초이다. 우리는 1918년 11월에 저지른 잘못의 대가를 치러야 한다. 1940년 프랑스의 항복 후에, 만일 영국이 1918년 11월의 사건과 그것이 독일의 심성에 끼친 영향이 결국은 그의 정신력을 고갈시켜서 독일 국민을 무너뜨릴 것이라는 확신을 가지고 있지 않았더라면, 우리가 평화조약을 맺을 수 있었을 것이라는 점이 아마 진실일 수도 있다. 이 열등의식이 우리 국민을 무겁게

누르고 있으며 적도 그것을 알고 있다."

"지난 겨울은 심리적인 면에서나 선전의 측면에서나 매우 어려웠다. 이와 같은 상황 때문에 신문사의 사장들은 신문의 활동을 제한할 수밖에 없었다. 독일에서는 모든 사건에 대하여 유일한 공식 견해만 존재할 수 있다. 만일 두 가지 견해가 있다면 우리 국민이 정치적인 면에서 성숙하지 않아, 정부의 견해에 반대하는 쪽을 받아들이리라는 것을 우리는 경험으로 알고 있다."

"영국은 그와 같은 주의를 할 필요가 없다. 그 국민은 섬나라 국민의 습관을 가지고 있고 크롬웰 혁명 이후 통합되어 있다. 공정성 콤플렉스를 가지고 있는 독일 국민은 오늘도 아직 적에게서 좋은 점을 찾으려고 한다. 이런 사실이 우리 나라 사람 중 일부가 처칠을 존경하는 것을 설명할 수 있을 것이다."

"또다른 예로 들 수 있는 것은 전쟁 초에 적의 비행기는 한 대라도 독일 상공을 날 수 없으리라고 한 괴링의 약속과 이 말에 대해서 국민들이 실망한 것이다. 적이 우리 나라를 공습할 때마다 이 약속이 환기되고 해설되었다."

"그러나 이 약속은 그것을 할 때에는 정당한 것이었다. 당시에 독일 공군은 다른 어느 나라의 공군력보다 강력했다. 그러나 그 후의 사실로 보아 괴링 원수의 예견이 맞지 않았음이 판명되었고 그것은 우리 여론에 좋지 않은 영향을 미쳤다."

"반면 처칠이 한 거짓말은 영국 국민에게 별로 영향을 미치지 않았다."

"우리 나라 국민 같은 사람들에게는 어떤 정부도 사실을 사실대로 말할 수가 없다. 그 반대의 일은 우리가 부유해지고 제국주의적 전통을 수립할 때, 독일의 젊은이들이 키예프나 브뤼셀에서 공부할 때, 독일 시민 모두가 자신감을 가져 외국의 선전에 내성을 가지게 될 150년 후에나 가능할 것이다."

이 기자회견 도중 괴벨스는 영국의 대독 선전을 비판했다. 그는 그와 같은 선전은 사람들이 같은 테마를 끊임없이 반복할 때에만 좋은 결과를 가져온다고 주장했다. 그는 청중에게 만일 자신이 영국 선전부의 장관이라면 다음과 같은 두 테마를 계속 반복할 것이라고 했다.

1. 영국은 독일에 대항해서가 아니라 히틀러에 대항해서 전쟁을 한다.

2. 대서양 헌장의 원칙과 월슨 대통령의 14개 조항을 독일인이 외우게 될 때까지 반복해야 한다.

이 기자회견이 열릴 당시 독일의 도시와 공장은 그 후에 겪은 것과 같은 집중 폭격은 당하지 않고 있었다. 그러나 독일 총사령부는 공습을 예상하고 있었다. 괴벨스는 청중에게 이렇게 충고했다. "적이 수개월 내에 독일에 대하여 시작할 공습은 독일 국내정치에 중요한 문제를 야기시킬 것이다. 그것은 독일의 전쟁정책의 결정적인 문제가 될 것이다. 뒤셀도르프가 폐허가 될 것이라고 거칠게 말할 수는 없을 것이다. 폭격대상 지역의 주민을 위로하고 용기를 북돋아주어야 한다. 그러므로 선전부에 특별 부서가 만들어질 것이고, 그들의 의무는 공습을 전선의 상황과 비교하는 일이다. 그것을 신비한 형태로 제시해야 할 것이다. 공습의 위협을 받고 있는 지역 주민들에게는 용기를 북돋아주어야 하고 반면 노출되지 않은 지역에 사는 사람들은 폭격대상 도시의 주민들이 특별한 용기를 가졌음을 확신시켜야 한다. 우리는 사람들에게 전쟁 초기 2년 동안처럼 걱정이 없는 전쟁이 되리라는 생각을 버리도록 해야 한다. 전쟁이 지속되면 될수록 국민들은 피곤해질 것이다. 우리는 이러한 태도에 대항해야 하고, 우리의 적도 역시 지치기를 바라야 한다."

마르크 블로크 연보*

20세기 역사학에서 혁명적 업적을 남긴 마르크 블로크는 1886년 7월 6일 프랑스 리옹에서 태어났다. 아버지 구스타브 블로크는 그곳 대학 문학부의 역사와 고대 그리스-로마사 교수였다. 마르크 블로크는 아버지 쪽으로 유태계였고 그 조상은 이미 18세기에 알자스 지방에 정착했다. 파리-루이-르 그랑 고등학교에서 공부한 후 마르크 블로크는 1904년에는 고등사범학교에 들어갔다. 1908년에는 역사 교사 자격증을 얻었다. 1908-1909년에 베를린과 라이프치히 대학에 여러 차례 머물며 연구하여 당시 독일학파의 방법론과 연구업적을 접할 수 있었다. 1909년부터 1912년까지 그는 티에르 재단의 연구원으로 중세사에 관한 그의 초기 논문들을 발표했다. 1912년부터 1914년까지 몽펠리에와 아미앵의 고등학교에서 역사와 지리 교사직을 맡았다. 1914년 8월 전쟁이 일어나자 곧 보병 상사로 징집되어 전쟁이 끝날 때 대위로 제대했다. 네 번 표창을 받았고 십자무공훈장을 받았다. 1919년 스트라스부르 대학에 중세사 강사로 임명되었다. 같은 해 7월 23일 그는 시몬 비달과 결혼했고 여섯 명의 자녀를 두었다. 1920년 소르본 대학에 제출한 국가박사학위 논문 『국왕과 농노. 카페가(家) 역사의 한 장(章)(Rois et Serfs, un chapitre d'histoire capétienne)』을 출판했다. 1921년 스트라스부르 대학의 교수가 되고 1927년에 중세사 담당교수가 되어 1936년까지 남아 있게 된다. 그곳에서 그는 교육자와 연구자로서 주요 업적을 남겼다. 그곳에서 그는 뤼시앵 페브르를 알게 되어 그와 함께 1929년 『경제사 회사 연보(Annales d'histoire économique et sociale)』를 창간한다. 1936년 소르본 대학의 경제사 전임강사로 임명되었고 1년 후 교수가 되었다. 1939년 8월 24일, 그는 가장(家長)이고 나이가 지났기 때문에 군복무의 의무가 없음에도 자

---

* 이 "연보"는 Gallimard 출판사의 L'étrange défaite에 게재된 것을 역자가 정리한 것이다. 갈리마르 출판사에 감사한다.

원하여 복무했다. 플랑드르 전투가 끝날 무렵 그는 적에게 항복하지 않으려고 됭케르크로 간다. 그는 영국으로 갔다가 다시 셰르부르로 돌아와서 북부군단의 재건을 위해서 일했다. 1940년 7월 2일 휴전이 되자 그는 민간인으로 변장하고 비점령지역으로 넘어갔다. 유태계 프랑스인을 대상으로 하는 1940년 10월의 비시 정부 법령에 의거, 공직에서 밀려난 그는 얼마 후 10여 명의 교수들과 함께 "프랑스에 한 특별한 학문적 기여" 덕분에 "자격 박탈에서 면제되어" 클레르몽-페랑으로 이동한 스트라스부르 대학으로 가게 되었다. 다음 해 아내의 건강 때문에 미디 지방으로 가야 했기 때문에 그는 몽펠리에 대학으로 가게 되었다. 이때 그 대학의 문과대학장은 반유태주의 감정을 감추지 않고 그의 임명을 반대했다. 미군이 아프리카 북부에 상륙하고 독일군이 비점령지역까지 점령한 후 그는 그의 시골집이 있는 크뢰즈에 있는 푸제르로 피난하지 않을 수 없었다. 이미 클레르몽-페랑에서 그는 그 지역 레지스탕스 그룹과 관련을 맺고 있었다. 몽펠리에에서 그는 쿠탱-타이트겐(Coutin-Teitgen) 단원으로 "콩바(Combat)" 조직에 가입하여 지역의 지하운동을 조직한다. 1943년 "의용대"에 가입하고 완전히 지하생활로 들어가서 리옹으로 가게 되었다. 그는 의용대 대표로 레지스탕스 통합운동의 지역지도부의 일원이 되었다. "셰브뢰즈(Chevreuse)", "아르파종(Arpajon)", "나르본(Narbonne)"이라는 가명으로 그는 지역해방위원회를 구성하고 리옹에 소속된 10개 도의 반란기구를 만들었다. 1944년 3월 8일 그는 게슈타포에게 체포되어 고문을 받았다. 비밀경찰은 그의 팔목을 부러뜨리고 갈비뼈를 분질렀으며 그를 찬물에 집어넣었다. 그는 의식을 잃은 상태에서 몽뤼크의 감옥으로 이송되었다. 1944년 6월 16일 그는 다른 죄수들과 함께 리옹 근처의 생-디디에-드-포르망의 들판에서 총살되었다. 쓰러지면서 그는 "프랑스 만세"를 외쳤다.

역자 후기

이 책은 프랑스의 역사가 마르크 블로크(1886.7.6.-1944.6.16.)가 직접 참전했던 1940년 5월 전투에서 프랑스가 독일에 패한 직후 게레-푸제르의 시골집에서 7월부터 9월 사이에 피로와 절망과 싸우면서 쓴 책이다. 프랑스를 위해서 싸우다가 처형된 레지스탕스 단원이 쓴 '1940년의 증언'인 이 책은 제2차 세계대전 초 프랑스 패전의 원인을 가장 정확하고 심도 있게 분석한 글로 평가받고 있다. 이 책은 증인 소개, 피정복자의 진술, 한 프랑스인의 자성이라는 세 부분으로 구성되어 있다.

'증인 소개'에서 블로크는 자신을 30년 동안 역사를 가르치고 글을 쓰는 직업을 가진 사람, 유태인으로 출생했으나 유태교당에 나가지는 않는 사람, 그리고 반유태주의에 대항하는 경우 이외에는 유태인임을 주장한 일이 없는 사람으로 소개한 후 제2차 세계대전 참전 경험을 이야기한다.

1939년 9월부터 1940년 5월 초까지 8개월간은 적대세력이 군대를 총동원하여 국경을 사이에 두고 대치하고 있었으나 실제로 프랑스 국경에서는 전투가 없는 지루한 시기(이상한 전쟁이라고 부르는 시기)였다. 블로크가 소집되기 전 재직하고 있던 소르본 대학으로 돌아갈 생각을 하고 있던 중 5월 10일 독일군이 밀어닥쳤다. 그 후 3주 동안 혼란 속에서 후퇴에 후퇴를 거듭하다가 5월 30일 대서양 해안의 브레-레-된에 도착하여 다음날 배를 타고 영국 해안에 도착했으나 밤에 다시 배를 타고 프랑스로 돌아와 6월 16일에 렌에 도착했다. 독일군이 가까이 왔으므로 포로가 되지 않기 위하여 사복을 얻어 입고 호텔에 투숙하여 10여 일가량 있다가 기차가 다시 운행을 시작하자 게레로 가서 가족을 만날 수 있었다.

'피정복자의 진술'에서 블로크는 '도저히 믿을 수 없는 패배'의 직접적인 원인이 '사령부의 무능'이라고 분석한다. 1940년의 패배는 무엇보다도 군사적 패배라는 것이다. 이 패배는 지적인 그리고 행정적인 파산의 결과이다. 서류의 과다, 정보연결체계의 미비, 지나치게 많은 단계와 계급, 부서와 지휘관들의 경쟁심 등이 지적되고 있다. 장교들간의 경쟁심을 보여주는 같은 서열의 두 장교에 대한 군대 내의 오래 된 격언은 신랄하다. 중위 때는 벗, 대위 때는 동기, 소령 때는 동료, 대령 때는 경쟁자, 장군이 되면 적이라는 것이다. 부서 간에는 경쟁이 심하여 단일한 프랑스 군대가 존재하는 것이 아니라 군대 내에 여러 배타적 영역이 존재했다. 또 프랑스 군대 내의 진정한 규율과는 관계없는 '엄한 훈련'의 관행, '말썽'을 두려워하고 처벌을 회피하는 것, 책임의 희석 등도 지적했다.

그러나 전쟁에서의 참패가 사령부만의 책임인가? 블로크는 '한 프랑스인의 자성'에서 당시 프랑스 사회와 정치체제를 분석하면서 그 안에서 1940년의 패배를 설명할 수 있는 요인을 찾으려고 한다. 참모부는 나라가 제공하는 도구를 가지고 일했고, 전적으로 그들의 탓이라고만 할 수 없는 심리적 분위기에서 일했기 때문이라는 것이다. 집단적 허약함은 개인적 허약함의 총합이다. 여기에서 프랑스의 모든 제도와 계층이 비판의 대상이 된다.

관리들은 명령이 없는 상태에서 도주했고, 사장들은 독일군이 가까이 오자 노동자들에게 임금도 지불하지 않고 서둘러 공장을 버렸다. 군대 내에서도 1914년에 있었던 평등을 향한 열정이 없어진 것으로 보였다. 노동조합은 현재의 이익에만 관심을 가지고 살인과 정당방위를 구별하지 못하고 평화주의만 생각했다. 국민방위가 어느 때보다도 노동자의 이익과 합치됨에도 불구하고 노동자들의 여론은 흔들리고 있었다. 여기에다 프랑스 공산주의는 더욱 혼란을 조장하고 있었다. 블로크는 시험준비에 몰두하고 지적인 능력을 발전시키지 못하는 교육제도도 비판한다. 전쟁 전의 정치제도도 비판의 대상이다. 의회주의는 이해심이나 헌신을 불러일으키지 못하고 음모를 조장하는 경우가 많았다. 내각과 의회는 전쟁준비를 제대로 시키지 못했다. 참모부가 그들을 잘 돕지 못한 점도 있다. 그러나 정치가들이 국내 문제나 대외 문제를 모두 개인적 반목의 시각에서 바라보았으므로 정체가 허약했다.

부르주아지는 제1차 세계대전 후 일어난 경제-사회적 변화로 경제권과 정치권이 위협을 당하면서 불안해졌다. 그들은 당시의 정치체제를 공격하면서,

자연스럽게 그 정치체제를 만든 국민을 공격하게 되었다. 자신들의 처지에 대하여 절망하면서 그들은 조국에 대해서도 절망했다. 그들은 프랑스가 부패했다고 생각했다. 지도계층의 상당수가 이런 생각을 하면서 전쟁을 시작했다. 그리고 그들은 미리부터 나라가 저항하지 못할 것이라고 판단하면서 나라를 지키려고 한 것이다.

증언의 끝부분에서 블로크는 프랑스의 운명이 프랑스인에게 달려 있지 않은 참혹한 상황에 처해 있음을 인정한다. 만일 영국도 패한다면 프랑스는 어떻게 될까? 그러면서도 그는 프랑스의 국가적 재건이 단지 늦어질 뿐이라고 강변한다. 그리고 "나는 우리가 아직도 흘릴 피가 있기를 바란다"는 강한 말로 글을 맺는다.

이 책을 번역하면서 많은 사람들의 도움을 받았다. 우선 프랑스어가 막힐 때마다 뚫어주시고 프랑스 사회와 제도의 이해를 도와주신 장봉(Jambon) 선생님께 감사드린다. 번역이 원래 수월한 일이 아니지만 특히 프랑스 군대조직과 계급 명칭을 우리말로 옮기는 일이 쉽지 않았다. 프랑스 군대조직표까지 그려 보내 이해를 도와준 베르나르 퐁티에(Pontier), 손으로 쓴 번역원고를 입력해준 여러 조교들에게 고마움을 표한다. 번역투의 문장을 많이 교정해준 서혜정 씨에게도 감사드린다.

번역을 시작한 지가 꽤 오래 된 이 책을 게으름과 이러저러한 여러 사정으로 이제야 끝을 내게 되어 부끄럽다. 오랫동안 기다려준 까치글방에 감사드린다.

역자 씀

인명 색인